o revolucionário cordial

martin cezar feijó

o revolucionário cordial

astrojildo pereira
e as origens
de uma política cultural

© Boitempo, 2001, 2022
© Martin Cezar Feijó, 2001, 2022

Fundação Astrojildo Pereira

Conselho Curador
Presidente: Luciano Santos Rezende
Diretoria Executiva
Diretor-geral: Caetano Ernesto Pereira de Araújo
Diretor financeiro: Raimundo Benoni Franco

Fundação Astrojildo Pereira
SEPN 509, bloco D, Lojas 27/28, Edifício Isis
70750-504 Brasília DF
Tel.: (61) 3011-9300
fundacaoastrojildo.org.br
contato@fundacaoastrojildo.org.br
facebook.com/FundacaoAstrojildoFap
twitter.com/FAPAstrojildo
youtube.com/FundacaoAstrojildoPereira
instagram.com/fundacaoastrojildo

Boitempo

Direção-geral: Ivana Jinkings
Edição: Camila Nakazone
Coordenação de produção: Livia Campos
Assistência editorial: Luccas Maldonado, Fernando Garcia, João Cândido Maia e Pedro Davoglio
Preparação: Sandra Brazil
Revisão: Eloísa Aragão Maués e Djanira de Freitas Oliveira
Capa: Maikon Nery
Diagramação: Antonio Kehl
Equipe de apoio: Elaine Ramos, Erica Imolene, Frank de Oliveira, Frederico Indiani, Higor Alves, Isabella Meucci, Ivam Oliveira, Kim Doria, Lígia Colares, Luciana Capelli, Marcos Duarte, Marina Valeriano, Marissol Robles, Maurício Barbosa, Raí Alves, Thais Rimkus, Tulio Candiotto, Uva Costriuba

Jinkings Editores Associados Ltda.
Rua Pereira Leite, 373, 05442-000 São Paulo SP
Tel.: (11) 3875-7250 / 3875-7285
editor@boitempoeditorial.com.br
boitempoeditorial.com.br | blogdaboitempo.com.br
facebook.com/boitempo | twitter.com/editoraboitempo
youtube.com/tvboitempo | instagram.com/boitempo

CIP-BRASIL. CATALOGAÇÃO NA PUBLICAÇÃO
SINDICATO NACIONAL DOS EDITORES DE LIVROS, RJ

F328r

Feijó, Martin Cezar, 1979-

O revolucionário cordial : Astrojildo Pereira e as origens de uma política cultural /Martin Cezar Feijó. - 2. ed. - São Paulo : Boitempo ; Brasília [DF]: Fundação Astrojildo Pereira, 2022.

Inclui bibliografia
ISBN 978-65-5717-140-0

1. Pereira, Astrojildo, 1890-1965. 2. Comunista - Biografia - Brasil. 3. Brasil - Política cultural. I. Fundação Astrojildo Pereira. I. Título.Brasil - Política cultural. I. Fundação Astrojildo Pereira. II. Título.

22-76844   CDD: 920.933543
                                            CDU: 929:330.85

Gabriela Faray Ferreira Lopes - Bibliotecária - CRB-7/6643

É vedada a reprodução de qualquer parte deste livro sem a expressa autorização da editora.

1ª edição: setembro de 2001
2ª edição: março de 2022

Este trabalho é dedicado a Nelson Werneck Sodré (em memória) e a José Paulo Netto.

E também em memória de meu pai, a quem devo tanto.

Astrojildo Pereira e sua esposa Inês Dias Pereira, c. 1935-1940. Inês era filha do militante comunista e escritor Everardo Dias. Os dois se casaram em abril de 1937. Acervo Delcio Marinho.

Pressupondo o homem *enquanto* homem *e seu comportamento com o mundo enquanto um [comportamento] humano, tu só podes trocar amor por amor, confiança por confiança etc. Se tu quiseres fruir da arte, tens de ser uma pessoa artisticamente cultivada; se queres exercer influência sobre outros seres humanos, tu tens de ser um ser humano que atue efetivamente sobre os outros de modo estimulante e encorajador. Cada uma das tuas relações com o homem e com a natureza – tem de ser uma* externação (Äusserung) *determinada de tua vida individual efetiva correspondente ao objeto da tua vontade. Se tu amas sem despertar amor recíproco, isto é, se teu amar, enquanto amar, não produz o amor recíproco, se mediante tua* externação de vida (Lebensäusserung) *como homem amante não te tornas homem amado, então teu amor é impotente, é uma infelicidade.*

Karl Marx, *Manuscritos econômico-filosóficos*

Mais vale um escritor honesto sem partido do que um escritor partidário até a raiz dos cabelos, mas desonesto – desonesto como escritor ou como homem, o que vem a dar na mesma.

Astrojildo Pereira, *Interpretações*

A língua é um labirinto de caminhos. Você vem de um lado, e se sente por dentro; você vem de outro lado para o mesmo lugar, e já não se sente mais por dentro.

Ludwig Wittgenstein, *Investigações filosóficas*

O jovem Astrojildo em foto dos anos 1910-1920.
Arquivo ASMOB/IAP/CEDEM.

Agradecimentos

Os agradecimentos numa apresentação de um trabalho como este sugerem sempre uma obrigação formal e pouco cordial. Quando não injustos, pelas omissões. Rigorosamente são dois tipos de pessoas que são incluídas num agradecimento: aquelas do convívio pessoal e familiar, que necessitam mais ouvir um pedido de desculpas do que agradecimento. Agradeço, pois, à Angela Maria Auricchio, mãe de minhas filhas Juliana e Maitê. Estendo também meus agradecimentos à Adriana Carvalho Novaes, mãe de minha filha mais nova, Beatriz, que nasceu em 2009. Mulheres decisivas em minha vida. Às minhas filhas, minha razão de existir.

Aos amigos, também, pela solidariedade e ajuda, e para não ser necessário pedir mais perdão pelo esquecimento de alguém, prefiro dizê-lo pessoalmente. E nomear, aqui, representando todos, Luiz Maria Veiga, que inclusive colaborou na primeira e rápida revisão, não tendo culpa pelos erros mantidos, nem pelos equívocos. Não posso deixar de registrar alunos, ex-alunos, monitores, assistentes, colegas de trabalho na FAAP, onde leciono desde 1988.

O segundo tipo de pessoas são aquelas vinculadas a alguma instituição, acadêmica ou institutos de pesquisa, inclusive fomentadores. Em alguns casos, prevalecem as pessoas, outros as instituições: em primeiro lugar ao Departamento de Comunicação e Artes (CCA) da ECA-USP, na figura de meu orientador, Celso Frederico, pelo apoio e, principalmente, pela liberdade que me deu em meu processo.

Também devo mencionar o CNPq, que permitiu uma dedicação nos primeiros, e difíceis, anos da pós-graduação. Antes da ECA e do CNPq obtive auxílio da Fundação Astrojildo Pereira, que financiou, em 1985, no princípio dessa pesquisa, minha viagem ao Rio de Janeiro e a Rio Bonito.

Meus sinceros agradecimentos à Faculdade de Comunicação da FAAP – hoje Centro Universitário FAAP –, na figura de seu diretor, Professor Rubens Fernandes Júnior, também incluído, acima, entre os amigos. À Fapesp, pelo apoio da primeira edição desta obra. E, claro, à editora Boitempo, na pessoa de Ivana Jinkings, e ao grupo que participou da coleção Astrojildo Pereira: Luccas Eduardo Maldonado e Fernando Garcia de Faria, pela total dedicação a este projeto de 2002.

Agradeço também aos arquivos e bibliotecas consultados: Arquivo do Estado de São Paulo, Arquivo Público do Rio de Janeiro e, principalmente, Arquivo Histórico do Movimento Operário Brasileiro/Arquivo Astrojildo Pereira, hoje mantidos e preservados pelo Cedem-Unesp; Biblioteca Nacional, bibliotecas da ECA-USP, do IEB-USP, da FAAP.

À Academia Brasileira de Letras – onde sempre fui bem recebido e, por isso, temo, ao nomear alguém, cometer injustiças imperdoáveis. A todos que tiveram acesso a este trabalho, sou imensamente grato.

Também devo lembrar os professores, que conseguiram modificar algumas certezas, durante o curso de pós-graduação feito na ECA-USP, a partir de 1991, e possibilitaram, com seus instigantes cursos, um profícuo diálogo, gerando até ensaios e um livro: Celso Frederico, Ismail Xavier, Annateresa Fabris, Maria Aparecida Baccega, Luís Roberto Alves, Maria de Lourdes Motter, Nicolau Sevcenko, Celso Loge, Eduardo Peñuela Cañizal, e os que participaram de minha banca de qualificação, em junho de 1998: Adilson Citelli e Nicolau Sevcenko (este também lá em cima, como amigo desde a adolescência, em colégio público). Os dois foram extremamente generosos, mas profundamente rigorosos. Exatamente pelos comentários pertinentes feitos, praticamente refiz o trabalho e reorientei a linha, mais adequado ao campo de comunicação e mais consistente, creio, de acordo com as sugestões e críticas feitas. Sugestão que também tive por carta do diretor do CNRS da Universidade de Paris, Michael Löwy, para que eu me concentrasse em Astrojildo Pereira, o que espero ter conseguido.

Este trabalho, em sua primeira versão, foi apresentado como requisito parcial para tese de doutorado em ciências da comunicação na Escola de Comunicações e Artes da Universidade de São Paulo (ECA-USP), tendo como linha de pesquisa Teorias e metodologias da comunicação, especificamente Teorias sociais e políticas culturais.

A defesa foi feita no dia 24 de maio de 1999 e a banca foi composta por: Leandro Konder, a quem devo importantes sugestões, como sempre, que estão incorporadas neste trabalho, além de me presentear como dois desenhos revelando mais esse talento; Octavio Ianni, que me chamou, com muita pertinência, à atenção para repensar conceitos consagrados e, com sua característica elegância e profundidade, apontou para possibilidades futuras; Maria Aparecida Baccega, que fez crítica consistente e apontou questões que não deveriam ser negligenciadas, a principal delas referente ao campo da comunicação; e finalmente Adilson Citelli, que percebeu uma estrutura baseada no que chamou de "autonomia ajustada" de blocos independentes, sendo isso uma opção. A todos, pela generosidade e honestidade com que trataram minha modesta contribuição, pelo rigor que detectaram problemas e reconheceram méritos, aprovando-me com distinção e sugerindo publicação, meus sinceros e profundos agradecimentos.

Este trabalho é dedicado a quatro pessoas: Nelson Werneck Sodré, que faleceu no exato momento em que eu o redigia; José Paulo Netto, que me estimulou desde o princípio do projeto; e em memória de meu pai e de minha mãe, Pedro e Elvira, aos quais devo tudo, principalmente o carinho e estímulo aos estudos, como fui criado.

Martin Cezar Feijó
São Paulo, 25 de março de 2022

Sumário

Prefácio – *Sérgio Augusto* 15
Introdução. Tempo de homens partidos 21

Primeira parte. O discurso da ação 27
I. A trajetória do camarada Astrojildo Pereira 29
II. *Bildung*: formação política e cultural 43
    Rio Bonito: a cidade e a serra 44
    Ordem e progresso 49
    Rio de Janeiro: a cidade das espadas e letras 52
    A última visita 57
III. Crônica subversiva. Impacto da revolução mundial 69
    O desertor 73
    A Revolução Russa e a imprensa 75
    Embriaguez e emancipação 77
    Crônica subversiva 83
    A cavilação manhosa 88
IV. O intelectual e o partido 99
    URSS Itália Brasil 110

Segunda parte. A ação do discurso 125
V. Crítica cultural. Literatura e revolução 127

VI. O discurso da cidade 131
VII. Machado de Assis e a política cultural 151
VIII. Literatura como ideologia 173
IX. Vanguardas estéticas e vanguardas políticas. Tensão
  entre poesia e revolução 183
  Vanguardas estéticas 186
  Vanguardas políticas 190
  Tensões entre vanguardas 192
X. Origens de uma política cultural. Tarefas da
  inteligência 201
  O perfeito cozinheiro das almas deste mundo 218
  Um poema ausente 223
Conclusão. O revolucionário cordial 227
  Política cultural: um conceito a ser construído 234
Bibliografia 239
  1. Obras de Astrojildo Pereira 239
  2. Obras a respeito de Astrojildo Pereira 240
  3. Fundamentos teóricos e históricos 241
  4. Intelectuais, marxismo e políticas culturais 246
  5. Ficção e história/Literatura e revolução 248
  6. Modernidade, cidade e cultura 250
  7. Obras de referência 251
  8. Arquivos e bibliotecas pesquisados 252
Sobre o autor 253

Prefácio

Sérgio Augusto

Em 1964, a casa de número 11 da rua do Bispo, no Rio Comprido, bairro da Zona Norte do Rio de Janeiro, foi invadida e saqueada pela polícia. Ali morava um perigoso subversivo chamado Astrojildo Pereira Duarte Silva, de 74 anos, armado de livros até o teto. De quê o acusavam? De haver conspirado para derrubar o governo. Não o que acabara de derrubar João Goulart, mas o que nos governara cinco décadas antes, quando aquele pacato senhor tinha apenas 28 anos e fazia parte de um grupo anarquista, liderado pelo professor José Oiticica.

A prisão de Astrojildo Pereira mobilizou jornalistas, escritores e artistas, todos preocupados com o seu coração, castigado, meses antes, por um enfarte. Já estávamos em 1965 quando outro enfarte, daquela vez fatal, desfalcou as hostes comunistas de seu mais respeitável crítico literário. Seu enterro, coroado com um discurso de Otto Maria Carpeaux, foi num cemitério de Niterói – a mesma cidade de onde, 56 anos antes, Astrojildo saíra do anonimato para a história da literatura.

28 de setembro de 1908. Um jovem de quase 18 anos pega a barca da Cantareira rumo à Praça 15, do outro lado da baía de Guanabara. Nem seus pais sabiam que ele pretendia visitar Machado de Assis no leito de morte. Tenso, Astrojildo bateu à porta do casarão do Cosme Velho, identificou-se apenas como "um grande admirador do escritor" e implorou para que o deixassem entrar e ver o mestre de perto. Em vigília na sala de estar, Euclides da Cunha, Coelho Neto, José Veríssimo, Raimundo Corrêa, Graça Aranha e Rodrigo Otávio manifestaram-se contra a entrada do rapaz desconhecido. Acordado pelo burburinho, Machado permitiu que Astrojildo entrasse em seu quarto,

ajoelhasse ao lado da cama e lhe beijasse a mão, partindo logo depois sem se identificar. O escritor morreria na madrugada seguinte.

"Naquele meio segundo em que ele estreitou o peito moribundo de Machado de Assis, aquele menino foi o maior homem de sua terra", escreveu Euclides da Cunha, num célebre artigo intitulado "A última visita", publicado no *Jornal do Commercio*, dois dias depois da morte do escritor[1]. "Qualquer que seja o destino desta criança", vaticinou, "ela nunca mais subirá tanto na vida".

Durante quase 30 anos Astrojildo moitou sobre a identidade da "última visita" de Machado, afinal revelada por Lúcia Miguel Pereira, em 1936. Àquela altura, ele já era um nome bem conhecido, principalmente junto às esquerdas. Fazia então quatro anos que o Partido Comunista o afastara de seus quadros, por considerá-lo um "intelectual pequeno-burguês" e "oportunista". Além do mais, prestista. Foi por seu intermédio que o tenente Luís Carlos Prestes, exilado na Bolívia, teve acesso aos primeiros clássicos do marxismo-leninismo.

Três paixões Astrojildo teve na vida. As duas maiores, por ordem de entrada em cena, foram Machado de Assis (a quem dedicou, em 1959, um precioso estudo sociológico, mais tarde reeditado pela Oficina de Livros de Belo Horizonte e que agora sai em nova edição, pela Boitempo) e o comunismo. Foi um dos fundadores do Partido Comunista do Brasil (PCB), em 26 de março de 1922, empreitada audaciosa num ano marcadamente agitado – pelos festejos do centenário da Independência, pela Semana de Arte Moderna, mas também pela a conturbada sucessão de Epitácio Pessoa e o levante tenentista, eventos que ajudam a entender por que, em apenas três meses, tornaram o PCB ilegal. Pela primeira vez. Haveria outras na história desse partido que completa cem anos em 2022. Por sua experiência jornalística (editara o jornal anarquista *Spartacus*), coube a Astrojildo dirigir o primeiro periódico da agremiação (*Movimento Comunista*), até ser afastado de suas funções em 1930.

Sua terceira paixão marcante, embora passageira, foi Rui Barbosa. Para o rapazola de Rio Bonito que acompanhava de Niterói a cosmopolitização do Rio, Machado e Rui eram os dois símbolos máximos da modernização da velha capital, seu ponto de encontro com o nacional e o internacional, o fascínio e o desencanto, a elegância e a brutalidade, a utopia republicana e a luta de classes, a vida literária e as festas populares, "tudo em contraditória tensão,

---

[1] A crônica de Euclides da Cunha está reproduzida, de forma integral, no apêndice da nova edição publicada pela Boitempo da obra de Astrojildo Pereira, *Machado de Assis: ensaios e apontamentos avulsos* (São Paulo/Brasília, Boitempo/Fund. Astrojildo Pereira, 2022).

sem a qual não se pode compreender a origem do revolucionário", para usar as palavras de Martin Cezar Feijó nesta segunda edição de *O revolucionário cordial*, biografia intelectual e política de Astrojildo francamente empenhada em caracterizar o mestre informal de Prestes como um sujeito de boa alma, afável, honesto e tolerante, utilizando-se da terminologia consagrada por Sergio Buarque de Holanda, que, aliás, conheceu Astrojildo em 1929, em Berlim.

Para sua surpresa, em vez de um "bolchevique inflexível", Buarque de Holanda encontrou "um homem refinado e de excelente formação literária". Intelectuais tão díspares quanto Otto Maria Carpeaux, Gilberto Freyre, Oswald de Andrade e Antonio Candido tiveram a mesma surpresa. Até o ferrenho anticomunista Nelson Rodrigues não só respeitava como reverenciava a figura e a opinião de Astrojildo.

Autodidata desde a adolescência, o "revolucionário cordial" nem concluiu o curso ginasial. Como tantos jovens da sua geração, foi civilista, anarquista e, antes mesmo de derivar para o comunismo, em 1921, já não via com bons olhos o "Águia de Haia". Quando Rui Barbosa morreu, em 1923, foi todo ironia: "O proletariado não perdeu nada com isso, antes pelo contrário".

Mas a Machado e ao comunismo permaneceu fiel a vida inteira.

Astrojildo visitou a Rússia soviética em 1924 (encantou-se com os funerais de Lênin, a força do rublo e a quantidade de livrarias em Moscou), fundou *A Classe Operária*, a mais duradoura publicação do partido, mas não escapou ao furacão obreirista que, a partir de setembro de 1929, começou a devastar os PCs da América Latina. Patrulhado pelos artigos que, vez ou outra, enviava para publicações consideradas "burguesas", como a *Revista Nova* (que tinha Mário de Andrade em seu quadro de colaboradores), "pequeno-burguesas", como *O Homem do Povo* (editada por Oswald de Andrade e Pagu), e "fascistas", como *O Tempo* (de Miguel Costa), e até por sua amizade com Di Cavalcanti, seu companheiro de pensão, Astrojildo viu-se forçado a ser revolucionário à sua moda, sem se curvar aos ditames partidários e ao dogmatismo estético dos marxistas de meia-tigela. "Os camaradas devem saber que disciplina não significa aviltamento", declarou para quem quisesse ouvir e enfiar a carapuça.

Seu afastamento do Partidão livrou-o de qualquer envolvimento com a insana revolta de 1935, vulgarmente conhecida como Intentona Comunista. Como não conseguia viver exclusivamente dos ensaios que produzia para a imprensa dita burguesa, dedicou-se, por uns tempos, ao comércio de bananas na capital paulista, onde morou até o fim da guerra. Voltaria ao PCB em 1945, quando se candidatou, sem sucesso, à Câmara dos Vereadores. Seus principais cabos eleitorais, Carpeaux e Graciliano Ramos, tinham muitas virtudes, mas eram duas nulidades em matéria de marketing político.

Astrojildo publicara, em 1944, seu primeiro livro de ensaios literários, *Interpretações*[2], com uma fina análise das obras de Machado e três outros fundamentais romancistas do Rio: Manuel Antônio de Almeida, Joaquim Manuel de Macedo e Lima Barreto. Um comunista com a intransigência ideológica de um Octávio Brandão, por exemplo, jamais reconheceria no autor de *A Moreninha* um "intérprete autorizado dos nossos sentimentos", "um cronista meticuloso e fidedigno de nossa vida social nos meados do século 19", como fez Astrojildo. A comparação com o mais importante teórico marxista dos primórdios do PCB foi intencional. Rival e desafeto de Astrojildo, Brandão não perdia uma oportunidade de desqualificá-lo, acusando-o de "pequeno-burguês liberal e confusionista", "anarquista exasperado e desesperado" e coisas piores[3].

Brandão, cuja postura crítica talvez tivesse horrorizado o próprio Karl Marx, que se deliciava com a ficção de Walter Scott, Balzac e Eugène Sue, abominava Machado de Assis, contra quem investiu com fúria desmedida e tradicional miopia analítica dos zumbis da ortodoxia. Para ele, Machado "deveria ter continuado e desenvolvido o romantismo heroico de Castro Alves". Assim, seus livros, "grosseiros, decadentes, comodistas", talvez deixassem de ser "enfadonhos", "criações equivocadas" de um espírito "burguês, retrógrado e niilista". Quando sua diatribe *O niilista Machado de Assis*[4] chegou às livrarias, em 1958, Carpeaux não deixou pedra sobre pedra, culminando por compará-la àquilo que os pássaros costumam despejar sobre as estátuas.

Dênis de Moraes, em *O imaginário vigiado*[5], já nos dera conta da difícil convivência de Astrojildo e outros com o sectarismo de certos membros do Partido, sobretudo no auge do stalinismo. Feijó ampliou o quadro, descendo a minúcias que só antigos integrantes do PCB ou experts em Astrojildo, como José Paulo Netto, Leandro Konder e Heitor Ferreira Lima, talvez conheçam.

Nos seus últimos 19 anos de vida e ativismo político, a "última visita" de Machado de Assis limitou-se, praticamente, a participar de eventos culturais, palestras, organizar publicações e escrever artigos. Acabara de lançar, em 1963, pela Civilização Brasileira, uma coletânea de ensaios, *Crítica Impura: autores*

---

[2] Astrojildo Pereira, *Interpretações* (São Paulo/Brasílias, Boitempo/Fund. Astrojildo Pereira, 2022).
[3] Ver Octávio Brandão, *Combates e batalhas: memórias* (São Paulo, Alfa-Ômega, 1978).
[4] Octávio Brandão, *O niilista Machado de Assis* (Rio de Janeiro, Organizações Simões, 1958).
[5] Dênis de Moraes, *O imaginário vigiado: a imprensa comunista e o realismo socialista no Brasil (1947-1953)* (Rio de Janeiro, José Olympio, 1994).

e problemas[6], e editava a revista cultural *Estudos Sociais* quando os militares deram o golpe em 1964. Segundo Feijó, Astrojildo "morreu convencido de que o partido sempre acertava, até quando errava", pois acreditava que "era melhor errar coletivamente do que acertar individualmente".

Cordial, sim, herético, jamais. Tanto que silenciou sobre os expurgos stalinistas e relativizou a intrínseca mediocridade do realismo socialista, admitindo sua validade "quando aplicada acertadamente, sem interferir na liberdade de criação". Ou seja, também errou individualmente. Mas, como dizia Joe E. Brown, o "Boca Larga", no diálogo final de *Quanto mais quente, melhor*, ninguém é perfeito.

---

[6] Astrojildo Pereira, *Crítica impura: autores e problemas* (São Paulo/Brasília, Boitempo/Fund. Astrojildo Pereira, 2022).

Comício de 1º de maio de 1927 na praça Mauá, Rio de Janeiro. Nesse ato, um dirigente comunista falou pela primeira vez em público em nome do partido. A fotografia reproduz o momento exato em que a massa repetia "Viva o Partido Comunista do Brasil!", frase com a qual o orador terminou o seu discurso. Astrojildo está ao centro, com o chapéu na mão. Arquivo ASMOB/IAP/CEDEM.

Introdução
Tempo de homens partidos

> *O desaparecimento de um tipo de cultura não significa o desaparecimento do valor humano, mas simplesmente de certos meios de expressar esse valor.*
> Ludwig Wittgenstein

Muralhas de cidadelas sitiadas e divididas caem sem trombetas de Jericó. O mundo assistia, perplexo, esperançoso ou apreensivo, à queda rápida do que parecia sólido como um monolito. Ruía o chamado mundo comunista, a ditadura do proletariado, o segundo mundo, a esperança para alguns, a tragédia para muitos, até mesmo para os que viveram na pele a experiência ou acreditaram na possibilidade de criar uma sociedade sem exploradores nem explorados. Tigres de papel são sempre os outros, mas só em verdadeiras revoluções, em que os de cima não se aguentam, e os de baixo não aguentam mais, governos caem junto com sistemas. Algo profundo acontecia naquilo que marcava o fim de uma era, o fim de um século, o fim de um projeto revolucionário que foi forte o suficiente para atingir e transformar a vida de milhões de pessoas, para o bem e para o mal.

Agora tudo parecia virar pó, pedaços de concreto a serem vendidos como lembranças de um muro caído, aquele que dividia uma cidade, Berlim, em dois mundos: o comunista, a leste, o capitalista, a oeste. O mundo parecia continuar caminhando para oeste, para regozijo de seus arautos. E os anos 1990, que inauguravam a última década do século e do milênio, estavam apenas começando.

Em outras cidades, como Rio de Janeiro e São Paulo, no Brasil, ainda em 1990, alguns eventos, como palestras, debates, lançamentos de livros, marcavam as comemorações do centenário de nascimento Astrojildo Pereira (1890-1965). O homem que, ainda adolescente, visitou Machado de Assis no dia anterior à sua morte; que, na juventude, tornou-se anarquista; que, na maturidade, comunista, fundou um partido revolucionário de onde foi expulso mais tarde; que, ainda dirigente do partido, nos anos 1920, levou livros ao tenente revolucionário exilado na Bolívia, Luís Carlos Prestes, mais tarde o maior nome que o partido teve em sua história, mas que também foi praticamente expulso, ou se expulsou por discordar dos que não mais concordavam com tudo. Homenagens que também marcavam a utilização de uma história para a construção de uma nova memória.

Astrojildo Pereira, principal fundador do Partido Comunista do Brasil – na verdade, com o nome "Partido Comunista, Secção Brasileira da Internacional Comunista" –, morto e sem direito a defesa, teve seu nome usado numa luta contra quem mais admirava, de quem mais se orgulhava de trazer para as fileiras da organização que ajudou a criar, e provavelmente não se reconheceria como o paladino da causa democrática como valor universal, bolchevique de carteirinha que era, mesmo que defendesse princípios democráticos na vida partidária. Astrojildo Pereira morreu convencido de que o partido sempre acertava, até quando errava. Aceitava o mote de que era melhor errar coletivamente do que acertar individualmente. Por isto foi acusado muitas vezes de ser oportunista, o que parece injusto, embora por esta razão tenha controlado seus impulsos e canalizado suas energias na construção de uma obra pequena, porém segura. Ou seja, como ele mesmo definiu com relação à obra de Machado de Assis, marcada pela "contenção e contensão." Uma obra representativa de uma época de vários anseios não confirmados, de disputas intermináveis, em que se excluíam pessoas tanto da vida como dos livros por terem cometido o pecado de caírem em desgraça ou nas mãos de torturadores.

Ninguém escapou disso. Esta é a história de uma memória construída pelo sabor das conveniências pessoais e ideológicas. O que se tentará contar aqui é parte desta história, ou como esta história foi vista e divulgada pelos olhos privilegiados de quem viveu, como poucos, no centro dessa tormenta, e que nos momentos de descanso, ou "exílio", vendia bananas numa quitanda, sempre lendo seus autores preferidos e refletindo sobre os limites pessoais de todos nós, até quando julgamos ser isentos e apagamos da memória, nossa e da dos outros, inconscientemente ou deliberadamente, nossos desafetos e nossos fracassos.

Era dos extremos, de homens em tempos sombrios, século dos intelectuais, século rebelde, o curto século XX também foi considerado pelo poeta Carlos Drummond de Andrade, em nosso tempo, de 1945, um tempo de homens partidos:

*Este é um tempo de partido,
tempo de homens partidos.*

*Em vão percorremos volumes,
viajamos e nos colorimos.
A hora pressentida esmigalha-se em pó na rua.*

*Os homens pedem carne. Fogo. Sapatos.
As leis não bastam. Os lírios não nascem
da lei. Meu nome é tumulto, e escreve-se
na pedra.*

*Visito os fatos, não te encontro.
Onde te ocultas, precária síntese,
penhor de meu sono, lux.
dormindo acesa na varanda?
Miúdas certezas de empréstimo, nenhum beijo
sobe ao ombro para contar-me
a cidade dos homens completos.*

*Calo-me, espero, decifro.
As coisas talvez melhorem.
São tão fortes as coisas!
Mas eu não sou as coisas e me revolto.
Tendo palavras em mim buscando canal,
são roucas e duras,
irritadas, enérgicas,
comprimidas há tanto tempo,
perderam o sentido, apenas querem explodir.*[1]

Astrojildo Pereira Duarte Silva chegou a ser reconhecido como um dos mais representativos e respeitados participantes dessa tentativa de transformar o mundo, não apenas em seu aspecto material, mas também em suas bases culturais. E, por essa razão, o tema deste trabalho deve ser entendido como uma tentativa de interpretação da trajetória do intelectual revolucionário Astrojildo Pereira, por meio de seus escritos e de sua comunicação, principalmente aquela impressa em livros, mesmo tendo uma origem jornalística. Por se situar

---

[1] Carlos Drummond de Andrade, "Nosso Tempo", em *A rosa do povo* (Rio de Janeiro, José Olympio, 1945).

no campo da comunicação, este trabalho busca relacionar uma teoria social a uma política cultural correspondente, por intermédio do caso exemplar de Astrojildo Pereira. Ao fazer um estudo sobre o intelectual revolucionário e a política cultural no contexto da modernidade, considera-se aqui o intelectual, não apenas um militante político, mas principalmente agente cultural – sem dissociar uma coisa da outra –, particularmente sua relação com seus meios, no sentido técnico, e mediações, quanto às linguagens.

Este procura ser um estudo e uma tentativa de interpretação de escrituras militantes marcadas por uma profunda tensão entre a revolução e a modernidade, do período que compreende a Primeira Guerra Mundial (1914-1918) e o fim da Segunda Guerra (1939-1945). Período que foi denominado pelo historiador marxista Eric J. Hobsbawm como "era da catástrofe"[2], mas que também foi de intensa criatividade na política e na cultura, como demonstra a segura e profunda reflexão de Astrojildo Pereira. Obra em que se encontra, implícita ou explicitamente, como será demonstrado a seguir, a formulação de uma política cultural. E a tentativa de interpretação dessa obra deve ser vista como modesta contribuição na compreensão da difícil e tensa relação entre o projeto revolucionário mais importante do século XX – a possibilidade concreta de criação de uma sociedade socialista em oposição, e alternativa, ao capitalismo – e o projeto de modernidade, nem sempre antagônicos, mas sempre em dramático conflito.

Mas também pode ser uma reflexão sobre um revolucionário que soube ser cordial num contexto de brutalidade. Antonio Candido escreve sobre o carinho que Sérgio Buarque de Holanda tinha por Astrojildo Pereira desde quando o conhecera em Berlim, em 1929*. Era esperado um bolchevique inflexível e foi encontrado um homem refinado e de excelente formação literária. Tal fato permite até uma questão, que fica em aberto e que será tratada em momento oportuno: não seria Astrojildo o modelo para o "homem cordial", fonte de tanta polêmica, mas que está longe de ser resolvida? Não seria ele um revolucionário cordial à frente de seu tempo, tempo este sombrio, pouco dado a cordialidades, entendidas como subserviência ou oportunismo? Não estariam os dois, instintivamente, acreditando realmente em tempos melhores,

---

[2] Eric J. Hobsbawm, *Era dos extremos: o breve século XX. 1914-1991* (trad. Marcos Santarrita, São Paulo, Companhia das Letras, 1995).

* Antonio Candido, "Sérgio em Berlim e depois", em *Vários escritos* (Rio de Janeiro, Ouro sobre azul, 2013), p. 243-54.

em que a generosidade seria recuperada, mas a intransigência com as injustiças seria mantida? O homem cordial não precisa abrir mão de sua indignação e de suas convicções, o que ele precisa, talvez, é estar aberto para o inesperado, para o novo, para a perplexidade, e principalmente para o diálogo. E é o que este livro mais deseja: ser uma ponte para o diálogo com homens de tempos partidos, sem julgá-los, mas tentando compreendê-los no tempo que lhes foi dado para viverem.

Astrojildo Pereira (na lateral, sentado, o terceiro da direita para a esquerda) na Associação Brasileira de Escritores (ABDE), em foto anterior ao racha de 1949. A mesa é presidida por Manuel Bandeira, ao centro. Na lateral, sentado, está Carlos Drummond de Andrade (primeiro à esquerda). De pé, Dalcídio Jurandir (sexto da direita para a esquerda), Samuel Wainer (penúltimo à direita) e Moacir Werneck de Castro (último à direita). Acervo Luis Avelima.

Primeira parte
O DISCURSO DA AÇÃO

Os sinais vieram, altos e nítidos, de Petrogrado e – depois que a capital foi transferida para uma localização mais segura em 1918 – Moscou, e foram ouvidos onde quer que atuassem movimentos trabalhistas e socialistas, independentemente de sua ideologia e mesmo além.
Eric J. Hobsbawm, *Era dos extremos*

O que não vem expresso nos sinais, seu emprego mostra.
O que os sinais escamoteiam, seu emprego denuncia.
Ludwig Wittgenstein, *Tractatus logico-philosophicus*

Os militantes anarquistas Octávio Brandão, Astrojildo Pereira, Afonso Schmidt, Edgard Leuenroth e Antonio Bernardo Canellas, em 1919. Após 1922, só Leuenroth permaneceria anarquista, os demais ingressaram no Partido Comunista. Arquivo ASMOB/IAP/CEDEM.

I
A TRAJETÓRIA DO CAMARADA ASTROJILDO PEREIRA

Os fatos fazem todos parte apenas do problema, não da solução.

Ludwig Wittgenstein[1]

O camarada Astrojildo Pereira (1890-1965) foi a figura principal em 1922. Era um jornalista pequeno-burguês, fluente e brilhante. Destacou-se no movimento operário e no Partido Comunista do Brasil. Por isto, é preciso examinar seu processo de desenvolvimento.

Octávio Brandão[2]

Octávio Brandão foi o mais importante teórico marxista nos primeiros anos do Partido Comunista do Brasil – Seção Brasileira da Internacional Comunista. Autor de *Agrarismo e industrialismo*, publicado em 1926, com o pseudônimo Fritz Mayer[3], considerada a primeira análise materialista e dialética da realidade brasileira, isto é, "marxista-leninista", e que serviu de fundamentação teórica

---

[1] Ludwig Wittgenstein, *Tractatus logico-philosophicus* (Tradução, apresentação e estudo introdutório de Luiz Henrique Lopes dos Santos, São Paulo, Edusp, 1993), p. 279.

[2] Octávio Brandão, *Combates e batalhas: memórias*, v. 1 (São Paulo, Alfa-Ômega, 1978), p. 227. Brandão se refere, é claro, à fundação do PCB como o acontecimento mais importante de 1922.

[3] Octávio Brandão ao comentar o livro, para despistar a polícia política, colocou a cidade de Buenos Aires como sede da publicação, sintetizou-o com rara objetividade: "*Agrarismo e industrialismo* é um estudo sobre o Brasil em geral, o domínio do imperialismo e do agrarismo feudal e, em particular, a respeito das instruções armadas de Copacabana em 1922 e de São Paulo em 1924. Levanta uma série de problemas políticos e militares. Apresenta como subtítulo: *Ensaio marxista-leninista sobre a revolta de São Paulo e a guerra de classe no Brasil*. Desde então, começou-se a falar de leninismo no Brasil"; ibidem, p. 287.

para a prática política do PCB na segunda metade da década de 1920. Mesmo não tendo participado do ato de fundação do PCB, Octávio Brandão se tornou uma de suas referências mais importantes, como militante e teórico[4]. E também o maior rival e desafeto, pela consistência e representatividade que Astrojildo Pereira teve em sua trajetória.

Se o modernismo brasileiro teve dois líderes – poder-se-ia considerá-los ícones – que representaram duas vertentes na trajetória de sua recepção, nas figuras de Mário de Andrade e Oswald de Andrade, o comunismo no Brasil também teve o que o dramaturgo e jornalista Nelson Rodrigues chamaria de uma tendência brasileira em transformar tudo num "Fla-Flu": Octávio Brandão *versus* Astrojildo Pereira. Ou vice-versa, com menor disposição. Os dois representam alegorias de trajetórias diferentes, como se refletissem sobre dois países, duas tendências revolucionárias, duas concepções de mundo e de estética, como se verá em capítulo específico.

O que interessa aqui, até como diálogo entre diferenças históricas, é em que uma visão tão antinômica como a de Octávio Brandão sobre Astrojildo Pereira contribuiria para uma rápida biografia, que visa apenas apresentar sucintamente a personagem deste trabalho: em primeiro lugar, porque este estudo em sua origem visava analisar a trajetória dos dois revolucionários, com o respeito e senso crítico que merecem, relacionando-os à trajetória dos dois modernistas citados. Era muita pretensão, como este autor foi alertado por pessoas sensatas e mais experientes[5]. Em segundo, mesmo abandonando o projeto original e pretensioso, não se abandonou a ideia de situar Astrojildo Pereira nos quadros tanto do comunismo no Brasil, com todas as suas idiossincrasias, quanto em sua relação com a revolução mundial, como interpretar sua obra nos quadros do modernismo brasileiro e no contexto da modernidade. Ou seja, não é apenas por coincidência cronológica que Astrojildo Pereira será visto como um homem da geração dos modernistas. E, em terceiro, para que, apresentado por Octávio Brandão, seu crítico mais contundente, sua trajetória não seja vista de um só ângulo, dos que torcem pelo mesmo time e, por isso mesmo, quando podem, mesmo que não queiram, acabam distorcendo

---

[4] Sobre o marxismo no Brasil nos anos 1920, ver o importante estudo de Leandro Konder, *A derrota da dialética* (Rio de Janeiro, Campus, 1987).
[5] Principalmente Octavio Ianni, em conversa informal em uma livraria já desativada, no início dos anos 1990, e, por carta, Michael Löwy, que me sugeriu concentrar-me em Astrojildo Pereira, o que estou tentando fazer, não sei se com sucesso, aqui.

os fatos. Por isso, iremos acompanhar esta trajetória, neste relato, pela visão parcial do fraterno adversário que atuou no mesmo campo[6].

Astrojildo Pereira nasceu em Rio Bonito, Estado do Rio. Era filho de um médico proprietário rural e comerciante, descendente próximo de português. Tinha um tipo de europeu.[7]

Astrojildo Pereira Duarte Silva nasceu a 8 de outubro de 1890, numa cidade serrana do Estado do Rio, distante quarenta quilômetros de Niterói, e que chegou a ser definida no fim do século XIX como a "Petrópolis dos pobres"[8]. A família Pereira Duarte da Silva, entre vários Pereiras, era relativamente numerosa e, após a proclamação da República, teve importante participação política na cidade de Rio Bonito (vários membros da família foram vereadores, inclusive o pai de Astrojildo) e no Estado do Rio de Janeiro (fazendo um governador,

---

[6] Os comentários, alguns até bem espirituosos, de Octávio Brandão serão analisados um a um a partir de outros depoimentos e/ou estudos, principalmente os de Heitor Ferreira Lima, também militante do PCB nos anos 1920, com visão parcial favorável; de Nelson Werneck Sodré, amigo desde os anos 1940, assim como Otto Maria Carpeux, de Gilberto Freyre, acima de qualquer suspeita de ter simpatias pelo comunismo; do poeta Carlos Drummond de Andrade, por meio de seus diários dos anos 1940; de pesquisadores que o conheceram pessoalmente e não escondem sua simpatia, como Edgar Carone, Leandro Konder e José Paulo Netto; e dos que não o conheceram, mas pesquisaram sobre sua trajetória ou sua relação com a trajetória do PCB, tais como Dario Canale, Michel Zaidan, José Antonio Segatto e Marcos Del Roio. E, por fim, este que escreve, que fez uma pesquisa sobre a formação política de Astrojildo, com visitas à sua cidade natal no ano de 1985, fazendo levantamento de dados ainda pouco conhecidos, tais como características da cidade, das atividades de seus parentes próximos, principalmente do pai, como se pode ver no capítulo II. O que é interessante notar, apesar das divergências explícitas, é que praticamente todos os estudos escritos posteriormente ao depoimento de Octávio Brandão seguiram seu esquema, dividindo Astrojildo Pereira em cinco etapas: juventude liberal – "machadista" e partidário de Rui Barbosa –, juventude anarquista, década em que foi dirigente do PCB, anos de ostracismo e volta ao PCB no pós-guerra, dedicando-se a tarefas intelectuais, como editar revistas e escrever artigos.

[7] Octávio Brandão, *Combates e batalhas*, cit., p. 227.

[8] Sobre a cidade de Rio Bonito e os primeiros anos de Astrojildo Pereira, já publiquei um texto, que apresenta mais detalhes acerca do assunto: *Formação política de Astrojildo Pereira:1890-1920* (São Paulo, Novos Rumos, 1985). É uma pesquisa originalmente feita em 1985, com apoio do Instituto Astrojildo Pereira e do semanário *Voz da Unidade*, do qual eu era editor de cultura e cujo editor-chefe era Noé Gertel. Nessa pesquisa, parte dela feita na cidade de Rio Bonito, algumas coisas foram esclarecidas e outras, sugeridas, e o essencial foi acrescentado a este estudo.

Manuel Duarte). Ramiro Pereira Duarte da Silva não era médico e sim comerciante de frutas, principalmente bananas. Conhecido como coronel Ramiro, tornou-se em pouco tempo uma figura pública, respeitada e temida em Rio Bonito. Foi delegado de polícia e presidente da Câmara dos Vereadores. Era tido como autoritário e briguento, tendo participado de episódios violentos na Câmara dos Vereadores, como troca de tiros. Prosperando em seus negócios, mudou-se com a família para Niterói, onde Astrojildo começa a cursar o que era chamado de ginásio, apesar de seus primeiros estudos terem sido ainda em Rio Bonito, mesmo os de rudimentos da língua francesa. Médico seu pai não era, e sim seu professor de francês, doutor Durval Mesquita, um médico descrente da medicina. Quanto à origem portuguesa, parece remontar ao século XVIII, quando já havia Pereiras na região. O "tipo europeu" que Octávio Brandão destaca demonstra uma retórica de desqualificação que marca todo seu texto, explícita ou implicitamente.

Primeira etapa. Astrojildo deu, naturalmente, os primeiros passos. Estudou com os jesuítas, num colégio rico, o Anchieta, em Nova Friburgo. Foi religioso. Pensou ser frade. Mas pegou em mentiras os professores católicos. Teve grande decepção. Perdeu a fé religiosa[9].

Morando em Niterói e em condições econômicas mais prósperas, Astrojildo foi matriculado no importante Colégio Anchieta, onde também estudavam filhos de pessoas ilustres, como o filho de Rui Barbosa[10]. Neste mesmo colégio, alguns anos mais tarde, também estudou o futuro poeta Carlos Drummond de Andrade. Mas a experiência não foi agradável para o jovem Astrojildo, a não ser pelos primeiros contatos com a cidade do Rio de Janeiro e sua vida literária. Ao mesmo tempo em que apresentava possível vocação religiosa também lia revistas libertinas, como *Rio Nu e Coió*, e elaborava com amigos pequenos jornais pornográficos. Talvez por isto tenha sido expulso da escola que, segundo ele próprio, não lhe trouxe alegrias.

---

[9] Octávio Brandão, *Combates e batalhas*, cit., p. 228.
[10] Astrojildo também estudou no colégio Abilio e sobre essas experiências deu um depoimento a Gilberto Freyre: "O Colégio Anchieta deixou-me as piores recordações de minha adolescência; o Colégio Abilio não me ensinava o que eu queria aprender"; Gilberto Freyre, *Ordem e progresso*, v. 1 (Rio de Janeiro, José Olympio, 1957), p. 178. Estes colégios podem ter sido a base de inspiração para o romance *O Ateneu*, de Raul Pompéia.

Jovem, ajoelhou-se e beijou a mão do escritor Machado de Assis, moribundo, em 1908. E, assim, ficou a vida inteira. Perdeu o senso crítico em face de Machado de Assis[11].

Realmente muito jovem, ainda não havia completado 18 anos, Astrojildo cruzou a cidade do Rio de Janeiro em direção ao bairro de Cosme Velho, próximo ao Morro do Corcovado, depois de atravessar numa barca a Baía da Guanabara, vindo de Niterói, onde morava com a família. Ele se dirigiu à casa de um escritor querido, por ele e pela cidade que havia sido tão bem narrada em seus livros, e que, como toda a cidade sabia, estava morrendo: Machado de Assis. Foi recebido por outros escritores que velavam o moribundo. O jovem entrou naquela casa com cheiro de morte e beijou a mão do mestre. Deixou a casa e a todos emocionados pela ousadia em representar uma nacionalidade com seu gesto, como definiria Euclides da Cunha, em artigo escrito no dia seguinte e intitulado "A última visita"[12], ao comentar a morte do escritor famoso naquela madrugada.

O comentário de Brandão sobre a perda do "senso crítico" de Astrojildo Pereira refere-se a uma importante polêmica que será tratada em capítulo específico, embora não seja possível negar a importância que a obra de Machado de Assis teve na trajetória de Astrojildo Pereira, como se verá.

Aí por volta (de 1910), Astrojildo era um pequeno-burguês liberal e confusionista. Deixou-se levar pelo liberalismo burguês, pela retórica vazia e pelas promessas pomposas de Rui Barbosa, candidato à presidência da República. Encheu-se de ilusões. Delirou durante a campanha eleitoral de Rui. Estava certo da vitória. Veio a derrota de Rui. Astrojildo teve um choque tremendo[13].

Este é um aspecto importante na trajetória de Astrojildo, que é o de sua inserção no universo cultural do Rio de Janeiro no começo do século, após a morte de Machado de Assis. É o período em que o jovem Astrojildo procura

---

[11] Octávio Brandão, *Combates e batalhas*, cit., p. 228.
[12] Euclides da Cunha, "A última visita", *Jornal do Commercio*, 30 set. 1908. O artigo foi reproduzido por outros jornais do país e no *próprio Jornal do Commercio* mais duas vezes, graças à repercussão que teve. E está reproduzido em *Obras completas de Euclides da Cunha*, publicada pela Editora Aguilar. Assim, pela importância, será reproduzido e comentado no capítulo 11.
[13] Octávio Brandão, *Combates e batalhas*, cit., p. 228.

emprego, acaba trabalhando como gráfico – mesma profissão em que Machado de Assis começou, para seu orgulho – e participa da vida política na campanha de Rui Barbosa para presidência da República. Após a "decepção" com a derrota de Rui, candidato civilista, para o militar Hermes da Fonseca, Astrojildo consegue embarcar para Paris, visitando a capital da modernidade. O dinheiro acaba e junto com um amigo é repatriado ao Brasil, depois de entrar em contato com ideias anarquistas, o que acabou marcando os próximos dez anos de sua vida.

> *Segunda etapa*, de 1910 a 1920. Astrojildo tornou-se, então, um pequeno-burguês exasperado e desesperado. Aderiu ao anarquismo – a doutrina da pequena burguesia exasperada e desesperada, desvio oportunista de "esquerda". Tornou-se sectário para sempre. Ficou discípulo do anarquista russo Kropótkin. Malbaratou, em parte, sua vida no anarquismo – cerca de 10 anos.[14]

A fase anarquista, de 1911 a 1921, foi extremamente profícua. Foi nesse período que Astrojildo Pereira colaborou em vários órgãos da imprensa operária, participou da organização de vários Congressos de Trabalhadores e se tornou uma referência obrigatória no movimento operário e sindical. Em 1918, os ecos da Revolução Russa se fazem sentir. De imediato um entusiasmo marcado, como muitos militantes anarquistas, pelo que considerava uma revolução de caráter ácrata. O atento acompanhamento dos acontecimentos demonstrou estar em jogo outras forças políticas, o que começou a despertar a possibilidade, depois confirmada, de uma adesão ao marxismo, pela vertente leninista. O "sectário para sempre" talvez seja verdade, valendo também para Brandão.

Em 1918, um grupo de anarquistas conspirou para derrubar o governo, no que seria a introdução dos sovietes do Rio de Janeiro. Mas a infiltração policial e a ingenuidade dos militantes levaram todos à prisão, inclusive Astrojildo Pereira, um dos líderes da "insurreição" carioca, ao lado do professor José Oiticica, que lecionava português no Colégio Pedro II e era querido pelos alunos, filhos de figuras poderosas, que se manifestaram pela libertação do mestre[15].

Nessa época Astrojildo editava, redigia e distribuía sozinho um tabloide impresso nas oficinas do *Jornal do Brasil*, que se chamava *Crônica Subversiva*.

---

[14] Idem.
[15] Sobre este episódio, especificamente, ver pesquisa detalhada na obra de Carlos Augusto Addor, *A insurreição anarquista no Rio de Janeiro* (Rio de Janeiro, Dois Pontos, 1986).

Quando Astrojildo foi solto, escreveu no jornal que este não circulara porque a redação tinha sido presa pelo governo do Rio. A partir de 1920, o movimento anarquista começa a demonstrar sinais de crise interna e divergências. Crescia no mundo a ação da organização criada com a Revolução Russa, a Internacional Comunista, e que entrara em contato com militantes latino-americanos a partir de 1921, entre eles Astrojildo Pereira, pronto para a adesão aos princípios considerados fundamentais para a revolução mundial inaugurada em Moscou.

Terceira etapa, de 1921 a 1929. Astrojildo tornou-se comunista em 1921. Foi um dos fundadores do Partido Comunista do Brasil em 1922. Alcançou o ponto culminante de sua vida em 1922-1929. Prestou serviços importantes. Defendeu a União Soviética e o internacionalismo revolucionário. Editou a revista *Movimento Comunista*. Foi redator de *A Classe Operária* em 1925. Contribuiu para organizar os três primeiros Congressos do PCB. Foi um dos fundadores do Bloco Operário e Camponês.[16]

Durante os anos 1920, foi intensa a militância comunista de Astrojildo. Polemizou com os anarquistas, organizou células do Partido Comunista, publicou periódicos e livros de divulgação comunista e procurou romper o círculo entre o movimento político organizado, o sindicalismo organizado e os trabalhadores. Foi o período também que revelou a obra teórica de Octávio Brandão, considerado o primeiro marxista-leninista do Brasil, e que marcou teoricamente a ação do partido naqueles anos. A criação do Bloco Operário e Camponês (BOC), em 1928, tem relação com isto. E foi também o período em que Octávio Brandão gozou de maior prestígio no interior do partido, com todo o apoio do secretário-geral, Astrojildo.

Mas talvez o acontecimento mais decisivo para a vida do PCB tenha ocorrido num encontro secreto e sem repercussão imediata, no ano de 1927, na cidade de Puerto Suarez, na Bolívia. Astrojildo, aos 37 anos de idade, atravessou de trem o centro do país até a cidade de Corumbá, no Mato Grosso, para depois então, de automóvel, se encontrar nas proximidades da fronteira com o líder tenentista – na verdade capitão que havia em pouco tempo se transformado em general – Luís Carlos Prestes, também conhecido como o "Cavaleiro da Esperança". Astrojildo foi bem recebido pelo revolucionário, que queria notícias

---

[16] Octávio Brandão, *Combates e batalhas*, cit., p. 228.

do Brasil, e deu uma entrevista para o jornal tenentista que promoveu o encontro. Prestes também ficou com os livros sobre teorias revolucionárias que o líder trazia em suas bagagens. O revolucionário exilado, após ter atravessado o país com uma coluna de soldados dispostos a transformarem o quadro de miséria e atraso do Brasil, leu com atenção aqueles livros todos e considerou aquele visitante um mensageiro que trazia uma nova possibilidade para seu anseio de transformar o mundo e não apenas derrubar um governo[17]. E este encontro levou Astrojildo a receber uma das maiores e mais fortes críticas dentro do partido, de ser "prestista". Esta foi uma das justificativas de sua expulsão do PCB, depois de ter sido destituído do cargo de secretário-geral, em 1931.

Quarta etapa, de 1930 a 1945. No livro *Formação do PCB*, Astrojildo para em 1928. Evita falar sobre os anos posteriores. Silencia, sem nenhuma autocrítica, os terríveis acontecimentos de 1930. Por quê? Qual o segredo de tanto "mistério"?[18]

Octávio Brandão tem razão ao estranhar um silêncio sobre um momento tão decisivo na história não apenas do PCB, mas também do país, que teve um governo deposto em 1930, e cujo Governo Provisório definiu o movimento de "revolução". E, rigorosamente, como o futuro viria a demonstrar, era mesmo. Enquanto isso, o pequeno grupo de comunistas discutia a expulsão de seu fundador, que se manteve calado sobre isto toda a sua vida.

Mesmo antes de ser expulso do partido em 1931, Astrojildo viajou para a cidade de São Paulo, onde procurou emprego de jornalista e ainda manteve um relacionamento tenso com o PCB até ser expulso, mesmo depois de ter sido preso e enviado de volta ao Rio. Era um homem de 40 anos, talvez um

---

[17] O próprio Astrojildo escreveu sobre este encontro em seu livro *Formação do PCB: 1922-1928* (São Paulo/Brasília, Boitempo/Fund. Astrojildo Pereira, 2022). Luís Carlos Prestes também deu seu depoimento sobre o encontro, nos seguintes termos: "A conversa com Astrojildo Pereira foi muito boa – lembra Prestes –, mas eu não poderia aderir imediatamente a uma ideologia que não conhecia, nem tinha certeza de que era a mais adequada para transformar a realidade brasileira. Uma opção política não é uma atitude que se toma nem se muda da noite para o dia. É preciso refletir bem, porque, uma vez tomada, a opção tem que ser para a vida toda". Depoimento, com certeza o mais completo, dado a Dênis de Moraes e Francisco Viana, em *Prestes: lutas e autocríticas* (Ed. revista e atualizada, Rio de Janeiro, Mauad, 1997), p. 56, edição comemorativa do centenário do nascimento de Luís Carlos Prestes. O estranho, muito estranho, é este encontro não estar narrado no belo e fundamental estudo sobre a Coluna Prestes escrito por Anita Leocádia Prestes, *A Coluna Prestes* (Rio de Janeiro, Paz e Terra, 1997).

[18] Octávio Brandão, *Combates e batalhas*, cit., p. 229.

tanto abatido e amargurado, que atravessava a cidade em direção ao bairro da Barra Funda, procurando a rua Lopes Chaves, onde morava o escritor modernista Mário de Andrade[19].

Recém-chegado a São Paulo, Astrojildo, que havia dedicado vinte anos anteriores à causa social, militando em movimentos subversivos, criando um partido revolucionário, estava só, na vida e na história. Morava numa pensão na rua Teodoro Sampaio, 182[20], onde também morava o pintor Di Cavalcanti. Logo encontraria uma companheira – Inês, filha de um importante militante, Everardo Dias, líder da greve que parou São Paulo em 1917 – e um caminho. Estava sendo expulso do partido que ajudara a criar. Agora ele procurava, mais uma vez, como havia feito na adolescência, o escritor que considerava o mais representativo de seu tempo. Por sorte, este não estava morrendo, estava bem vivo, também era muito querido em sua cidade, sua obra despertava paixões e sua opinião era lida com respeito. Mas para sua frustração, o escritor modernista mandou dizer que não estava, não tinha tempo para atender mais um candidato, talvez, a escritor ou músico, ainda por cima sendo procurado pela polícia política de São Paulo, informada pela polícia do Rio de Janeiro.

Nesse período, que durou até o fim do Estado Novo, em 1945, Astrojildo casou-se com Inês Dias e voltou com a jovem esposa para o Rio de Janeiro. Dizia-se estar "assuntando" quando publicou, em 1935, às suas custas e em tiragem reduzida, *URSS Itália Brasil*[21]. Dedicou-se ao comércio de frutas, provavelmente como sócio de seus irmãos, e entrou em contato com vários intelectuais, muitos deles chegando exilados, fugindo do nazismo, como Otto Maria Carpeaux e Paulo Rónai. Tornou-se amigo do casal Octavio Tarquínio de Sousa e Lúcia Miguel Pereira, que, ao escrever a biografia de Machado de

---

[19] Devo esta informação a Francisco de Assis Barbosa, que me contou em detalhes quando o entrevistei em 1985, em sua residência no Rio. Infelizmente não encontrei nenhuma evidência deste encontro, melhor seria chamá-lo de desencontro, o que o torna quase uma ficção. Tenho até planos de tornar isto parte de um projeto ficcional. Mesmo assim, fica aqui como registro de uma dupla possibilidade: ter havido a procura e ter havido o encontro. Astrojildo Pereira nunca escondeu a admiração que nutria por Mário de Andrade.
[20] Este endereço de Astrojildo em São Paulo consta de seu prontuário no DOPS paulista, hoje aberto à pesquisa no Arquivo do Estado de São Paulo.
[21] Este livro, em edição *fac-símile*, foi relançado em 1985 pela editora Novos Rumos, com apresentação de Heitor Ferreira Lima, e fazia parte de um projeto sob minha coordenação que não teve continuidade, o que é bastante revelador. Em 2022, uma nova edição da obra foi publicada pela Boitempo em comemoração aos 100 anos de formação do PCB [Astrojildo Pereira, *URSS Itália Brasil* (São Paulo/Brasília, Boitempo/Fund. Astrojildo Pereira, 2022)].

Assis, em 1936, revelou ao país a identidade do jovem que havia visitado o escritor no leito da morte.

Em 1939 publicou seu primeiro ensaio sobre Machado de Assis[22], e por isto também ficou marcado para sempre, como afirmou Brandão, talvez com razão. Só que o que foi visto como algo negativo também pode ser sinal de uma fidelidade a princípios e temas, tratados com carinho e profundidade.

Quinta etapa, de 1945 a 1965. Astrojildo, um dos fundadores do PCB em 1922, expulso como oportunista, só voltou ao PCB em 1945, na hora da maré enchente. Começou com Marx em 1922 e tornou-se partidário do brigadeiro Eduardo Gomes, chefe da União Democrática Nacional – o partido da grande burguesia reacionária, mascarada de "democrática". Tomou, pois, uma atitude política vergonhosa. Fez uma autocrítica formalista, de autoflagelação. E voltou ao Partido Comunista do Brasil.[23]

Realmente, com o fim do Estado Novo, Astrojildo namorou a UDN, ainda uma frente democrática contra a ditadura, mas tão logo o PCB foi legalizado, solicitou reingresso – por meio de uma carta autocrítica. Foi aceito e até candidatou-se à Câmara dos Vereadores do Rio de Janeiro pela legenda do partido. Não ganhou a eleição, apesar do apoio de importantes intelectuais, como Otto Maria Carpeaux (que escreveu o folheto da campanha, belo e erudito demais para o fim a que se destinava: angariar votos) e Graciliano Ramos (que exaltou o vendedor de frutas que não vendia sua alma). Sua derrota pode também ser atribuída à manutenção de uma desconfiança e falta de apoio de seu próprio partido.

Em 1945 também participou, em São Paulo, do I Congresso Brasileiro de Escritores realizado no mesmo Teatro Municipal em que os modernistas haviam feito suas performances provocativas em 1922. Mário de Andrade também esteve presente. Mas quem homenageou Astrojildo foi outro modernista, Oswald de Andrade, que saudou aquele que por toda uma geração – a dos modernistas – havia beijado a mão de Machado de Assis[24]. Antes disso,

---

[22] Astrojildo Pereira, "Machado de Assis, romancista do Segundo Reinado", *Revista do Brasil*, jun. 1939. A revista, em sua segunda fase, era dirigida por Octavio Tarquínio de Sousa e contava com colaboradores como Mário de Andrade, Sérgio Buarque de Holanda, e outros.

[23] Octávio Brandão, *Combates e batalhas*, cit., p. 230. Mais críticas a Astrojildo, ver cit., p. 254-5.

[24] O encontro – e desencontro – com os modernistas terá um capítulo especial.

em 1944, Astrojildo Pereira lançou o livro *Interpretações*[25], com ensaios sobre Machado de Assis, Lima Barreto e outros autores, além de uma proposta de ação política específica para intelectuais. Dirigiu a revista *Literatura* – período em que conheceu o militar e historiador Nelson Werneck Sodré, de quem se tornou também amigo[26] – e manteve-se discretamente fiel ao PCB. Praticamente só participava de eventos culturais, palestras, organizava publicações e

---

[25] Astrojildo Pereira, *Interpretações* (São Paulo/Brasília, Boitempo/Fund. Astrojildo Pereira, 2022).
[26] Ver Nelson Werneck Sodré, *A luta pela cultura* (Rio de Janeiro, Bertrand Brasil, 1990), p. 42. No momento em que redijo este trabalho, soube da notícia do falecimento do historiador Nelson Werneck Sodré, ocorrida a 13 de janeiro de 1999, na cidade de Itu, onde foi enterrado no dia seguinte, mas cuja notícia só foi publicada nos jornais no dia 15. A emoção da notícia e a triste constatação de que ele não leria este trabalho causaram-me profunda dor, até porque me sinto em dívida com a atenção que Sodré havia me dispensado no início desta pesquisa, no já longínquo ano de 1985. E é por isso que dedico este trabalho à sua memória. Até escrevi um pequeno texto, quase confessional, que reproduzo a seguir, com o título *Nelson Werneck Sodré (1911-1999)*: "Lembro-me de, ainda na adolescência, varando a madrugada, ler a *História militar do Brasil*, de Nelson Werneck Sodré, livro emprestado de uma professora, e fazendo-me descobrir a história. Lembro-me da tentativa de levar Sodré, o 'general' como o chamávamos às escondidas, e 'professor' quando nos encontrávamos ou desencontrávamos nas ruas do Rio, ao Departamento de história da USP, já que a maioria dos estudantes o lia sem mesmo ele ser indicado pelos professores, e a Chefe de Departamento de então afirmar que não permitiria em sua faculdade uma reunião do 'Partidão'. Lembro-me de quando, já sob os ares da abertura política por ele prevista e com mudanças no Departamento, durante uma palestra, com o anfiteatro lotado, ao ser provocado com uma pergunta sobre o fato histórico mais importante da história do Brasil, ele respondeu, sob aplausos, que o fato histórico mais importante da história do Brasil ainda não havia ocorrido. Lembro-me de quando o entrevistei para um livrinho, hoje tema de minha tese, sobre Astrojildo Pereira, e ele afirmou, como já havia escrito, que dia viria em que Astrojildo seria finalmente reconhecido como um dos maiores críticos literários e culturais do século XX. E que meu trabalho deveria contribuir nesse sentido. Lembro-me também, até com certa tristeza, de que talvez Sodré não tenha gostado do resultado parcial, pois nunca sobre ele se manifestou. Talvez tenha sido pela ênfase que foi dada a um desafeto antigo, Francisco de Assis Barbosa, 'inimigos cordiais', como ambos se tratavam desde os acontecimentos da ABDE do final dos anos 1940, que levou até o poeta Manuel Bandeira a eliminar um poema dedicado a Astrojildo para uma edição comercial de *Mafuá do Malungo*, versos de circunstância. Efeitos tardios de uma guerra fria que para nós, felizmente, hoje só é história. Poderia também ter sido uma decepção sobre um equívoco involuntário – e existem equívocos voluntários? – de quem ele julgava ser um discípulo seu. E fui. E ainda me considero. Sem a clareza, sem a determinação, sem a disciplina, sem a capacidade de trabalho e, talvez, principalmente sem a integridade intelectual e moral que fez deste brasileiro um dos maiores que este século terrível e dos extremos (como outro grande historiador de sua estirpe o denominou) foi capaz de produzir. O século XX realmente acabou em 15 de janeiro de 1999".

escrevia artigos, mesmo que cultuando personalidades como Stálin e Prestes. Nos anos 1950, publicou um livro específico sobre Machado de Assis e participou da Comissão da Academia Brasileira de Letras, responsável por estabelecer o texto de Machado e publicar suas obras completas.

No início dos anos 1960 dirigia a revista cultural *Estudos Sociais*, quando ocorreu o golpe militar de 1964. Antes disso havia publicado uma coletânea de artigos e ensaios com o título *Crítica impura*[27]. Com o golpe militar que derrubou o governo constitucional de João Goulart, foram feitas muitas prisões, entre elas, a de Astrojildo, então com 74 anos, em sua casa no bairro de Rio Comprido (rua do Bispo, 11), que foi invadida pela polícia, e seus livros, quadros e documentos saqueados. Ele foi preso sob a acusação de algo feito cinquenta e dois anos antes. Muitos de seus amigos e companheiros também estavam sendo presos ou buscando o exílio. Outros amigos, também escritores, entre os mais representativos de sua cidade, como Francisco de Assis Barbosa, se mobilizavam para sua soltura, o que acabaram conseguindo. Mesmo assim, o velho bem-humorado declarou que a polícia também prendia fontes históricas. Astrojildo já havia tido um enfarte e não resistiu muito tempo. Morreu meses depois. Em seu enterro, num cemitério na cidade de Niterói, Otto Maria Carpeaux terminou seu discurso citando o poeta latino: "*Ave fater, atque Vale*", a esperança na despedida.

Os documentos pessoais e históricos que ainda estavam em sua residência e não haviam sido saqueados ou destruídos pela polícia política, provavelmente até um retrato de Astrojildo pintado por seu também amigo Portinari, os companheiros e amigos conseguiram salvar, com destaque para Nelson Werneck Sodré, e enviá-los a salvo para a Itália[28], onde, por muitos anos, ficaram guardados em Milão, junto ao Arquivo Histórico do Movimento Operário Brasileiro, com apoio da Fondazione Giangiacomo Feltrinelli[29].

---

[27] Astrojildo Pereira, *Crítica impura: autores e problemas* (São Paulo/Brasília, Boitempo/Fund. Astrojildo Pereira, 2022). Esta obra foi a última publicada em vida.

[28] Várias pessoas participaram desse processo, uma verdadeira aventura para salvar e preservar esse importante acervo histórico. Registre-se aqui o papel do jovem militante comunista José Salles, que, segundo Leandro Konder, participou de uma "sequência cinematográfica" para salvar os documentos. Além de Nelson Werneck Sodré no Brasil, de Maurício Martins de Mello e José Luís Del Roio na Itália.

[29] Esse acervo já se encontra no Brasil, graças à Universidade do Estado de São Paulo (Unesp) e se encontra à disposição dos pesquisadores, com uma equipe muito atenciosa, no Centro de Documentação e Memória (Cedem), no prédio da Unesp situado em São Paulo.

Já seus livros não tiveram a mesma sorte. Sem herdeiros e a viúva dona Inês Dias Pereira passando dificuldades financeiras, tendo até que mudar-se para São Paulo, para viver seus últimos anos junto com suas irmãs, os livros de Astrojildo Pereira acabaram sendo vendidos para um famoso livreiro, especialista em livros usados e raros. O acervo de anos de um bibliófilo, com edições raras e publicações fundamentais, foi disperso entre várias bibliotecas, algumas até famosas e acessíveis, como a do Instituto de Estudos Brasileiros da USP, onde também se encontram os livros de Mário de Andrade. E outra parte se encontra em acervos particulares que um dia, com certeza, se tornarão públicos[30].

A trajetória do camarada Astrojildo Pereira não foi tão linear como ele gostaria, nem tão contraditória como seus desafetos apontaram. Mas a memória dessa trajetória aponta caminhos múltiplos que este livro com certeza não esgotará, e estes passam por sua obra, principalmente a que se dispôs a publicar no formato livro.

---

[30] Em depoimento prestado em 1985, no Rio de Janeiro, o pesquisador Francisco de Assis Barbosa garantiu-me que a maior parte desse acervo se encontra nas bibliotecas particulares de dois importantes amantes dos livros: o historiador Edgar Carone (principalmente a parte política e teórica) e o empresário José Mindlin (livros raros), que infelizmente não faz nenhuma menção a isso em seu livro sobre sua famosa biblioteca.

Astrojildo Pereira na década de 1930. Acervo Delcio Marinho.

II
BILDUNG: FORMAÇÃO POLÍTICA E CULTURAL

PEREIRA DUARTE DA SILVA, ASTROJILDO – N. interior, Estado do Rio de Janeiro, 1890. Curso primário. Estudos secundários. Empregado no comércio, jornalista, revisor, tipógrafo, linotipista, negociante, apresenta-se como "revolucionário profissional". Líder comunista. Jornalista e crítico ou historiador literário. Formação católica seguida de influências e atitudes anticatólicas.

Gilberto Freyre[1]

O conceito de cultura como formação intelectual, moral e estética tem na língua alemã sua melhor síntese: *Bildung*[2]. Ele se contrapõe ao de *Kultur*, mais pertinente como "Civilização", em seu conjunto de normas, valores e organização. Enquanto em *Bildung* prevalece o movimento, o processo; em *Kultur*, o cristalizado, o quase morto se não pesasse sobre os vivos, na famosa lembrança de Marx. Em Astrojildo Pereira este conceito ganha uma importância vital para se compreender sua trajetória posterior como militante e intelectual. Sua *Bildung* pode ser resumida em duas palavras, ambas no plural: as cidades e os livros. Nos livros, ele encontrou principalmente sua educação estética (no sentido de Schiller) e, no espaço urbano, sua formação intelectual e moral

---

[1] Gilberto Freyre, *Ordem e progresso: processo de desintegração das sociedades patriarcal e semipatriarcal no Brasil sob o regime de trabalho livre. Aspectos de um quase meio século de transição do trabalho escravo para o trabalho livre e da monarquia para a república* (4. ed., Rio de Janeiro, Record, 1990), p. CVI.
[2] Ver o pequeno, mas bem fundamentado, livro de Victor Hell, *A ideia de cultura* (trad. Halumi Tateyama Takahashi, São Paulo, Martins Fontes, 1989).

impregnada pelo fato político³. As duas não podem ser dissociadas, principalmente para quem não se cansava de sublinhar a necessidade da unidade entre o pensamento e a ação, por mais romântico que isto possa ser considerado, o que não é casual. Nos livros, lidos desde a adolescência, encontrou em Machado de Assis o grande ídolo, o introdutor não apenas da modernidade literária, mas de uma visão crítica da transição de um universo patriarcal dos resquícios monárquicos para uma utopia democrática e republicana⁴; e, nas cidades, a experiência de jovem provinciano na cidade fluminense de Rio Bonito, e de metropolitano no Rio de Janeiro da virada do século.

Rio Bonito: a cidade e a serra

A cidade de Rio Bonito localiza-se na região que era conhecida no período colonial como Sertões Gerais da serra do Sambê. Nessa pequena cidade, que tinha em média 20 mil habitantes de 1880 a 1940, Astrojildo Pereira viveu praticamente até os 15 anos de idade. Numa área aproximada de 450 km², Rio Bonito tinha como limites: ao norte, a cachoeira de Macacu e a cidade de Silva Jardim (antes Capivari, quando integrava a comarca de Rio Bonito, que teve seu nome alterado para homenagear famoso tribuno republicano e abolicionista por ser sua cidade natal); ao sul, Saquarema, também pertencente à Comarca de Rio Bonito; a leste, Araruama, e a oeste, Itaboraí, esta já fazendo divisa com Niterói, cidade em que Astrojildo também morou, na juventude, e onde está enterrado em jazigo da família.

Apenas oitenta quilômetros separam Rio Bonito da cidade do Rio de Janeiro, com distância política e cultural quase inexistente, já que tudo que ocorria na Corte, depois capital federal, repercutia na pequena cidade surgida

---

³ Este capítulo é praticamente uma adaptação resumida e atualizada, com alguns trechos praticamente transcritos, do livro *Formação política de Astrojildo Pereira: 1890-1920* (São Paulo/Rio de Janeiro, Novos Rumos/Instituto Astrojildo Pereira, 1985). Sua razão de ser aqui, apesar de seu caráter não inédito, com revisão e atualização em algumas interpretações, é garantir uma unidade ao trabalho, que, a meu ver, poderia ficar incompleto sem as informações e análises aqui contidas.

⁴ Aspecto este apreendido na própria interpretação que Astrojildo Pereira fez dos principais autores do Rio de Janeiro da passagem do século, e que será tratado em capítulo específico. É claro que não se quer aqui, nem por sugestão, afirmar que a obra de Machado de Assis esteja impregnada de uma "utopia democrática e republicana", mas sim a recepção que esta obra teve para o jovem leitor.

na base de uma "verdejante serra"⁵. O mistério das matas inexploradas da serra do Sambê deve ter agitado a imaginação do menino Astrojildo, que mais tarde usaria o "Sambê" em vários pseudônimos empregados. Área em que tatus, preás, capivaras e pacas conviviam com as penas de jacus, macucos e inhambus. A isto se somavam as possibilidades de fertilização das terras pelas águas dos diversos rios que nasciam na serra, além de permitirem a pesca de acarás, bagres e traíras e formarem belas cachoeiras. Entre os rios, o que deu nome à cidade, Rio Bonito, desemboca no rio Casserebu, este navegável em canoa. Com clima agradável, a região permitiu uma visão edênica e uma pretensão, não confirmada, de transformar a serra em "moderna cidade de verão"⁶.

Nesse quadro natural, que Astrojildo também ajudou a pintar com tintas fortes e ufanistas, desenrolou-se um quadro histórico fundamental para sua formação, vivida no período de transição de uma sociedade patriarcal, baseada no trabalho escravo e no regime monárquico, para uma sociedade urbana e moderna, fundamentada no trabalho assalariado e no regime republicano, retratada em sua essência na melhor literatura do período, tendo Machado de Assis como carro-chefe.

A região em que se formou a cidade de Rio Bonito durante o período colonial era habitada pelos índios Tamoios, e, embora já fizesse parte no século

---

[5] Os dados da cidade de Rio Bonito foram extraídos de: 1. *Sinopse Estatística do Município de Rio Bonito: Estado do Rio de Janeiro, aspectos históricos e geográficos* (Rio de Janeiro, SERGRAF-IBGE, 1948); 2. *Rio Bonito: estudos para o planejamento municipal*, v. 39 (Rio de Janeiro, Fundação Instituto do Desenvolvimento Econômico e Social do Rio de Janeiro, 1978); e 3. Roberto Pereira dos Santos, *Monografia de Rio Bonito* (Rio de Janeiro, Imprensa Nacional, 1946).

[6] *Gazeta Municipal*, Rio Bonito, 29 jun. 1909. O artigo chega a comparar a região, pelo clima, a Petrópolis, Teresópolis e Friburgo. Esta pretensão deu a Rio Bonito o pejorativo apelido de "Petrópolis dos pobres". Antes mesmo disso, em 1876, o famoso *Almanack de Laemmert* descreveu a vila nos seguintes termos: "A vila de Rio Bonito foi fadada pela Providência a ser um dos mais fecundos núcleos de colonização, graças ao seu ameno clima, seu ubérrimo solo e suas excelentes águas. Desde o Catimbao visto por todos, mas nunca assaz admirado; desde a serra verdejante do Sambê, donde se descortinam as regiões praieiras de Araruama e de Saquarema e o infinito dos mares, até os serpenteantes rios, que cortam as várzeas e campinas, o panorama é gigantesco, grandíloco, divino!... Sob a magia da contemplação diurna do belo, muitos dentre aquele povo de lavradores se sentirão tocados do estro miraculoso e se farão poetas, artistas e filósofos. Rio Bonito é uma crisálida, prestes sempre à eclosão das mais sublimes manifestações da inteligência e do coração. Se os que tudo podem pensassem e quisessem guiar a milésima parte da torrente migratória para esta pequena Suíça, teríamos em Rio Bonito, sem os inconvenientes da serração e do frio, verdadeiros Petrópolis, Teresópolis e Friburgo"; citado em Roberto Pereira dos Santos, cit., p. 82.

XVI da Capitania de São Vicente, somente foi colonizada com a expulsão dos índios no século XVIII. Várias sesmarias foram se desdobrando numa base econômica característica do sistema colonial: monocultura de açúcar com trabalho escravo. Entre os primeiros "colonos" encontrava-se Gregório Pereira Pinto, que, em 1760, mandou construir uma capela em suas terras, dando origem à "freguesia", oito anos depois. Mas foi no século XIX que a "freguesia" recebeu o nome de "Nossa Senhora da Conceição do Rio Bonito"[7], período de grande prosperidade, em que o café substituía o açúcar e a igreja Nossa Senhora da Conceição era construída em outro local, durante os anos de 1816-1820.

Em 1820, com treze "fábricas" de açúcar e com a já importante produção cafeeira na economia, em Rio Bonito também se plantava arroz, mandioca, milho e feijão. A maior parte dessa produção destinava-se ao Rio de Janeiro. Com o crescimento da população ao redor da igreja matriz, a Vila de Rio Bonito obtém sua autonomia administrativa em 1846, sendo desmembrada de Capivari e Saquarema. Nesse período, o domínio político da região pertencia à família Pereira, descendente dos primeiros proprietários, e que tinha bons relacionamentos na Corte. Com título de nobreza, ostentava um brasão de cor vermelha, com uma cruz florida desenhada. Aristocracia que recebe e homenageia o imperador D. Pedro II em 1847, agradecendo-lhe pela autonomia da cidade. Mas esses Pereiras parecem não ter parentesco direto com os Pereira Duarte Silva, que só despontam com o desenvolvimento do comércio e as transformações advindas da supremacia do café sobre o açúcar e, principalmente, da diversidade de produção agrícola por volta dos anos 1870-1880, e logo passam a desempenhar um papel político importante em Rio Bonito. Em 1880, o presidente da Câmara é um Pereira da antiga aristocracia, mas entre os vereadores já se encontra um representante de uma situação emergente: Joaquim Pereira Duarte Silva, com relação de parentesco muito próxima, irmão ou primo, com Luís Pereira Duarte Silva, este casado com Maria Francisca da Silva, pais de um jovem impulsivo e com fama de valentão chamado Ramiro.

A família Pereira Duarte Silva parece ter-se beneficiado pela instauração do novo regime em 15 de novembro de 1889. Um dos primeiros atos da jovem República, em 1890, foi o que elevou Rio Bonito à categoria de cidade. Nesse mesmo ano, a 8 de outubro, no distrito de Rio dos Índios, nascia Astrojildo,

---

[7] Ibidem, p. 51.

filho do comerciante Ramiro Pereira Duarte da Silva e Isabel Neves da Silva[8]. Se a abolição da escravatura havia dado o golpe de misericórdia nas atividades monocultoras, a República permitia os novos acordes para a nova realidade de Rio Bonito: a policultura, o predomínio da pequena propriedade, a migração dos escravos libertos para a capital federal, o desenvolvimento das atividades mercantis e a ascensão de uma classe média também ao poder político local. Ramiro Pereira prospera no comércio e na política. A família se muda para o centro da cidade e, num prazo de vinte anos, o pai de Astrojildo vem a tornar-se de pequeno agricultor no principal e mais temido chefe político que a cidade teve: o coronel Ramiro.

Entre o nascimento de Astrojildo Pereira, em 1890, até sua plena maturidade política, quando rompe com o anarquismo, por volta de 1920, seu pai, Ramiro Pereira Duarte Silva desempenhou importante papel na cidade de Rio Bonito. Como comerciante, dedicava-se à intermediação do café, do milho, polvilho superior, cervejas, águas minerais, bananas e laranjas, tanto em Rio Bonito quanto em Niterói, viajando de vez em quando a São Paulo. Ramiro Pereira anunciava seus produtos no jornal local: a *Gazeta Municipal*[9]. Também havia sido no início do século proprietário de um jornal de duração efêmera, cujo título era *A Phenix*. Foi delegado de polícia durante quase dez anos, entre 1909 e 1919, chegando até a proibir "energicamente" o jogo de bicho na cidade.

Antes mesmo de ser nomeado delegado de polícia, seu nome esteve envolvido num episódio violento, envolvendo até Astrojildo, conforme nota publicada no jornal *Correio da Manhã* (2 de janeiro de 1908), na seção "Pelo Telégrafo":

> De passagem no expresso do Rio, foi traiçoeiramente agredido o Sr. Phamphilio Pery, viajante e comerciante. Foi apunhalado traiçoeiramente nesta estação por Astrogildo, filho do valentão Ramiro. Estavam presentes mais de cinquenta pessoas

---

[8] Astrojildo foi registrado como Astrogildo, com "g", mas ele optou pelo "j" em tudo que assinava, fazendo questão explícita do mesmo, em carta a Murilo Miranda, datada de 29 de dezembro de 1944, solicitando "cuidado com o 'j'!!! " – "É o meu fraco: não gosto do 'g'". Citado em Raul Antelo, *Literatura em revista* (São Paulo, Ática, 1984), p. 148. Por esta razão é que se mantém neste trabalho a grafia incorreta, fruto de um desejo que pode ter origem numa persistência anarquista em simplificar a língua escrita (nada a ver com a gramática, cuidadosamente trabalhada neste caso), buscando maior proximidade entre o som e a palavra.

[9] *Gazeta Municipal*, Rio Bonito, 4 jul. 1909, p. 3.

que assistiram à covarde agressão. O criminoso foi solto, apesar de ser preso em flagrante. A vítima foi presa e insultada pelo próprio Ramiro. A população está indignada. A vítima está incomunicável...[10]

Ramiro Pereira também foi vereador em várias legislaturas, sempre em companhia de seu irmão Júlio Pereira Duarte Silva. Em 1918, quando Astrojildo já militava havia alguns anos no movimento anarquista no Rio de Janeiro, ocorreu um episódio que confirma sua fama. Houve disputa para a presidência na Câmara. Nesta disputa, acabou se envolvendo um pistoleiro famoso, que realizava serviços sob encomenda, de nome Gil Braz. No tumulto, durante a sessão que elegeria o novo presidente, ocorreu um violento tiroteio. Resultado: três mortos; um vereador, o pistoleiro Gil Braz e outro, dono de hotel da cidade. Foi instaurado inquérito para descobrir os culpados, já que pesava uma grave acusação de que o coronel Ramiro havia contratado o pistoleiro para pressionar a Câmara para elegê-lo presidente. O inquérito acabou sendo arquivado sem conseguir chegar a culpados ou conclusões. Em 1920, o coronel Ramiro conseguiu ser eleito presidente da Câmara dos Vereadores da cidade de Rio Bonito[11].

Mesmo que alguns episódios não permitam conclusões seguras, eles demonstram o contexto político e familiar que Astrojildo encontrou em seus anos decisivos de formação. A presença de sua família não se restringiu à política local. Destacou-se também o primo Manuel Duarte Silva (1877-1944). Manuel desde jovem dedicou-se a duas atividades que também foram caras a Astrojildo: o jornalismo e a política. Como jornalista participou da fundação do jornal *Correio da Manhã*, na cidade do Rio de Janeiro, trabalhando com Edmundo Bittencourt, proprietário do jornal, desde 1903, e aí permanecendo por muitos anos. Como

---

[10] Uma notícia que causa estranheza pelo envolvimento de Astrojildo, aos 17 anos, não quanto à fama de seu pai. Eugênio Cordeiro, amigo de Astrojildo na infância em Rio Bonito, em depoimento prestado aos pesquisadores Kátia Maria de Mattos, Pedro Eduardo Monteiro Marinho e Andréa Dias Vitor, em 15 de junho de 1985, declarou que "todo o mundo tinha medo dele (de Ramiro), ele vivia brigando, era desordeiro"... E "o que Astrojildo tinha de bom, ele tinha de ruim". Embora tenha frisado que Astrojildo parecia se dar muito bem com o pai, não sendo impossível ter tomado suas dores neste episódio, caso a nota seja realmente procedente.

[11] Ver depoimento de Eugênio Cordeiro citado em Roberto Pereira dos Santos, cit., p. 73. Quanto ao título de "coronel", em 1920, poderia ser apenas ornamental, mesmo que ele houvesse recebido anteriormente a patente da Guarda Nacional, a mesma havia sido extinta em 1918 pelo presidente Venceslau Brás.

político, iniciou sua carreira elegendo-se vereador em Rio Bonito, mais tarde deputado estadual e até presidente do Estado do Rio em 1927, sendo deposto com a Revolução de 1930. Como escritor, dedicou estudos à história da República e de líderes republicanos, como Benjamin Constant, Lopes Trovão e Silva Jardim. Em seu livro mais importante, *Doutrina contra doutrina* (mesmo título de um livro teórico de Silvio Romero, publicado em 1894), expôs algumas de suas ideias políticas, entre elas a desconfiança da capacidade do povo em escolher pelo voto "os mais capazes". Crítico do sufrágio universal, para ele uma mentira, considerava não poder existir "universalidade de inscrição voluntária num país de analfabetos"[12]. Manuel Duarte também questionou a política baseada no "sistema de partilhas de empregos, favores e benefícios". Apesar de defender o liberalismo, suas concepções o aproximam de uma vertente positivista, não sendo muito estranhas às defendidas pelos florianistas do final do século XIX. De qualquer forma, Manuel Duarte será considerado pela cidade de Rio Bonito sua mais importante personalidade política e intelectual.

Com isso fica claro que Astrojildo tomou contato desde cedo, pelo lado paterno, com a dura realidade da política local, com as cartas marcadas do jogo eleitoral da Primeira República. Mas também é lícito supor que a vertente intelectual do primo famoso tenha sido marcante para alargar seus horizontes e permitir seus primeiros contatos com um republicanismo radical de figuras como Silva Jardim e Lopes Trovão (com quem ele tentou travar contato quando já frequentava o Rio de Janeiro).

Ordem e progresso

Em um importante depoimento autobiográfico prestado a Gilberto Freyre, em pesquisa sobre a transição política e cultural com o advento da República, Astrojildo Pereira reconhece, porém, ter sido a escola seu verdadeiro contato com os livros. Fala também de uma possível vocação religiosa logo abandonada, e a descoberta de um talento para o jornalismo, valendo a pena a transcrição de alguns parágrafos do belo e importante trabalho de Freyre, pelo que revela e pelas possibilidades de leituras:

> Nascido em Rio Bonito, no Estado do Rio de Janeiro, em 1890, que em certo momento de sua vida de colegial pensou em ser frade – "frade, não padre", acentua

---

[12] Citado em Roberto Pereira dos Santos, cit., p. 81.

ele em depoimento escrito especialmente para servir, com os vários outros que vêm sendo citados, de lastro a este ensaio – foi Astrojildo Pereira: Astrojildo Pereira Duarte da Silva. Ocorreu este falso despertar de vocação religiosa em Astrojildo durante seus dias de aluno do Colégio Anchieta em Nova Friburgo: dias não de todo seráficos, como adiante se verá. Antes de aluno do Anchieta, estudou ele em dois "colégios primários". O primeiro, "público", com professor "austero, ríspido, seco". Os livros escolares eram, nesse "colégio público", para a leitura, os de Felisberto de Carvalho, para Geografia, Lacerda, para história do Brasil, Sylvio Romero. Castigo principal: ficar em pé no canto da sala. Bolo, poucas vezes. Brincadeiras, "vulgares". "Bastante safadeza". No colégio particular, onde continuou os estudos primários, teve por professor certo médico "descrente da medicina": "camarada, bonachão, paternal". Aí começou a estudar francês. O livro escolar dessa fase, de que mais recordaria depois de adulto, foi a "*Seleta Contemporânea* (sic), de João Ribeiro". Entre os alunos, havia nesse colégio "mais camaradagem e menos safadeza nas brincadeiras". Era também escola mais "aristocrática" que a pública, onde estivera.

Mas a experiência do colégio verdadeiramente aristocrático, Astrojildo viria a tê-la menino de treze anos, ao tornar-se aluno do Colégio Anchieta, dos Padres Jesuítas. Era "colégio rico". Como seu pai viesse prosperando, podia dar-se ao luxo de ter filho aluno do mesmo colégio que vinha estudando o filho de Rui Barbosa. Fora no Anchieta, em discurso célebre, que Rui se reaproximara havia pouco da Igreja, como que apagando a má impressão causada nos meios mais ortodoxamente católicos pela sua introdução ao livro *O Papa e o Concílio*.

Dos métodos do aristocrático colégio de Nova Friburgo recorda Astrojildo que eram – como não podiam deixar de ser – "os jesuíticos". Missa todo dia. Padres-nossos, ave-marias, salve-rainhas, dez vezes por dia. Tornou-se Astrojildo "o melhor aluno de álgebra" da sua turma. Mas sua leitura predileta era a *Antologia Nacional*, de Laet e Barreto. A despeito de sentir-se "sinceramente católico" – "mau aluno de catecismo e religião", mas católico sincero –, confessa que, "ao mesmo tempo", com XY (filho de Y) redigia um jornal manuscrito clandestino, pornográfico. XY, entretanto, arrependendo-se dessas "aventuras pornográficas", seguiria para Roma a fim de estudar para o sacerdócio.

Astrojildo Pereira foi um tanto cigano em sua vida de colegial. Do Anchieta passou a outro colégio, também famoso: o Abílio, de Niterói. Deste recorda que "o ambiente era leigo". Os "brinquedos físicos" eram poucos, mas aí conheceu "os primeiros grupos literários". Fez os primeiros "versos amorosos": tinha já mais de quinze anos. Aí também sentiu as "primeiras preocupações políticas", entre elas o "antimilitarismo". Veio-lhe o ateísmo. Abandonou o curso ginasial no terceiro ano, para resvalar no que denomina em seu depoimento "autodidatismo arquiatabalhoado". Não acredita ter sofrido influência de qualquer mestre em sua formação. E registra estas "predileções contraditórias na literatura brasileira" que lhe marcaram o autodidatismo de adolescente: "Machado de Assis, Raul Pompéia, Euclides, João Ribeiro, Graça Aranha...". Lembra-se também de ter sido "já na adolescência, republicano radical. Admirador de Benjamin. Mais ainda de Rui. Mais admiração pela França que pelos Estados Unidos. Pela Inglaterra, um pouco, devido a Rui. Antipatia pela Alemanha".

Talvez não seja exagerado dizer-se de Astrojildo Pereira que lhe fez falta um curso sistemático em colégio como fora o Pedro II nos últimos decênios do Império e continuou de certo modo a ser sob o nome de Ginásio Nacional, depois de proclamada a República. "O Colégio Anchieta deixou-me as piores recordações na adolescência; o Colégio Abílio não me ensinava o que eu queria aprender", confessa ele no seu depoimento, no qual também recorda ter a "crise religiosa íntima" o feito resvalar para o anticlericalismo, daí tendo passado ao "ateísmo anarquista" e do "ateísmo anarquista" à "interpretação marxista".[13]

A importância do contexto para sua formação também foi detectada por dois importantes estudiosos da vida cultural e política brasileira: Afonso Arinos de Melo Franco e Otto Maria Carpeaux. Para Afonso Arinos, uma das mais importantes vozes do liberalismo histórico, Astrojildo não tinha tradição política em sua família (os fatos apontados demonstram não ter sido bem assim), mas de grande "valor intelectual", decepcionou-se com o liberalismo, aderindo às ideias de "esquerda"[14]. Já para o austríaco Carpeaux – que não apenas se tornou figura importante na cultura brasileira pelo que introduziu por meio de seus escritos, mas também pela inserção nos debates de seu tempo, além de ter-se tornado amigo de Astrojildo –, o fator fundamental em sua formação foi o de ter sido "herdeiro da civilização polida da aristocracia rural

---

[13] Gilberto Freyre, *Ordem e progresso*, cit., p. 176-8. O livro *Ordem e progresso*, ao colher diversos depoimentos de pessoas que viveram a transição nos primórdios da República, torna-se uma fonte indispensável para o estudo do período com seu painel polifônico, aparentemente assistemático, e se torna um modelo para pesquisas que queiram abordar um período para além das interpretações, além de ser o mais completo depoimento de Astrojildo Pereira sobre sua formação.

[14] Afonso Arinos de Melo Franco, "As ideias políticas no Brasil: aula IV", em *O som de outro sino: um breviário liberal* (Rio de Janeiro, Civilização Brasileira/Universidade de Brasília, 1978), p. 187.

e da capital do Império"; de ter lido com atenção Machado de Assis, como romancista do Segundo Reinado, porque "não parou no passado. Assim como os romances de seu amigo Lima Barreto acompanharam as transformações da velha cidade colonial em metrópole moderna, Astrojildo Pereira..." transformou-se em "doutrinador político, homem de ação, revolucionário"[15]... Ou seja, o complemento dessa formação não pode ser compreendido sem o impacto que a metrópole moderna desencadeou sobre o jovem provinciano.

Rio de Janeiro: a cidade das espadas e letras

O contato com a metrópole modificou a vida de Astrojildo Pereira. Conjuntamente com a idealização da capital federal pela literatura e pelas publicações libertinas[16] teve, a partir de 1905, o contato físico com a modernidade. O Rio de Janeiro, a "cidade das letras"[17], a "metrópole moderna", na tentativa

---

[15] Otto Maria Carpeaux, "Três aspectos do candidato Astrojildo Pereira", *Memória & História: revista do movimento operário brasileiro*, São Paulo, Livraria e Editora Ciências Humanas, n. 1, 1981, p. 95-9.

[16] Enquanto estudava nos colégios citados, Astrojildo e seus amigos liam publicações como as revistas *Coió* e, principalmente, *Rio Nu*. A revista *Rio Nu*, que merece um estudo exclusivo e está praticamente completa na Biblioteca Nacional, foi um sucesso editorial no Rio de Janeiro do começo do século. Colorida e impressa com papel de qualidade, foi fundada a 13 de maio de 1898 e durou até 1917, chegando a atingir uma tiragem de 20 mil exemplares. Com aspecto visual avançado, desenhos de mulheres nuas e humor de costumes, parece ter sido a principal revista erótica ou "libertina" de sua época. Seus temas principais: adultério feminino e crônicas irreverentes da vida urbana. Era uma revista dirigida ao público masculino, até pelos preconceitos alimentados, sempre com muita graça. Também tinha prestígio entre o público culto, já que Olavo Bilac e Artur Azevedo estavam entre seus colaboradores. Um exemplo desse humor, e dos preconceitos nele incluídos, pode ser encontrado no seguinte parágrafo: "Não há no mundo país tão favorável ao feminismo como o Brasil [...] Qualquer mulher no Rio de Janeiro [...] pode viver perfeitamente sem trabalhar e, como se costuma dizer, de braços cruzados. Só que não pode é cruzar as pernas"; *Rio Nu*, Rio de Janeiro, jan. 1910, citado em *Nosso século: a era dos bacharéis (1900-1910)*, v. 1 (São Paulo, Abril Cultural, 1980), p. 220.

[17] "As cidades desenvolvem suntuosamente uma linguagem mediante duas redes diferentes e superpostas: a física, que o visitante comum percorre até perder-se na sua multiplicidade e fragmentação, e a simbólica, que a ordena e a interpreta, ainda que somente para aqueles espíritos afins, capazes de ler como significação o que não são nada mais que significantes sensíveis para os demais, e, graças a essa leitura, reconstruir a ordem. Há um labirinto das ruas que só a aventura pessoal pode penetrar e um labirinto dos signos que só a inteligência raciocinante pode decifrar, encontrando sua ordem"; Angel Rama, *Cidade das letras* (trad. Emir Sader, São Paulo, Boitempo, 2015), p. 47.

de copiar a "capital do século XIX", Paris, sofria transformações que não passaram despercebidas ao jovem Astrojildo, que as analisou de várias formas como crítico maduro, por exemplo, neste comentário: "O velho Rio de Machado desaparecia sob os escombros do terremoto chamado Pereira Passos, e a cidade renovada tomava uns ares de refinadas elegâncias, meio ingênuas, meio cabotinas"[18]. E é sobre este Rio de Janeiro da *Belle Époque*, e sua relação com Astrojildo, que se deve tratar aqui.

Este é um período em que o Rio de Janeiro acompanhava as transformações que o mundo capitalista atravessava, também conhecidas como Revolução científica e tecnológica[19]. O período chamado por Eric Hobsbawm de "era dos impérios" foi marcado por uma nova etapa do capitalismo –, analisada por Vladimir Ulianov Lênin como a era do imperialismo –, com todas as suas consequências, principalmente para um país periférico como o Brasil, que passava por sérias transformações, decorrentes dessas mudanças em sua base econômica e social: a principal delas, o desmantelamento do sistema escravista e sua transição para o trabalho assalariado. Só que esse processo não incorporou os antigos escravos de origem africana à nova ordem social. Na nova divisão internacional do trabalho, os novos empreendedores, surgidos com a importância do café como produto de exportação, optaram pelo trabalho do imigrante europeu, que obteve várias facilidades para trabalhar no Brasil. Principalmente italianos, como colonos ou trabalhadores assalariados nas fazendas de café no interior paulista (a princípio no Vale do Paraíba, depois no oeste paulista, para finalmente permanecerem na capital do Estado, trabalhando na incipiente indústria), e alemães, que se deslocaram preferencialmente para o sul do país. Mas os efeitos políticos dessas transformações afetaram principalmente a monarquia, substituída pelo regime republicano a partir de 15 de novembro de 1889, por meio de uma quartelada comandada pelo marechal Deodoro da Fonseca. E o centro dos acontecimentos políticos, com seus desdobramentos culturais, passou a ser a capital federal, a cidade do Rio de Janeiro.

---

[18] Astrojildo Pereira, "Memórias da cidade", em *Crítica impura: autores e problemas* (São Paulo/Brasília, Boitempo/Fund. Astrojildo Pereira, 2022).
[19] Sobre o impacto da chamada Revolução científica e tecnológica no cotidiano do Rio de Janeiro da virada do século XIX para o XX, ver Nicolau Sevcenko, "A capital irradiante: técnica, ritmos e ritos do Rio", em Fernando Novais (coord.), *História da vida privada no Brasil*, v. 3: *República: da* belle époque *à era do rádio* (São Paulo, Companhia das Letras, 1998).

Passado o período turbulento dos primeiros anos do novo regime, no qual os militares positivistas ainda tinham alguma influência, o poder político foi finalmente entregue aos representantes da nova classe dominante, que vinha principalmente de São Paulo, e a nova elite intelectual, formada nos duros anos de luta pela abolição da escravatura e modernização das instituições políticas do Brasil, visando torná-lo adequado aos novos tempos. Isso ajuda a esclarecer a necessidade da reforma urbana do Rio de Janeiro, desencadeada por um prefeito nomeado e com plenos poderes, Pereira Passos, que deslocou populações pobres do centro da cidade, construiu novos prédios públicos e abriu avenidas, entre elas a Central, nos moldes das reformas de Paris, também realizadas por um prefeito autoritário e com plena liberdade para desapropriar e modificar o espaço urbano. Até pássaros, como os pardais, foram importados da França para substituírem os tico-ticos, dando à cidade os ares refinados e cabotinos tão caros à nova elite dirigente que, em nome da civilização, não se acanhará em realizar massacres como os de Canudos, no interior da Bahia, de Contestado, no interior do Paraná, da Revolta da Vacina e da Chibata, na própria capital federal[20].

Aos 15 anos de idade, Astrojildo Pereira começou a descobrir os múltiplos meandros da capital federal, que mais tarde seria definida por ele como a síntese do Brasil, quando escreveu que "a capital do país sempre foi o ponto de convergência, a súmula, o índice de todo o país"[21]. O Rio possibilitou ao jovem Astrojildo o encontro com a modernidade e a tradição, o nacional e o internacional, o fascínio e o desencanto, a elegância e a brutalidade, a utopia republicana e a luta de classes, a vida literária e as festas populares, tudo em contraditória tensão, sem a qual não se pode compreender a origem do revolucionário.

Quando Astrojildo Pereira chegou ao Rio de Janeiro, vivendo nele com maior intimidade, tanto a reforma urbana de Pereira Passos já estava concluída como também a Revolta da Vacina, e sua brutal repressão era assunto superado no cotidiano das pessoas. Mas isso não quer dizer que os ecos dos acontecimentos não tenham chegado aos ouvidos do adolescente. Como foi visto, Rio Bonito estava ligado à capital federal por sólidos laços econômicos,

---

[20] Estudos mais completos sobre este período podem ser encontrados em Emília Viotti da Costa, *Da monarquia à república* (São Paulo, Livraria Editora Ciências Humanas, 1979) e em Nicolau Sevcenko, *Literatura como missão* (São Paulo, Brasiliense, 1983).

[21] Astrojildo Pereira, "Machado de Assis, romancista do Segundo Reinado", em *Interpretações* (São Paulo/Brasília, Boitempo/Fund. Astrojildo Pereira, 2022).

políticos e culturais, e, principalmente, no momento decisivo dos acontecimentos, a família de Astrojildo já residia em Niterói, que também esteve sob estado de sítio durante a violenta repressão à revolta. É bem possível que o fascínio provocado pela beleza da cidade tenha sido, num primeiro momento, mais forte do que a consciência do preço daquelas mudanças. Alguns anos ainda levaria para o jovem provinciano descobrir efetivamente o outro lado da cidade, o seu avesso, a sua base. Antes disso, porém, estaria envolvido numa perspectiva mítica e romântica em torno de dois heróis, Machado de Assis e Rui Barbosa, símbolos da cidade que "se civilizava" e que deslumbrava o adolescente Astrojildo Pereira.

Uma prova disso ocorreu a 28 de setembro de 1908. Sem nada dizer a seus pais, Astrojildo Pereira saiu de sua casa, em Niterói, com destino ao Rio de Janeiro. Ele não tinha 18 anos, só os completaria a 8 de outubro. Na barca da Cantareira, que ligava Niterói ao Rio, atravessando a Baía da Guanabara, ele deve ter pensado em desistir da aventura. Sabia que era uma atitude ousada, talvez não tivesse sucesso em sua empreitada. Talvez levasse em suas mãos um livro e um recorte de jornal. Chegando ao Rio, atravessou o centro e dirigiu-se ao bairro de Laranjeiras, mais exatamente em Cosme Velho, na rua de mesmo nome. Estava trêmulo. Emocionado, bateu à porta. Foi recebido por escritores que tanto admirava, mas que nunca tinham visto ou ouvido falar daquele garoto atrevido e, no entanto, tão tímido. Lá estavam Euclides da Cunha, José Veríssimo, Mário de Alencar e outros. O dono da casa, o verdadeiro procurado, estava no quarto. Estava realmente como diziam os jornais: morrendo. O jovem quis saber como estava o moribundo; se possível, gostaria de vê-lo. Houve resistência na sala. Não seria conveniente um estranho adentrar no quarto de um velho à beira da morte. Mas o mesmo parece ter ouvido o burburinho vindo da sala e quis saber o que se passava. Quando soube, autorizou a entrada de Astrojildo. Com dificuldade, buscando preservar um polimento conhecido por todos e criticado por muitos, esforçando-se fisicamente para receber o jovem, olhou firme em seus olhos, apesar da pouca luz ambiente. Astrojildo estava sozinho com seu maior ídolo. Seus olhos brilhavam. Enxergava-o também entre as sombras. Considerava aquele velho um verdadeiro mestre, o mestre que nunca teve. O mestre do Cosme Velho. Tentou se aproximar, sentindo o hálito da morte. Procurou beijá-lo no rosto, mas o mestre se afastou, dando-lhe a mão, que então foi beijada. O velho, sentindo todo o cansaço de uma vida que se esvaía, agradeceu e, ao mesmo tempo, fez um sinal de despedida. Tão rápido e silencioso como entrou, o adolescente saiu dali engrandecido e vaidoso, deixando emocionados todos os presentes. Na madrugada seguinte, morria o escritor Machado de Assis[22]. Assim a escritora Lúcia Miguel Pereira descreveu a visita de Astrojildo, pela primeira vez identificado, e a morte de Machado de Assis em sua biografia:

> Esse jovem, cujo nome Euclides da Cunha, na página admirável em que lhe fixou o gesto generoso, dizia dever ficar ignorado, era o escritor Astrojildo Pereira.
> Euclides assistiu à cena, pois, com Mário de Alencar, José Veríssimo, Raimundo Corrêa, Graça Aranha, Coelho Neto e Rodrigo Otavio, além das famílias amigas, velava pela última vez o grande enfermo.
> E às 3h45 da madrugada de 29 de setembro de 1908, na casa onde passara quase um terço de sua existência, expirou o maior escritor brasileiro, que a 21 de junho completara 69 anos.
> A Academia Brasileira de Letras reclamou para si a honra de lhe prestar os últimos cuidados. Transportado para o Silogeu, antes de ir se reunir a Carolina, no cemitério S. João Batista, Machado de Assis recebeu pela palavra de Rui Barbosa a homenagem dos intelectuais entre os quais sempre quisera viver:
> "Modelo foi de pureza e correção, temperança e doçura; na família, que a unidade e devoção de seu amor converteu em santuário; na carreira pública, onde extremou pela fidelidade e pela honra; no sentimento de língua pátria, em que prosava como Luiz de Souza e cantava como Luiz de Camões; na convivência de seus colegas, dos seus amigos, em que nunca deslizou da modéstia, do recato, da tolerância, da gentileza. Era sua alma um vaso de amenidade melancólica. Mas a missão de sua existência, repartida entre o ideal e a rotina, não se lhe cumpria sem rudeza e sem fel", pode dizer o grande tribuno, sem nenhum exagero, sem louvor excessivo.[23]

---

[22] Devemos a Lúcia Miguel Pereira, em *Machado de Assis: estudo crítico e biográfico* (São Paulo, Companhia Editora Nacional, 1936), p. 325, o desvendamento da identidade do jovem que visitou Machado de Assis em seu leito de morte. Até então só se sabia de uma visita por meio do famoso artigo de Euclides da Cunha. Devemos também a Francisco de Assis Barbosa a informação um pouco mais detalhada de como foi o encontro de Astrojildo com Machado, em depoimento de 31 de maio de 1985, em sua residência no Rio de Janeiro. Esta também se encontra em artigo de Francisco de Assis Barbosa no jornal *Correio da Manhã*, de 1 de janeiro de 1965. O episódio da "última visita" havia sido utilizado na campanha para a libertação de Astrojildo, então preso pelos militares golpistas. E, segundo Barbosa, Astrojildo teria concordado que o acontecimento fosse utilizado, informando-lhe mais detalhes sobre ele, o que foi procurado preservar aqui.

[23] Discurso de Rui Barbosa citado em Lúcia Miguel Pereira, *Machado de Assis*, cit., p. 325-7. Sobre o artigo de Euclides da Cunha, transcrito acima, a autora assim se referiu: "última visita, artigo publicado na *Renascença*, em setembro de 1908, recolhido na *Revista da Academia*

Após o enterro de Machado de Assis, Euclides da Cunha dedicou-lhe um belo artigo no *Jornal do Commercio*, publicado a 30 de setembro e intitulado "A última visita"[24]. Este artigo, pela importância de quem escreveu e sobre quem escrevia, para os objetivos deste trabalho, assim como para os desdobramentos de uma trajetória, merece uma transcrição na íntegra e um comentário.

A última visita

Na noite em que faleceu Machado de Assis, quem penetrasse na vivenda do poeta, em Laranjeiras, não acreditaria que estivesse tão próximo o triste desenlace de sua enfermidade. Na sala de jantar, para onde conduzia o quarto do querido mestre, um grupo de senhoras – ontem meninas que ele carregava nos braços carinhosos, hoje nobilíssimas mães de família – comentava-lhes os lances encantadores da vida e reliam-lhe antigos versos, ainda inéditos, avaramente guardados nos álbuns caprichosos. As vozes eram discretas, as mágoas apenas rebrilhavam nos olhos marejados de lágrimas, e a placidez era completa no recinto, onde a saudade glorificava uma existência, antes da morte.

No salão de visitas viam-se alguns discípulos dedicados, também aparentemente tranquilos.

E compreendia-se desde logo a antilogia de corações tão ao parecer tranquilos na iminência de uma catástrofe. Era o contágio da própria serenidade incomparável e emocionante em que ia pouco a pouco extinguindo-se o extraordinário escritor. Realmente, na fase aguda de sua moléstia, Machado de Assis, se por acaso traía com um gemido e uma contração mais viva o sofrimento, apressava-se em pedir desculpas aos que o assistiam, na ânsia e no amparo gentilíssimo de quem corrige um descuido ou involuntário deslize. Timbravam em sua primeira e última dissimulação: a dissimulação da própria agonia, para não nos magoar com o reflexo de sua dor. A sua infinita delicadeza de pensar, de sentir e de agir no trato vulgar dos homens se exteriorizava em timidez embaraçadora e recatado retraimento, transfigurava-se em fortaleza tranquila e soberana.

E gentilissimamente bom durante a vida, ele se tornava gentilmente heroico na morte...

Brasileira de Letras, volume XX e vertido para o francês no livro editado pela Missão Brasileira de Expansão Econômica em Paris, onde se encontram os discursos proferidos na Sorbonne em homenagem ao romancista brasileiro"; ibidem, p. 325.

[24] Euclides da Cunha, "A última visita", em *Obra completa*, v. 1 (Rio de Janeiro, Nova Aguilar, 1995), p. 503-5.

Mas aquela placidez augusta despertava na sala principal, onde se reuniam Coelho Neto, Graça Aranha, Mário de Alencar, José Veríssimo, Raimundo Correia e Rodrigo Otávio, comentários divergentes. Resumia-os um amargo desapontamento. De um modo geral, não se compreendia que uma vida que tanto viveu as outras vidas, assimilando-as através de análises sutilíssimas, para no-las transfigurar e ampliar, aformoseadas em sínteses radiosas – que uma vida de tal porte desaparecesse no meio de tamanha indiferença, num círculo limitadíssimo de corações amigos. Um escritor da estatura de Machado de Assis só deveria extinguir-se dentro de uma grande e nobilitadora comoção nacional.

Era pelo menos desanimador tanto descaso – a cidade inteira, sem a vibração de um abalo, derivando imperturbavelmente na normalidade de sua existência complexa – quando faltavam poucos minutos para que se cerrassem quarenta anos de literatura gloriosa...

Neste momento, precisamente ao enunciar-se esse juízo desalentado, ouviram-se umas tímidas pancadas na porta principal da entrada.

Abriram-na. Apareceu um desconhecido; um adolescente, de 16 ou 18 anos no máximo. Perguntaram-lhe o nome. Declarou ser desnecessário dizê-lo: "ninguém ali o conhecia, não conhecia por sua vez ninguém; não conhecia o próprio dono da casa, a não ser pela leitura de seus livros, que o encantavam. Por isto, ao ler nos jornais da tarde que o escritor se achava em estado gravíssimo, tivera o pensamento de visitá-lo. Relutara contra esta ideia, não tendo quem o apresentasse: mas não lograra vencê-la, que o desculpassem, portanto. Se lhe não era dado ver o enfermo, dessem-lhe ao menos notícias certas de seu estado".

E o anônimo juvenil – vindo da noite – foi conduzido ao quarto do doente. Chegou. Não disse uma palavra. Ajoelhou-se. Tomou a mão do mestre; beijou-a num belo gesto de carinho filial. Aconchegou-a depois de algum tempo ao peito. Levantou-se e, sem dizer palavra, saiu.

À porta, José Veríssimo perguntou-lhe o nome. Disse-lho.

Mas deve ficar anônimo. Qualquer que seja o destino desta criança, ela nunca mais subirá tanto na vida. Naquele momento, o seu coração bateu sozinho pela alma de uma nacionalidade. Naquele meio segundo – no meio segundo em que ele estreitou o peito moribundo de Machado de Assis, aquele menino foi o maior homem de sua terra.

Ele saiu – e houve na sala há pouco invadida de desalento uma transfiguração.

No fastígio de certos estados morais concretizavam-se às vezes as maiores idealizações.

Pelos nossos olhos passara a impressão visual da Posteridade...

Euclides da Cunha

Este pequeno artigo, uma pequena obra-prima da crônica, pelo tema e pela forma, foi escrito com muito cuidado por Euclides da Cunha, para um jornal muito importante. João Luso, outro escritor, presenciou a elaboração do artigo e descreveu esse momento em uma crônica um ano depois:

> A mesa em que Euclides se instalara ficara a dois passos da minha; e não haveria curiosidade mais natural do que essa de espreitar um artista admirado e queridíssimo entregue a uma obra na qual eu tinha certeza de que ele poria toda a sua inteligência e todo o seu sentimento. Euclides, com o cotovelo esquerdo fincado na mesa, a cabeça inclinada e apoiada na mão, compunha, de quando em quando, duas ou três linhas... Acendia um cigarro, tirava-lhe três ou quatro fumaças, arremessava-o, em mais de meio; voltava a fincar o cotovelo, a encostar a fronte; e a mão direita ia e vinha sobre o papel, durante longo minuto, vagarosamente, mas sem interrupção. Não emendava; não fazia entrelinhas – pelo menos tão a miúdo que chegasse a dar-me a vista; mostrava uma serenidade perfeita; e o seu trabalho avançava linha a linha e quase se poderia afirmar letra a letra, como uma renda nítida e delicada nas mãos da mais paciente bordadeira. Levou aquilo mais de três horas, para ocupar no dia seguinte um resumido espaço de jornal.[25]

São raros os momentos em que um grande escritor é flagrado escrevendo um texto importante, como neste caso, em que três pessoas estão envolvidas: Machado, o que morreu; o "anônimo juvenil", protagonista da crônica e da noite; e Euclides, o que registrou por ter visto e por ter escrito. Todos com um papel relevante na cultura brasileira. A passagem do século pode ser apreendida pelo texto de Euclides, que se ressente do descaso da cidade diante da morte do grande escritor e se vangloria de ter presenciado tanto a posteridade quanto o futuro do mundo e da nação. Era, com a morte de Machado, como se fosse uma metáfora de uma profunda transição de uma era para outra, construída ao sabor dos fatos vividos naquela noite e madrugada. Uma era de um império agonizando para dar lugar a uma era de turbulências, de esperanças e de extremos. Curiosamente, como que prenunciando em termos graves o que se avizinhava para o mundo, a beleza poética do texto de Euclides apresentava

---

[25] O artigo de João Luso também foi publicado no *Jornal do Commercio*, em 22 de agosto de 1909, quase um ano após o de Euclides, o que demonstra a repercussão que o mesmo teve. Citado em Brito Broca, *A vida literária no Brasil: 1900* (Rio de Janeiro, Livraria José Olympio, 1975), p. 221-2.

um teorema que não deve ter escapado ao jovem intelectual, e que a história acabaria por apontar-lhe, através dos caminhos labirínticos da cidade, os rumos que deveria dar à sua vida para que fizesse valer na prática o que aprendera com a leitura dos livros de Machado.

O gesto romântico de Astrojildo Pereira revela a importância que Machado de Assis teve em sua formação. Como no resto de sua vida. É claro que só um exercício de imaginação pode recuperar o que ele deve ter sentido ao ler a crônica de Euclides da Cunha, publicada por dois dias seguidos e reproduzida por vários jornais em todo o país. Segundo Francisco de Assis Barbosa[26], o pai de Astrojildo, ao lê-la no jornal e relacionando a saída repentina do filho um dia antes sem explicações convincentes, perguntou-lhe se era ele o garoto descrito. A resposta teria sido negativa, por medo ou arrogância, mas o orgulho privado e intransferível ficou guardado em silêncio durante quase trinta anos do ocorrido. Nesse caso, o silêncio pode revelar mais que a publicidade do fato, por ter permitido uma reflexão posterior, manifestada em artigos e livros.

Porém, se um herói cultural partia, outro ocupava seu lugar. Rui Barbosa, que substituía Machado de Assis na presidência da Academia Brasileira de Letras, também teve um importante papel na vida de Astrojildo Pereira no período de 1908 a 1910, permitindo ao jovem provinciano tomar contato com o universo político da metrópole e se inserir na vida cultural da cidade.

O ano de 1909 não foi muito favorável a Astrojildo Pereira. Desempregado, procurava se inserir numa cidade que começava a revelar outras faces. Ao mesmo tempo, num período decisivo para suas opções futuras, em que as dificuldades pessoais se somaram a uma grande desilusão política no ano seguinte, o jovem, diante das circunstâncias, lutava entre o desespero, pai da rebeldia, e a esperança, mãe da utopia. Entre a consciência e a ilusão, no mesmo universo ideológico frágil das classes médias urbanas em transição para uma perspectiva consciente de classe, que adotaria nos anos seguintes para nunca mais abandonar.

Um exemplo significativo do desânimo que se abateu sobre Astrojildo, no ano seguinte à morte de Machado de Assis, pode ser demonstrado por uma carta enviada ao Conde de Affonso Celso, autor de um célebre livro intitulado *Porque me ufano de meu país*, publicada em 1900, e que se tornou uma referência na cultura brasileira, na tragédia e na comédia:

---

[26] Em depoimento já citado.

Exmo. Sr. Conde de Affonso Celso,
Confiando na vossa bondade é que me atrevo a solicitar-vos a graça de um favor – favor que, até certo ponto, não mereço, mas que sou obrigado a pedir-vos por força das circunstâncias.

Parecer-vos-á, naturalmente, estranho dirigir-me a vós diretamente, sem uma apresentação de outrem. Em verdade, eu não tinha quem a fizesse. E – mais verdade ainda – prefiro apresentar-me só, embora isso pareça, ou seja realmente, repreensível. Já o autor da *Arte de furtar* dizia que "quem pretendia, sem padrinhos, ir pelo caminho da justiça, fiava-se na verdade em seus talentos". E eu espero que me perdoeis a falta, se é que é falta.

Sou um moço pobre, quero estudar, e escasseiam-me os recursos. Estou há quase um ano desempregado, perdendo esse tempo irrecuperável de minha mocidade. Tenho dezenove anos, mas acho-me atrasadíssimo em matéria de estudos. Deponho, pois, confiantemente, em vossas mãos, a pretensão de um lugar na Equitativa, de que sois presidente.

Agora, para um pequeno desencargo de consciência, eu vos devo uma explicação do motivo de me dirigir a vós.

Em seis pedacinhos de papéis escrevi, respectivamente, seis nomes de pessoas que eu julgava mais em condições de atender ao meu pedido. Enrolei-os e tirei um à sorte. Era o vosso nome. Portanto, se entenderdes que eu fui demasiado importuno, culpai a sorte, meu senhor, que sou de vós admirador e obrigado.

Astrojildo Pereira[27]

A carta é por demais clara da situação de Astrojildo, assim como seu desejo implícito por trás de um pedido de emprego em inserir-se na vida econômica, e principalmente cultural, da cidade do Rio de Janeiro no começo do século. Mesmo porque, a reclamação de que fosse pobre não corresponde ao período imediatamente anterior, de prosperidade nos negócios e na política regional de seu pai. Diferente, é claro, do interesse do pai, pelas características apontadas, em sustentar as veleidades literárias do filho, como o estilo da carta denuncia. Astrojildo parece querer algo mais que um emprego, uma legítima forma de autossustento, longe da tutela e do autoritarismo paterno. O que fica no subtexto da carta é uma sutil vontade em ser reconhecido como intelectual, citando autores, fazendo graça com a sorte e dramatizando a própria situação.

---

[27] O original desta carta e a resposta do Conde se encontram no Arquivo Astrojildo Pereira, acervo do Archivio Storico del Movimento Operaio Brasiliano (ASMOB) [Arquivo Histórico do Movimento Operário Brasileiro], hoje no Cedem/Unesp, em São Paulo.

Também não esqueceu uma regra da comunicação direta, que é a de agradar o interlocutor, provocar simpatia ao mesmo tempo em que busca demonstrar personalidade e segurança. De qualquer forma, alcançou seu intento. Sua carta não apenas foi respondida pelo conde, em tons amáveis, e, embora não tenha conseguido o emprego solicitado, acabou sendo nomeado "agente", sem necessidade de fiança. Um tímido – porém algum – começo.

A campanha política eleitoral também não o deixou indiferente. Foi a chamada Campanha Civilista que colocava de um lado um civil, guardião dos princípios liberais, e de outro um militar, sobrinho do proclamador da República. Era também o primeiro embate público buscando a legitimidade do voto entre um "casaca" e um "fardado". Apoiado pelas novas classes médias urbanas, não apenas do Rio, mas também de São Paulo, onde ele estudou Direito, e Salvador, onde nasceu, participante da Conferência em Haia em 1908 e recebido como herói em sua volta, Rui Barbosa enfrentava nas urnas, naquela que seria a primeira campanha presidencial com envolvimento popular, por meio de comícios cada vez mais concorridos, o marechal Hermes da Fonseca, com prestígio nas Forças Armadas, reformador no exército, criador, quando ministro, da lei do sorteio militar de 1908, base para o serviço militar obrigatório.

Astrojildo Pereira, por seu "republicanismo radical" manifesto e "antimilitarismo" latente, seguiu o mesmo que muitos intelectuais e também alguns setores anarquistas: apoiar com entusiasmo o candidato civil contra o positivista apoiado pelas forças tradicionais e pela máquina administrativa. Até o escritor Lima Barreto, avesso confesso das instituições republicanas, mas próximo de algumas ideias libertárias, apoiou timidamente Rui Barbosa contra Hermes da Fonseca. É possível que date desse período o início do contato de Astrojildo com os anarquistas e não depois, como se supõe, da desilusão com a derrota, possivelmente fraudada, do candidato civilista.

Rui Barbosa ganhou em alguns centros urbanos, mas perdeu nos meios rurais, onde prevalecia o chamado voto de cabresto. Mesmo na capital federal, de um eleitorado já ínfimo (2,9% da população total), apenas 34% dos inscritos votaram[28]. O liberalismo no Brasil enfrentava mais um de seus dilemas, favorecendo o descrédito na questão democrática, despolitizando os cidadãos e marginalizando os novos agentes. Refletindo sobre o não enraizamento do

---

[28] Ver José Murilo de Carvalho, "O Rio de Janeiro e a República", *Revista Brasileira de História*, São Paulo, Marco Zero/ANPUH, v. 5, n. 8, 1985, p. 120-1.

liberalismo democrático no país nos trinta primeiros anos do século, Sérgio Buarque de Holanda, já nos anos 1930, apontava a sua principal razão:

> A democracia no Brasil foi sempre um lamentável mal-entendido. Uma aristocracia rural e semifeudal importou-a e tratou de acomodá-la onde fosse possível, aos seus direitos e privilégios, os mesmo privilégios que tinham sido, no Velho Mundo, o alvo da burguesia contra os aristocratas[29].

Não fica difícil assim compreender a desilusão do jovem empolgado e encantado Astrojildo Pereira. Aliás, como muitos outros jovens intelectuais que não tinham ainda atingido 20 anos de idade em 1910, que entre o desespero e a rebeldia tiveram uma profunda decepção com a derrota de Rui Barbosa, marcando um momento decisivo nos rumos de suas vidas e até em opções posteriores. Mas 1910, ano do cometa Halley, também foi o ano em que marinheiros se revoltaram para pôr fim a um resquício da escravidão: o uso da chibata contra os pobres e negros que serviam na aristocrática Marinha Brasileira.

Uma semana após a posse de Hermes da Fonseca, os marinheiros, sob liderança de João Cândido, dominaram vários navios, submetendo a oficialidade, apontando os canhões para a cidade e exigindo o fim das humilhações e, principalmente, dos castigos herdados da escravidão, o principal sendo o que deu o nome à revolta: Revolta da chibata.

Das Forças Armadas, a Marinha foi a que mais manteve uma estrutura aristocrática no regime republicano, tanto na origem social da oficialidade como no autoritário relacionamento com os subalternos. A composição social dos marinheiros, por sua vez, era originária das camadas marginalizadas da população, constituída essencialmente por negros e mulatos que não conseguiam empregos, ocupados preferencialmente por imigrantes europeus, restando-lhes a dura e nada gloriosa vida do mar. Portanto, do lado da oficialidade, os que ainda não haviam se acostumado com a abolição da escravatura; do outro, os que carregavam o pesado fardo de uma herança recente e dos preconceitos raciais dominantes. A Constituição de 1891, que se dizia democrática, aceitava os castigos "corretivos" como parte da organização da Marinha Brasileira, o que foi mantido até 1910.

---

[29] Sérgio Buarque de Holanda, *Raízes do Brasil* (Rio de Janeiro, José Olympio, 1973), p. 119.

É claro que a campanha civilista, mesmo derrotada, acirrou os ânimos e favoreceu maior conscientização sobre seus direitos como cidadãos; aliás, como faziam questão de destacar em suas mensagens. Por outro lado, ainda que incipiente, o movimento operário começava a dar mostras de sua potencialidade. Os marinheiros também se constituíam, num nível específico, em trabalhadores altamente especializados; condição para trabalhar em navios mais requintados, com uma divisão de trabalho acentuada. Além disso, em suas viagens, eles entravam em contato com outras realidades, como a dos marinheiros norte-americanos ou ingleses, cujas condições de trabalho eram um pouco melhores, no mínimo sem a humilhante presença da chibata. Isto possibilitava aos marinheiros brasileiros atingirem o nível organizativo e político para tornar claras suas reivindicações, entre elas o da anistia após a rebelião.

O debate sobre a revolta tomou conta da cidade. Jornais como o *Jornal do Brasil* tiravam de cinco a seis edições diárias. O movimento anarquista apoiava a rebelião comparando os marinheiros aos operários. A revolta era considerada um importante momento na "desagregação do aparelho repressivo do Estado". O Congresso discutia a situação. O governo procurava ganhar tempo. Para Astrojildo Pereira, assim como para muitos jovens rebeldes, os acontecimentos e seus desdobramentos confirmavam uma tendência já manifestada na escola e aguçada na campanha civilista: o antimilitarismo. E ainda pior do que a descoberta das condições sub-humanas em que os marinheiros trabalhavam foram, para desilusão definitiva com o "Estado burguês", as medidas que o governo de Hermes da Fonseca tomou após o controle da situação.

O governo declarava aceitar parte das exigências se os marinheiros se entregassem. Estes só aceitariam se lhes fosse concedida a anistia. O governo então se comprometeu a não puni-los pela rebelião, conceder a anistia e atender à principal reivindicação, abolir a chibata. Os marinheiros se entregaram. E foram traídos. Sob a esdrúxula alegação de tentativa de novas revoltas, o governo demitiu todos os envolvidos, prendeu os líderes e deportou – nas piores condições – um grande número para a Amazônia, onde a maior parte veio a morrer diante das péssimas condições da viagem e do alojamento.

A chibata havia sido abolida, mas a república oligárquica também mostrava sua verdadeira face: autoritária e excludente. E Astrojildo Pereira começava a descobrir o outro lado da cidade e com ela as alternativas críticas e práticas, na literatura de Lima Barreto, nas lutas sociais que começavam a despontar, entrando num período em que sua formação deixava de ser passiva para ser tornar ativa e participante no contexto do movimento operário emergente, e com ele se confundindo.

Astrojildo Pereira tomou contato pela primeira vez com a perspectiva anarquista graças a seu pai, que lhe trouxe alguns folhetos de São Paulo, nos quais divulgava-se o endereço de um centro operário em Niterói, que ele procurou conhecer[30]. Isso se deu em 1909, quando praticamente inicia suas leituras de teóricos anarquistas como Kropótkin, Faure e outros. Num período em que começava também a se relacionar com parcela da intelectualidade carioca simpatizante dos ideais acráticos. Em 1910, frequentando o café Jeremias, acabou conhecendo Domingos Ribeiro Filho, redator de um semanário de literatura e teatro intitulado *A Estação Teatral* e também da revista *Careta* durante vários anos. Foi em cafés como o Jeremias que Astrojildo encontrou figuras como o republicano histórico Lopes Trovão até o jovem ator Procópio Ferreira. Astrojildo se considerava "o mais jovem da turma e também o mais tímido, ouvindo mais do que falando", principalmente aprendendo[31]. Foi, aliás, Domingos Ribeiro Filho quem lhe apresentou Lima Barreto, na época em que lançava o romance *Recordações do escrivão Isaías Caminha*.

Quando Astrojildo aderiu de vez ao movimento anarquista, deixou de ir aos cafés literários muito importantes para a vida cultural da *belle époque* carioca, para só frequentar os cafés operários:

> Ele, Astrojildo, tendo desde os vinte e um anos se entregue "completamente ao movimento anarquista e operário, tornando-se um militante profissional e redigindo o semanário *Guerra Social*", deixou então de frequentar, não hotéis elegantes, que nunca chegou propriamente a frequentar, mas os próprios cafés literários onde chegara a conviver com velhos como Lopes Trovão, Múcio Teixeira, Rocha Pombo, e com jovens como então Agripino Grieco, Carlos Maul, Gutman Bicho, Procópio Ferreira, para frequentar apenas "os cafés operários, muito importantes na história do movimento", acrescenta referindo-se ao movimento operário e antiburguês. O que, a ser exato, mostra terem sido esses cafés pontos importantes de articulação de esforços pró-proletários contra as medidas de avigoramento ou de expansão, no Brasil, de interesses financeiros e econômicos de banqueiros,

---

[30] Ver Heitor Ferreira Lima, "Apresentação", em Astrojildo Pereira, *Ensaios históricos políticos* (São Paulo, Alfa-Ômega, 1979), p. XX.
[31] Astrojildo Pereira, "Domingos Ribeiro Filho", *Tribuna Popular*, 15 jul. 1945.

industriais, comerciantes que se promoviam em almoços ou jantares como os do Globo, os do Hotel dos Estrangeiros, os do Hotel Avenida...[32]

Mas antes de aderir totalmente ao movimento operário, Astrojildo resolveu conhecer a Meca da modernidade: Paris. Viajando de navio, na terceira classe, "com pouquíssimo dinheiro", como declarou em depoimento a Gilberto Freyre, tinha como projeto trabalhar ou estudar em Paris. Mas desembarcou em Gênova, onde o aguardava o amigo Max Vasconcelos. Juntos, seguiram para Paris via Suíça. No primeiro dia do mês de maio de 1911 estavam em Berna, participando de um ato pacifista.

Sobre esta viagem, Astrojildo escreveu algumas notas, que intitulou "Um esguicho de civilização". O navio é italiano, o Siena, e "de italianos vai atulhado"[33]. Nesse texto juvenil, Astrojildo tenta descrever em rápidas pinceladas o ambiente da viagem. Ironiza sobre os passageiros e até brinca com o momento de desembarque "na terra do pirata Colombo"... Visita um cemitério famoso, passeio que dura cinco horas, e agradece ao encontrar um mictório para, "comovidíssimo", despejar "o cansaço de tantas emoções". Fica irritado com a incoerência da Suíça, que diz não ter exército mas tem o serviço militar, e finalmente chega a Paris, deixando o Louvre "deploravelmente desiludido", onde os "cacos egípcios" e as "banheiras de um imperador" não o impressionam. Mas ainda tinha uma esperança na Vênus de Milo:

> E, pachorrentamente, miro, remiro o famoso e encardido mármore por todos os lados... Sento-me... Contemplo-o demoradamente... Prescrutadoramente... E nada... nada... nada... Oh! Desilusão amarga!...[34]

O mito de Paris, a capital do século XIX, a Meca da modernidade, já não encantava o jovem rebelde. Chega até a sugerir o que os futuristas defenderam alguns anos depois: "reduzir tudo aquilo a pedras de amolar facas...". Era o espírito iconoclasta se manifestando ou um ressentimento subdesenvolvido diante da cultura clássica? O texto não diz, mas a ironia é clara. Também era o primeiro contato internacional que rompia, apesar do curto espaço de

---

[32] Gilberto Freyre, *Ordem e progresso*, cit., p. 424.
[33] Este texto manuscrito se encontra no ASMOB, hoje no Cedem/Unesp. Também publicado em Astrojildo Pereira, "Um esguicho de civilização (notas de viagem de um vagabundo)", *Memória & História*, n. 1, 1981.
[34] Ibidem, p. 99.

tempo e da frustração da viagem ao centro do mundo, com a paróquia de origem. Gilberto Freyre considera esta viagem um momento que comprova um "desajuste" que poderia levar tanto ao rompimento revolucionário como também ao suicídio: é o caso comentado do caricaturista Emílio Cardoso Ayres, que Astrojildo pode ter encontrado em Paris[35]. Mas a viagem não durou muito: sempre sem dinheiro, foram repatriados por brasileiros residentes na Europa:

> Fomos repatriados pela Associação da Colônia Brasileira que, além de passagens, nos deu 50 frs a cada. Compramos 100 frs de livros. Impressão geral: desencanto... Mas uma espécie de desencanto gostoso.[36]

A ida do jovem confuso, "desajustado" e inseguro trouxe na volta um anarquista convicto, que se tornaria nos anos seguintes um militante dedicado. Desembarca no cais do Rio de Janeiro "com o cachimbo na boca e o saco nas costas"[37], preparado – e considerando-se preparado – para enfrentar, a seu modo e com seus recursos, a cidade das espadas e das letras.

---

[35] Gilberto Freyre, *Ordem e progresso*, cit., p. 630.
[36] Depoimento a Gilberto Freyre, ibidem, p. 629.
[37] Astrojildo Pereira, "Um esguicho de civilização (notas de viagem de um vagabundo)", cit., p. 99.

Astrojildo editou o jornal *Crônica Subversiva* em 1918, antes de ser preso. Ele escrevia, tipografava, imprimia e distribuía. No cabeçalho, com ironia, constava "Redactor único: Astrojildo Pereira".

III
Crônica subversiva
Impacto da revolução mundial

A Revolução Russa, ou mais precisamente, a Revolução Bolchevique de outubro de 1917, pretendeu dar ao mundo esse sinal (de substituir o capitalismo pelo socialismo). Tornou-se, portanto, tão fundamental para a história deste século quanto a Revolução Francesa de 1789 para o século XIX. Na verdade, não é por acaso que a história do breve século XX [...] praticamente coincide com o tempo de vida do Estado nascido da Revolução de Outubro.

Eric J. Hobsbawm[1]

Talvez tenha sido na Itália, em novembro de 1917 [...] que a significação da insurreição de Outubro foi melhor compreendida: percebeu-se que, na Rússia, o poder passara dos meios políticos para os sovietes, para os comitês operários, para as classes populares. Num momento em que o hegemonismo bolchevique ainda mostrava somente a ponta de seu nariz, em que o poder dos sovietes era ainda uma realidade, homens como Gramsci e Bordiga perceberam a imensidade do evento, seu alcance foi, para eles, algo como uma "revelação".

Marc Ferro[2]

Para se compreender esse período na vida de Astrojildo e a importância do jornal em sua trajetória intelectual, devemos abordar dois aspectos: a) *a ação*: o que ocorreu com Astrojildo desde que voltou da Europa, em 1911, como um "anarquista convicto", e o que ocorria com a revolução mundial em curso, principalmente após a revolução de outubro de 1917 na Rússia; e b) *o discurso*: nos dedicamos com exclusividade ao papel da crônica no Rio de Janeiro do

---

[1] Eric J. Hobsbawm, *Era dos extremos: o breve século XX. 1914-1991*. (trad. Marcos Santarrita, São Paulo, Companhia das Letras, 1995), p. 62.
[2] Marc Ferro, *O Ocidente diante da Revolução Soviética: a história e seus mitos* (trad. Carlos Nelson Coutinho. São Paulo, Brasiliense, 1984), p. 35.

começo do século, entendendo este tabloide como algo mais que um panfleto, quase um pasquim, mas como peça literária num contexto específico da comunicação revolucionária. É claro que os dois níveis, a ação e o discurso, não podem ser vistos totalmente separados, já que é um *discurso da ação*, por seu caráter de escritura militante, tanto na fase anarquista quanto na comunista.

Após voltar da Europa, repatriado, cansado e um pouco decepcionado, apesar da sensação agradável, Astrojildo dedicou-se praticamente com exclusividade à causa anarquista. Mesmo considerando a opção anarquista fruto da desilusão da derrota de Rui Barbosa e da indignação com a repressão à Revolta da chibata, Astrojildo já havia entrado em contato com o pensamento acrático antes de 1910. Curiosamente, foi seu pai, o truculento delegado de polícia e comerciante de frutas, quem lhe dera alguns folhetos trazidos de uma viagem a São Paulo em 1909[3]. Nesse folheto havia o endereço de um centro operário em Niterói, que ele procurou conhecer. Simultaneamente, inicia suas leituras sobre o anarquismo, tendo Kropótkin, e sua obra *A conquista do pão,* como referência. Nesse período frequenta cafés em que se encontra com intelectuais e artistas.

O encontro com anarquistas também se deu pela campanha levada a cabo durante anos pela libertação, e depois pelos protestos contra o fuzilamento, do educador espanhol Francisco Ferrer. Fundador da Escola Racionalista, também conhecida como Escola Moderna, Ferrer nasceu em 10 de janeiro de 1859, em Allela, cidadezinha próxima de Barcelona, Espanha; era filho de pequenos proprietários de terra, cultivadores de uva, politicamente vinculados à Igreja e à Monarquia. Ainda jovem, Ferrer rompe com o catolicismo e adere ao Partido Republicano. Perseguido, exila-se na França, tomando contato com a pedagogia racionalista. Com a criação da Liga Internacional para a Educação Racional da Criança, em 1908, com apoio de Máximo Gorki, Anatole France, Bernard Shaw e outras personalidades, torna-se mundialmente famoso, um grande nome do anarquismo e da renovação pedagógica. Em 1909, sofrendo acusações de que apoiava queima de igrejas e motins militares de reservistas da expedição militar espanhola para dominar o Marrocos, Francisco Ferrer foi preso e submetido a um Conselho de Guerra, sem direito a defesa. Ferrer foi condenado à morte e executado em 13 de outubro de 1909, gerando manifestações e protestos em várias partes do mundo, inclusive no Brasil,

---

[3] Heitor Ferreira Lima, "Apresentação", em Astrojildo Pereira, *Ensaios históricos e políticos* (São Paulo, Alfa-Ômega, 1979), p. XX.

com a participação ainda tímida de Astrojildo Pereira[4]. O episódio gerou desdobramentos decisivos para sua trajetória, conforme ele mesmo reconheceu em depoimento a Gilberto Freyre, juntamente com a derrota de Rui Barbosa e a Revolta da chibata.

O Brasil, nesse período, durante a gestão de Hermes da Fonseca (1910--1914), encontrava-se numa situação diversa dos primeiros anos do século quando predominava inconteste a oligarquia cafeeira. O governo Hermes da Fonseca procurava resgatar alguns aspectos do período florianista, principalmente o controle efetivo dos estados, por meio de uma política "salvacionista", caracterizada pela intervenção militar nos estados que não se ajustassem aos desígnios do governo federal, que centralizava assim o mando. Fazia parte dessa política intervencionista, pela primeira vez, a tentativa de cooptação de setores operários. Em 1912, ocorreu até um Congresso Operário patrocinado pelo governo, no Palácio Monroe, com a presença significativa de importantes setores, como os têxteis e portuários. Ao mesmo tempo, o governo tratava de modernizar as Forças Armadas. O próprio Hermes da Fonseca, ministro do exército em 1908, começou a promover uma reforma, agora ampliada, na condição de presidente da República. Em suma, os primeiros anos da década de 1910 foram profundamente significativos para compreender a especificidade do desenvolvimento capitalista no Brasil, em que um Estado centralizado tentava tutelar a indústria nascente e os movimentos sociais.

Mesmo assim, cresce no período um movimento operário autônomo, de base anarquista, no qual Astrojildo Pereira encontrou uma alternativa de participação política bem concreta. Em 1913, destacando-se no movimento operário e anarquista, teve importante participação no Segundo Congresso Operário, em oposição ao Congresso do Palácio Monroe. Cento e dezessete delegados, representantes de duas federações estaduais, cinco federações municipais, 52 sindicatos, sociedades, ligas e periódicos, reuniram-se na sede do Centro Cosmopolita, pertencente ao Sindicato dos Empregados em Hotéis, Cafés e Restaurantes, para deliberar, sob forte hegemonia anarquista, a ênfase na "ação direta", na reativação do jornal *A voz do trabalhador*, e na reorganização da Confederação Operária Brasileira (COB). O secretário-geral do Congresso, Rosendo dos Santos, recebeu a colaboração direta de Astrojildo

---

[4] Sobre os dados biográficos e a perspectiva pedagógica de Francisco Ferrer, ver Maurício Tragtemberg, "Francisco Ferrer e a Pedagogia Libertária", *Revista Educação & Sociedade*, São Paulo, Cortes & Moraes/Editora da Unicamp, ano I, n. 1, 2º sem. 1978, p. 17-49.

Pereira, "jovem de 23 anos, figura de intelectual sereno e com ótimo senso de organização"[5], que, como os outros participantes, era obrigado a vestir "casaca, colarinho duro e gravata, o traje estabelecido para os delegados ao congresso operário"[6].

O período de 1911 a 1914 pode ser considerado como a época romântica do movimento anarquista. As teses eram principalmente de ordem doutrinária e a perspectiva sindicalista predominava. Não havia ainda um fato realmente abrangente, do ponto de vista internacional, que obrigasse uma posição firme e positiva, apesar de um posicionamento firme com relação às várias possibilidades, entre elas, a guerra. E o fato contundente ocorreu com o desencadear da Primeira Guerra Mundial, após o assassinato do príncipe herdeiro do trono austríaco em Sarajevo, por um terrorista sérvio.

> Até o fim de seus dias, Gavrilo Princip, o assassino do arquiduque Francisco Ferdinando, não conseguiu acreditar que sua minúscula iniciativa tivesse ateado fogo ao mundo. A crise final de 1914 foi tão completamente inesperada, tão traumática e, vista retrospectivamente, tão persistente, porque foi essencialmente um incidente na política austríaca que exigia, na opinião de Viena, que se "desse uma lição na Sérvia". A atmosfera internacional parecia calma. Nenhum ministério das relações exteriores esperava problemas em junho de 1914, e personalidades públicas há décadas eram assassinadas com certa frequência. Em princípio, ninguém nem se preocupou com o fato de uma grande nação intervir pesadamente num vizinho pequeno e problemático. Desde então cerca de cinco mil livros foram escritos para explicar o aparentemente inexplicável: como, dentro de pouco mais de cinco semanas após Sarajevo, a Europa se encontrava em guerra.[7]

Apesar disso, o movimento operário e anarquista não foi pego de surpresa com a conflagração de 1914. A posição sempre foi antibelicista, por compreender toda guerra como um acerto de contas entre classes dominantes e seus Estados. O próprio Astrojildo Pereira lembrou que, desde 1906, se considerava "que a guerra é um grande mal para os trabalhadores que lhe pagam todos os encargos com o seu dinheiro e o seu sangue", sendo necessário incitar o

---

[5] John Watson Foster Dulles. *Anarquistas e comunistas no Brasil: 1900-1935* (trad. César Parreiras Horta, Rio de Janeiro, Nova Fronteira, 1977), p. 34.
[6] Idem.
[7] Eric J. Hobsbawm, *A era dos impérios: 1875-1914* (trad. Sieni Maria Campos e Yolanda Steidel de Toledo, Rio de Janeiro, Paz e Terra, 1988), p. 446.

movimento a combater a guerra[8]. E, em 1913, durante o Segundo Congresso Operário, aprovou-se uma moção nos seguintes termos: "Considerando que as guerras, com todos os seus horrores, são a sequência lógica das ambições burguesas em detrimento exclusivo da classe trabalhadora, que é a única que vai derramar o seu sangue na defesa dos sinistros interesses que não lhe pertencem", propôs-se, em caso de guerra, a necessidade de declarar "greve geral revolucionária"[9].

Mas a guerra europeia também faz crescer no Brasil a movimentação de setores militares e militaristas, exigindo o estabelecimento do serviço militar obrigatório, com total conivência do governo de Hermes da Fonseca. A campanha teve início com jovens oficiais do exército que haviam feito estágios na Alemanha em turmas de 1906 e 1910 e voltavam fascinados com o aparato militar moderno que lá conheciam. Esses jovens ficaram conhecidos como "jovens turcos", numa irônica alusão da imprensa, associando-os às reformas militares executadas na Turquia por Mustafá Kemal. Fundaram uma organização intitulada Liga da Defesa Nacional, criaram uma revista para difundir suas propostas para a modernização das Forças Armadas, *A Defesa Nacional*, e se consideravam "os cavaleiros da ideia". Ganharam até uma importante adesão: o poeta nacional Olavo Bilac. Símbolo do pacifismo liberal do começo do século, tornou-se um arauto do militarismo, do nacionalismo e do serviço militar obrigatório, fazendo palestras pelo Brasil e escrevendo artigos defendendo posições antagônicas às dos anarquistas, evidenciando mudanças na composição de classes e separando intelectuais em posições inconciliáveis.

O desertor

Enquanto Olavo Bilac, que pode ter sido um dos ídolos do jovem Astrojildo no Rio de Janeiro da *belle époque*, defendia posições militaristas, o anarquista Astrojildo publica no jornal *A Plebe*, em junho de 1917, um contundente e belo texto sobre a guerra, intitulado "O desertor":

> O heroísmo das batalhas é um heroísmo secundário, de matar para não morrer, de matar e morrer porque lhe ordenam matar e morrer.

---

[8] Astrojildo Pereira, *Formação do PCB: 1922-1928* (São Paulo/Brasília, Boitempo/Fund. Astrojildo Pereira, 2022).
[9] Ibidem, p. 40.

O desertor é um homem infinitamente mais heroico que o soldado, ex-homem fardado, que a máquina da guerra transforma, aniquila, absorve. Veja-se a diferenciação essencial e absoluta que separa o operário do soldado. O operário, diante da máquina da indústria, é o mestre, é o músculo consciente, é o cérebro: domina-a, guia-a, subjuga-a, com o fim criador da produção, que é a vida. O soldado, diante do canhão, é por este empolgado, assimilado, automatizado, desumanizado, com o fim guerreiro da destruição, que é a morte.

Ora, o desertor é um homem que não quer ser soldado, que não quer desumanizar-se, que quer continuar a ser homem. E é mais heroico que o soldado, porque não quer deixar de ser o que é, defendendo sua personalidade, a sua qualidade de homem contra a sociedade inteira, que o condena, do seu preconceito e feroz ponto de vista legal.

A lei pode fuzilá-lo: fuzilará um homem que a afronta, ele só, sem atitudes para a glória dos bronzes, com uma coragem simples e altíssima, com o supremo e abnegado heroísmo de quem se sabe fatalmente vencido sem esperança de nada – maldito, execrado, difamado, mas, apesar de tudo, contra tudo, afirmando integralmente o seu eu.[10]

A importância desta crônica está na relação que se estabelece entre ela, uma herança literária na cidade do Rio de Janeiro e uma ética libertária que se contrapõe à "ordem burguesa". O estilo de Astrojildo não esconde uma pretensão literária, cuja carga dramática se fortalece na inversão dos valores dominantes. O herói, tido como tal, não passa de uma máquina de matar. O desertor, tido como covarde, este sim faz prevalecer sua identidade e sua condição humana. O herói de guerra não é dono de seu destino: não fabrica sua arma, não costura sua roupa, não planta o que come[11]. Enquanto o soldado é obrigado a pegar em armas por leis que ele não ajudou a formular, o desertor, tido como execrável, faz valer, a duras penas, pela condenação social e legal, sua vontade individual. E aí reside o substrato ético e filosófico desta crônica: os princípios libertários – ou sua utopia – apontam em direção à individualidade, embora ainda não questionem o processo de reificação promovido pela industrialização. Ao afirmar, idealizando a condição

---

[10] *A Plebe*, São Paulo, ano I, n. 4, 30 jun. 1917, em Antonio Armoni Prado e Francisco Foot Hardman (org.), *Contos anarquistas: antologia da prosa libertária no Brasil, 1901-1935* (São Paulo, Brasiliense, 1985), p. 57.

[11] Sobre uma introdução ao conceito de herói, ver Martin Cezar Feijó, *O que é herói* (São Paulo, Brasiliense, 1984).

operária, que o operário é o "cérebro", por dominar, guiar e subjugar a máquina, reforça uma visão simplista sobre o processo de produção capitalista. Há um aspecto retórico que não pode ser desprezado nisto: o público-alvo é exatamente o operário, é ele que o texto busca "esclarecer" ou seduzir para a causa anarquista. Dentro do contexto da luta de classes apresenta um posicionamento claro, mas nega a consciência de classe, nos termos que foram apontados em 1922 por Lukács[12], como uma luta ao mesmo tempo contra a burguesia, mas também contra si mesma, e não particularizada nos indivíduos, pela afirmação de "seu eu", como defende, coerentemente com a doutrina anarquista, Astrojildo em sua bela crônica, e por isso antecipadora de sua mais importante aventura intelectual no contexto da Primeira Guerra Mundial, que foi a publicação de *Crônica subversiva*, em 1918, que pode ser considerado o verdadeiro ponto de inflexão do anarquista para o comunista, sob o impacto da Revolução Russa.

A Revolução Russa e a imprensa

Entre 25 de novembro de 1917 e 4 de fevereiro de 1918, Astrojildo Pereira resolveu enfrentar, em forma de cartas enviadas aos grandes jornais, o que considerava "injúrias" e "confusões" transmitidas sobre a revolução desencadeada na Rússia. Após esse período, considerando haver uma unidade em seus textos de combate, resolveu publicar uma brochura (que chamou de "brochurinha") com o título *A Revolução Russa e a imprensa*, sob pseudônimo de Alex Pavel[13]. Estabelecia o texto como "um documento e um protesto mais duradouro contra as calúnias e imbecilidades de que se tem servido a nossa imprensa nas apreciações sobre a obra dos maximalistas russos"[14]. Documento histórico e protesto político convivendo numa aguda análise dos meios de comunicação e seus interesses num contexto revolucionário. Um jornalista já tarimbado pela militância de vários anos, passando por várias publicações, ora

---

[12] Ver György Lukács, *Historia y consciencia de clase* (trad. Manuel Sacristán. Barcelona, Grijalbo, 1975), p. 49-88.
[13] Apesar de o texto ter sido publicado com pseudônimo, assim mesmo Astrojildo Pereira foi demitido do Ministério da Agricultura.
[14] Este texto de encontra-se na íntegra no importante livro de Moniz Bandeira, Clovis Mello e A.T. Andrade, *O ano vermelho: a Revolução Russa e seus reflexos no Brasil* (Rio de Janeiro, Civilização Brasileira, 1967), p. 303-18. O livro foi dedicado à memória de Astrojildo Pereira.

como editor ora como articulista, a tentar desconstruir o discurso dominante sobre o que acontecia na Rússia.

O primeiro aspecto é a ênfase no caráter deliberado de uma "mentira" orquestrada. Astrojildo, por meio desses textos, depois reunidos, faz o papel próximo a um *ombudsman* a serviço da revolução. Não apenas acompanha atentamente o tratamento que a imprensa do Rio de Janeiro, alimentada por agências internacionais, dá aos acontecimentos na Rússia em plena ebulição revolucionária, como disseca cada "informação". Citando Bakunin, para quem a revolução nunca poderia ser moderada ou uma simples troca de guarda, acusa a imprensa carioca de defensora de um paradigma baseado na forma como a república foi implementada no Brasil, "com uma simples e vistosa procissão". E demonstra conhecimento da história russa, ao compará-la com a do Brasil:

> É que nossos jornais partem de um ponto de vista errado, supondo que o povo russo tem a mesma mentalidade do povo brasileiro de 89, que assistiu, "bestializado", à proclamação, por equívoco desta bela choldra que nos desgoverna. Não; o povo russo é um povo de memoráveis tradições revolucionárias, cuja mentalidade, formada através das mais ásperas e mais empolgantes batalhas libertárias destes últimos cem anos, não pode satisfazer-se com o regime falsamente democrático da plutocracia, regime de espoliação em nome da igualdade perante a lei, de embuste e burla eleitoral e de parlamentarismo oco, palavreiro, desmoralizado, safadíssimo...[15]

As "tradições revolucionárias" a que Astrojildo faz menção, e que realmente tiveram papel decisivo nas transformações políticas russas que anteciparam 1917, são aquelas vinculadas a um poderoso movimento anarquista e socialista, que no contexto em que ele escreve podem ser sintetizadas nas figuras já mitificadas de Bakunin e Lênin. O primeiro citado já como "um dos grandes precursores da atual revolução", antecipando, em 1869, quando exilado na Suíça, que a revolução na Rússia "ultrapassará tudo quanto se conhece até aqui em matéria de revoluções"[16]. E o segundo é Lênin, "um velho socialista militante de mais de vinte anos e, como tal, ferozmente perseguido pela autocracia moscovita, mas sempre o mesmo homem de caráter indomável e intransigente"[17]. E a

---

[15] Ibidem, p. 304.
[16] Ibidem, p. 305.
[17] Ibidem, p. 305-6. Em nota de rodapé, Astrojildo cita alguns dados biográficos de Lênin, publicados no jornal "burguês" *A Luta*, que afirma ter sido o revolucionário russo considerado um "inimigo terrível" pelo regime tzarista desde os 17 anos de idade, quando foi expulso

questão levantada é: como pode um revolucionário "indomável e intransigente" ser considerado um agente alemão? E por que Lênin, que passou por tantas privações e perseguições em São Petersburgo, teria de se vender a outro governo se seria mais fácil vender-se ao próprio governo russo? Astrojildo queixa-se, então, dos jornalistas que divulgam as notícias recebidas sem atentarem para suas "incoerências e imbecilidades", mas também regozija-se de que a revolução do outro lado do oceano vinha "sacudir-nos da bestialização republicana..."[18].

Embriaguez e emancipação

Mas é no artigo de *O imparcial*, de 11 de novembro de 1917, que Astrojildo ironiza sobre o próprio nome do jornal, como defensor da ordem social. O jornal afirma que a Rússia "entregou-se à *embriaguez da emancipação*, com todos os seus excessos", mas faltando-lhe "cultura moral necessária para disciplinar a liberdade sob autoridade, e, para compreender que um governo e leis obedecidas são condições indispensáveis à existência de uma nação livre"[19]. E a crítica de Astrojildo demonstra uma preocupação em desvendar o discurso do jornalismo de seu tempo:

> Acho estupendo que se julgue a *emancipação* capaz de causar *embriaguez*. Isso é querer compará-la ao álcool, ao vinho, à vodca, que embriagam *os viciados* (permanentes ou momentâneos, pouco importa). Isto é, aos *escravos* da bebida. Ora, um *escravo*, se não me engano, é tudo quanto há no mundo menos *emancipado*. Não, a *emancipação* não pode jamais *embriagar*. Ela é água límpida, refrigerante, saudabilíssima...[20]

Este trecho da carta transformada em capítulo no opúsculo é bastante revelador da forma como Astrojildo compreendia a emancipação como fruto

---

da Universidade de Kazan. E a matéria apresenta mais dados sobre o líder bolchevique, como nome próprio e publicação de *A evolução do capitalismo na Rússia*, sendo a matéria transcrita no jornal *Cosmopolita* do Rio de Janeiro.

[18] Ibidem, p. 306. Interessante a forma como Astrojildo reúne na expressão tanto a famosa frase de Aristides Lobo, de que o povo havia assistido "bestializado" à proclamação da república, quanto a adjetivação que emprega para a própria forma como a república acabou se transformando. Este jogo de palavras vem a ser uma constante em suas escrituras militantes.

[19] Idem.

[20] Ibidem, p. 307.

da razão contra a opressão. Leitor atento de Bakunin[21], embora já admirador de Lênin, sabendo-o não ser anarquista[22], sua crítica é consistente e reveladora. Consistente por chamar atenção para uma incoerência no próprio discurso do jornal, que propaga a ordem social como fruto do que Astrojildo chama de "conceito de disciplinar sob a autoridade". E revelador pelo subtexto de fundo iluminista, não necessariamente modernista, sobre a relação antagônica entre "embriaguez" e "emancipação".

Mas o texto de Astrojildo também se contrapõe ao que expressou o poeta francês Charles Baudelaire na relação entre embriaguez e libertação, em seu poema em prosa intitulado "Embriagai-vos":

> É necessário estar sempre bêbado. Tudo se reduz a isso; eis o único problema. Para não sentirdes o fardo horrível do Tempo, que vos abate e vos faz pender para a terra, é preciso que vos embriagueis sem cessar.
> Mas – de quê? De vinho, de poesia ou de virtude, como achardes melhor. Contanto que vos embriagueis.
> E, se algumas vezes, nos degraus de um palácio, na verde relva de um fosso, na desolada solidão do vosso quarto, despertardes, com a embriaguez atenuada ou desaparecida, perguntai ao vento, à vaga, à estrela, ao pássaro, ao relógio, a tudo o que foge, a tudo o que geme, a tudo o que rola, a tudo o que canta, a tudo o que fala, perguntai-lhes que horas são; e o vento, e a vaga, e a estrela, e o pássaro, e o relógio, hão de vos responder:

---

[21] "Bakunin, como atestam tanto os inimigos como os seguidores, dedicou toda a sua vida à luta pela liberdade. Combateu por ela em ação e palavras. Mais do que qualquer outra pessoa na Europa, ele representava a rebelião incessante contra todas as formas de autoridade constituída, o incessante protesto em nome dos humilhados e oprimidos de todas as classes e nações. Seu poder de argumentação destrutiva, lúcida e irrefutável é extraordinário, e ainda hoje não recebeu o devido reconhecimento"; Isaiah Berlin, *Pensadores russos* (trad. Carlos Eugênio Marcondes de Moura, São Paulo, Companhia das Letras, 1988), p. 117.

[22] "Nessas páginas, atacou a incongruência de Lênin ter sido tachado de agente alemão, referindo-se a ele como velho militante socialista. Astrojildo já sabia que os maximalistas (como então eram conhecidos os bolcheviques) eram uma fração dos socialistas russos e que, portanto, Lênin não era precisamente um anarquista. Chegou mesmo a exagerar dizendo que 'o programa essencial de todos os partidos socialistas consiste precisamente no combate a instrumentos e aos partidos da tirania e espoliação'. Tomou posição igualmente favorável aos maximalistas em relação à paz de Brest e à questão das nacionalidades. É realmente muito difícil afiançar, dessa forma, já em princípios de 1918, que Astrojildo Pereira fosse um anarquista em senso estrito!"; Marcos Del Roio, "A revolução socialista na Rússia e a origem do marxismo no Brasil", *Crítica Marxista*, São Paulo, Xamã, v. 1, n. 5, 1997, p. 120.

– É a hora de embriagar-se! Para não serdes os martirizados escravos do Tempo, embriagai-vos; embriagai-vos sem tréguas! De vinho, de poesia ou de virtude, como achardes melhor[23].

Para Baudelaire, a emancipação do que ele chama de "fardo horrível do Tempo", que transforma em escravos os homens, só pode ser alcançada pela embriaguez, aqui obviamente uma alegoria de desprendimento e adesão total a alguma coisa, a alguma ideia, a alguma pessoa, seja na forma, também alegórica, de vinho, de poesia ou de virtude. Não tem, portanto, o sentido moralista do jornal, para o qual a embriaguez, mesmo alegórica, é sempre negativa; nem mesmo o de Astrojildo, que concebe a embriaguez não alegoricamente, e sim – como jornalista consistente – literalmente, como "vício" que escraviza e não liberta. Mas a razão de ser deste comentário está na relação entre o texto moderno de Baudelaire e a posição revolucionária de Astrojildo, na qual a embriaguez negada no conteúdo manifesto é reafirmada de forma latente: este e muitos outros textos de combate, não apenas de Astrojildo, estão impregnados do que pode ser considerado uma "embriaguez", não de vinho, nem sempre de poesia, mas seguramente de virtude.

As observações de Astrojildo no conjunto de cartas enviadas aos jornais, e somente publicadas por conta própria, não deixam escapar quase nada. A principal delas reside na constatação da impossibilidade de haver qualquer acordo com relação à continuidade da guerra, citando discurso de Trótski em Petrogrado, onde o líder bolchevique, organizador do Exército Vermelho, deixa claro que a Revolução Russa não havia sido feita para "cair de joelhos ante o kaiser", mas como "guerra a todos os imperialismos"[24], e, portanto, contrária a qualquer posição na guerra em curso, sem, por isso, representar qualquer tipo de neutralidade. E também contra aquela guerra que a revolução havia ocorrido.

---

[23] No original, "*Enivrez-vous*". Embora escrito praticamente meio século antes, a presença de Baudelaire aqui se justifica pela relação que se pretende estabelecer neste trabalho entre a modernidade e a revolução na trajetória intelectual de Astrojildo Pereira. E, neste caso, Baudelaire é presença obrigatória tanto quanto Marx. A tradução do belo poema citado é de Aurélio Buarque de Holanda, em Charles Baudelaire, *Poesia e prosa* (org. Ivo Barroso, Rio de Janeiro, Nova Aguilar, 1995), p. 322.

[24] Astrojildo Pereira, "A Revolução Russa e a imprensa", em Moniz Bandeira et al., *O ano vermelho*, cit., p. 309.

> ... Divergir é pensar e querer a mesma coisa de maneira diferente, e quando duas pessoas, ou grupo de pessoas, ou duas coletividades, têm firmado, sobre o mesmo assunto, um pensamento e uma vontade divergentes, isso significa que não existe acordo entre as duas partes. É o que se dá agora entre Berlim e Viena, dum lado, e Petrogrado, do outro; entre maximalistas e governantes tedescos não existe concordância de opinião sobre a guerra e a paz.[25]

Assim como não é possível qualquer acordo com relação ao que os jornais divulgam sobre a Revolução Russa, e não apenas sobre a guerra, mas também com relação às nacionalidades e às, principalmente, concepções de organização da sociedade, que, segundo Astrojildo sob pseudônimo de Alex Pavel, as "utopias deliciosas e alegres" realizavam para o terror dos jornalistas de plantão:

> ... Assim, antes da guerra, as nossas doutrinas eram muito "bonitas", mas irrealizáveis; ao declarar-se a guerra, estavam todas "falidas"; e, agora, no começo da revolução social, quando vão tendo aplicação, são "espantosas" e "absurdas"... Não admira, pois, que a burguesia esteja irremediavelmente perdida: essa incapacidade intelectual de seus mentores e publicistas vale por um sintoma grave e definitivo.[26]

Mas o alvo de críticas duras de Astrojildo foi o jornal *A Razão* – para ele o que mais atacava, de toda a imprensa carioca, os maximalistas russos, e, "com certeza, de todos os jornais do mundo"[27]. Seu diretor é tratado no texto de Astrojildo como "energúmeno cômico e notório, profeta e papa espírita, semilouco e pouco menos que analfabeto", e o jornal não podendo ser perdoado exatamente por se apregoar como um "órgão para o povo", diferentemente de jornais como o *Jornal do Comércio*, que cumprem seu papel por "sua falsa posição conservadora". Realmente, pelo que é citado do jornal, ele parece uma antecipação dos jornais popularescos (ou mesmo programas de rádio e televisão) inspirados na violência, munidos de um discurso agressivo baseado em adjetivos fortes não muito diferentes dos que Astrojildo qualifica, inspirado nele, o diretor de *A Razão*. O jornal também exagera: chama os bolcheviques de "loucos" e "traidores", a massa de "plebe inconsciente" e Lênin de nada menos que "monstro". E Astrojildo, já

---

[25] Idem.
[26] Ibidem, p. 315.
[27] Idem.

impregnado de espírito revolucionário, dogmatismo incluso, não perdeu a chance de ameaçar sem qualquer pudor:

> Este chorrilho ignominioso de mentiras, de intrigas, de calúnias, foi estampado na seção editorial *Fatos e informações* do dia 16 de novembro de 1917, nove dias depois da caída de Kerenski. É um documento que merece registro e de que nos devemos recordar para as necessárias satisfações, no dia em que a revolução, atravessando o oceano, irrompa justiceira por estas riquíssimas terras brasílicas de miseráveis e famintos...[28]

O calor da hora, a emoção de estar vivendo um momento histórico e inadiável, permite ao escriba da revolução carregar nas tintas, apontar as incongruências e "imbecilidades" dos adversários, mas nem sempre consegue observar isto no próprio discurso ou na própria ação. A crítica emocionada ao jornal emocionado já antecipa um elemento decisivo no combate aos próprios companheiros anarquistas quando da formação do PCB nos anos 1920. Texto duro, claro e objetivo, mas marcado pela desqualificação do adversário. Não muito diferente em estilo do que condena como ideologia. Realmente, os fatos no calor da hora eram tratados com desinformação gerada pelas agências internacionais e também pelos interesses em jogo bem definidos no contexto da consolidação republicana. Aspectos que são percebidos e destacados, mas as contradições do próprio discurso ainda não são tão evidentes.

Ao lado dos jornais que se puseram contrários à Revolução Russa, muitos jornalistas e escritores, como reconheceria mais tarde o próprio Astrojildo, em artigo de 1957, se posicionaram fortemente a favor, como Fábio Luz, José Oiticica, Evaristo de Morais, Domingos Ribeiro Filho, José Martins, Carlos Dias, Antonio Canellas, Afonso Schmidt, Edgard Leuenroth, Octávio Brandão, Everardo Dias, tendo este traduzido pela primeira vez no Brasil o livro de John Reed, *Os dez dias que abalaram o mundo*, sido líder da greve geral de São Paulo em 1917 e mais tarde sogro de Astrojildo[29]. E, entre os mais conhecidos, se a posição de João do Rio não foi das melhores, mesmo tendo sido enviado como correspondente à Conferência de Versalhes, em 1919, as posições de Monteiro Lobato e Lima Barreto foram marcadas pela tentativa sincera de compreender

---

[28] Ibidem, p. 317.
[29] Ver Astrojildo Pereira, "A Revolução Russa e os escritores brasileiros", em *Crítica impura: autores e problemas* (São Paulo/Brasília, Boitempo/Fund. Astrojildo Pereira, 2022).

os fatos, assim como o paulista Nereu Rangel Pestana, que escrevia com pseudônimo de Ivan Subiroff no jornal *O Estado de S. Paulo*, e o professor e advogado Roberto Feijó, que, como Astrojildo e também se utilizando de pseudônimo (no caso, Dr. Kessler), escrevia cartas para defender a revolução[30].

Mas a Revolução Russa não era apenas feita de glória e de vitórias. O próprio texto reconhece que muitos problemas surgirão, mas nada será como antes dos acontecimentos nele tratados:

> Durante o tempo de composição deste folheto, graves acontecimentos irromperam na Rússia, acarretando maiores complicações à revolução. A imprensa burguesa, que já abrandava covardemente ante a força incontestável dos maximalistas, redobrou agora de violência e brutalidade, chegando a regozijar-se com a invasão alemã, taxando-a de "merecido castigo" aos "traidores" etc. Mas enganam-se, redondamente, os magnatas da imprensa, supondo que a revolução russa é um motim qualquer, que se esmaga assim de uma hora para outra... A revolução russa marca o início da maior revolução social da história, e o militarismo alemão, invencível pelo militarismo aliado, há que, por fim, baquear, minado, inacreditavelmente pela força da desagregação revolucionária.
>
> Não será talvez daqui a duas semanas, mas é inevitável, os Estados atuais, e com eles o Estado alemão, modelo deles, não poderão jamais reconstituir-se, após este formidável desequilíbrio produzido pela guerra...[31]

A importância de um texto como *A Revolução Russa e a imprensa* na trajetória de Astrojildo Pereira não consiste apenas em antecipar o fundador do PCB e o militante comunista aplicado e disciplinado. Não tanto pelas cartas

---

[30] Idem. Sobre a própria publicação de suas cartas, assim Astrojildo comentou no mesmo artigo: "Outro curioso pseudônimo de brasileiro defensor da Revolução Russa era Alex Pavel. Esse era um pequeno e obscuro jornalista – creio que as iniciais do seu pseudônimo o tornarão facilmente identificável. Já umas duas ou três semanas depois do 7 de novembro, começou Alex Pavel a escrever cartas semanais sobre a revolução, enviando cópias aos principais jornais cariocas. Um único desses jornais, o *Jornal do Brasil*, que era então dirigido pelo velho liberal Fernando Mendes de Almeida, aliás senador e conde papalino, se deu ao luxo de publicá-las. Alex Pavel reuniu-as num pequeno folheto, que saiu a lume em fevereiro de 1918 sob o título *A Revolução Russa e a imprensa*. Cito o fato porque ele assinala provavelmente a primeira publicação feita na imprensa brasileira em defesa do novo regime soviético".

[31] Astrojildo Pereira, "A Revolução Russa e a imprensa", em Moniz Bandeira et al., *O ano vermelho*, cit.

que enviou com sua coerente indignação pelo tratamento que a imprensa dava aos acontecimentos mais graves, ora com leviandade, ora com desinformação (o que, diga-se de passagem, não era exclusivo de seu tempo), mas pela tentativa em torná-los perenes por meio de publicação em brochura. Também não era apenas mais um panfleto militante, embora o fosse sem dúvida, mas um documento que o autor, como escritor e publicista, orgulhava-se de ter escrito e julgava ser merecedor de uma publicação independente. Era o preparo, como intelectual, para voos mais altos, aspirações políticas e culturais mais consistentes e duradouras. A publicação solitária de um tabloide, ainda no ano de 1918, pode ser considerada um importante capítulo dessas aspirações.

Crônica subversiva

Em 1º de junho de 1918, Astrojildo Pereira publicou o primeiro número de um tabloide que viria a ser sua primeira obra "personalíssima": chamava-se *Crônica subversiva*. Tinha um único redator, ele mesmo. E assim ele apresentava seu jornal:

> Esta folha minúscula pode dizer-se que é obra dum impulso. Imajinei-a, em certo momento, e decidi, de pedra e cal, trazê-la a público. O seu escopo é simples e o seu programa contém no seu próprio título: ela será, cada sábado, uma crônica subversiva dos fatos e das cousas, das ideias e dos sentimentos que ajitaram ou encheram os sete dias precedentes. Um só critério me guiará, no fundo e na forma: o meu critério.[32]

E, apesar de anunciar o único critério como exclusivo, ele esclarece que o jornal estaria marcado, na serenidade ou indignação, "mas sempre sinceramente", na condição de "militante apaixonado da anarquia, inimigo irredutível da autoridade", pelo "combate libertário, no intuito único de concorrer com o meu modesto esforço na formidável obra da revolução social". E conclui que nada mais ambicionava (só uma revolução social que mudasse o mundo)

---

[32] Astrojildo Pereira, "Editorial", *Crônica subversiva*, Rio de Janeiro, ano I, n. 1, 1 jun. 1918. Todos os textos transcritos neste trabalho, na medida do possível, tiveram sua grafia atualizada. Neste caso foi feita uma exceção para que se tivesse um registro, por menor que fosse, do estilo original de Astrojildo. É claro que não considero um desrespeito ao autor uma atualização que só visa facilitar a leitura e favorecer a permanência do essencial. Assim como foi mantido um desejo seu quanto ao seu nome. Ele não gostava do "g".

e nada mais prometia (além de ser sincero, indignado, sereno, militante, revolucionário, escritor, cronista...).

O jornal tinha o mesmo título da seção do editorial da revista *A Vida*, de 1915, também de autoria de Astrojildo Pereira. O semanário saía aos sábados, com quatro páginas divididas em editoriais que abordavam questões como a guerra, a revolução e a carestia. Uma seção que merece destaque, até pela pertinência com o gênero "crônica", é a chamada "A cidade e os dias", comentando dia a dia, em pequenas notas, a semana que passara, alguns fatos da vida política ou da vida cotidiana da cidade do Rio de Janeiro, numa relação evidente, que será vista a seguir, com a tradição carioca da crônica jornalística[33]; artigos diversos, como notas e notícias sobre o movimento operário, homenagens a militantes (como, por exemplo, noticiando a morte de Francisco Gattai) até sobre livros ou filmes em cartaz. O jornal era impresso nas oficinas gráficas do *Jornal do Brasil*, chegando a atingir dezesseis números, embora seja mais difícil precisar sua tiragem (nem havia interesse de registrar isto), passando por uma única interrupção em sua periodicidade quando da prisão de Astrojildo – por 25 dias incomunicáveis por causa da greve da Cantareira, apoiada não apenas pelo jornal, mas contando com ativa participação do militante[34].

---

[33] Para Antonio Candido, a crônica, embora pareça, nunca foi um gênero "menor", mas específico: "A crônica não é um 'gênero menor'. Não se imagina uma literatura feita de grandes cronistas, que lhe dessem o brilho universal dos grandes romancistas, dramaturgos e poetas. Nem se pensaria em atribuir o Prêmio Nobel a um cronista, por melhor que fosse. Portanto, parece mesmo que a crônica é um gênero menor". Vinculada ao jornalismo, embora não tenha nascido deste, a crônica brasileira demonstrou uma "capacidade de traçar o perfil do mundo e dos homens"; Antonio Candido, "A vida ao rés-do-chão", em *A crônica: o gênero, sua fixação e suas transformações no Brasil* (Campinas/Rio de Janeiro, Editora da Unicamp/Fundação Casa de Rui Barbosa, 1992), p. 13 e 22. Já para o escritor e também cronista do jornal *Folha de S.Paulo*, Carlos Heitor Cony: "A crônica só é gênero menor em termos de literatura. Admita-se como inabalável a certeza de que a literatura tende a ser perene, intemporal [...] E, se a literatura busca a infinitude, a crônica é crônica, expressão de finitude..."; Carlos Heitor Cony, "A crônica como gênero e como antijornalismo", *Folha de S.Paulo*, 16 out. 1998, p. 4-7.

[34] "A Cia. Cantareira e Viação Fluminense operavam os bondes e principalmente as barcas que cruzavam a baía da Guanabara entre o Rio e Niterói. A greve se deu pelo fato de os trabalhadores não terem sido incluídos nos aumentos de salários. A greve foi organizada pelos anarquistas, entre eles, por Astrojildo Pereira e João da Costa Pimenta. O movimento se alastrou. A Brigada Policial e a Capitania dos Portos operam as barcas. Ocorrem manifestações de rua. A polícia reprime, e soldados do exército aderem aos manifestantes contra a polícia estadual. Os líderes são presos. Nas manifestações, tiroteio: três mortos – dois soldados e um grevista. O enterro do soldado foi acompanhado por uma verdadeira multidão, em

A importância de uma publicação como *Crônica subversiva* transcende até a qualidade do próprio folheto, que reproduzia em escala reduzida um grande jornal, dividido por seções específicas, atacando figuras que detinham algum poder e indicando caminhos. Apesar da existência de um editorial definido, todo o jornal é fortemente opinativo e segue as linhas já traçadas no folheto sobre a Revolução Russa. A escrita é clara e a retórica é sutil.

Já no primeiro exemplar, como que em continuidade com o folheto sobre a forma como a imprensa tratava os acontecimentos na Rússia, há um comentário sobre as "fortunas imensas" que seriam depositadas em bancos estrangeiros a favor dos revolucionários "Lênin, Trótski, Kamenef, Górki etc." enquanto o povo russo estaria passando fome. O comentário é preciso e sarcástico:

> Sempre me pareceu inesgotável, na imprensa burguesa, a capacidade de calúnia e de intriga, e por isso a campanha vilíssima contra os maximalistas não me surpreende... Entretanto, não fica descabido que, uma vez ou outra, se desmanchem aos olhos crédulos as tais torpíssimas patranhas. Por exemplo, agora. Afirmam as gazetas que Lênin, Trótski, Kamenef, Górki depositaram vários milhões em bancos estrangeiros. Mas de que fonte sairiam esses milhões? Só poderiam sair de uma destas duas fontes, ou de ambas: dos bancos estabelecidos na Rússia, ou dos cofres imperiais alemães. No primeiro caso – que o código burguês qualificaria de "roubo" –, impossível seria aos "ladrões" fazerem depósito em bancos estrangeiros. Por quê? Simplicíssimo: porque os bancos e banqueiros de todo o mundo mantêm relações entre si e têm seus capitais entrelaçados e colocados em operações mútuas; assim, nenhum deles aceitaria abrir depósito para dinheiro "roubado" a outros bancos com os quais teriam negócios e interesses comuns. É claro como cristal... No segundo caso – mas este segundo caso tem sido já desfeito um milhar de vezes. Ainda há dias, o "Cosmopolita" reproduziu a pergunta feita por um deputado francês a Clemenceau, quando este acusava os maximalistas de comprados pelos alemães: "Se os maximalistas se vendem assim, por que então os aliados, tão ricos, não os compram, em proveito próprio?" A pergunta fez Clemenceau mudar de

---

que se lia nas coroas de flores: "Ao cidadão soldado, o povo niteroiense". Outra faixa dizia: "Dos operários da Fábrica de tecidos S. Joaquim aos Praças que tombaram em defesa do Povo". A polícia acompanhava de perto e a repressão foi o principal fator de derrota do movimento que demonstrava existir uma situação explosiva"; Martin Cezar Feijó, *Formação política de Astrojildo Pereira:1890-1920* (São Paulo, Novos Rumos, 1985), p. 71-2. O desdobramento do movimento estimulou os anarquistas a organizarem uma conspiração que visava implantar sovietes, nos moldes russos, no Rio de Janeiro, como se verá a seguir.

assunto... Com efeito, por que as burguesias aliadas não compram os maximalistas? De duas, uma: ou estes últimos são realmente venais, e nesta hipótese os aliados são umas refinadíssimas bestas, porque não os compram; ou é falso que eles sejam venais, e então os intrigantes aliados merecem uma classificação que, em confronto com os cães, honraria os cães. E estou convencidíssimo de que esta segunda hipótese é que é a verdadeira... Mas demos de barato que a primeira é que fosse a verdadeira: isso daria aos grandes jornais compostura moral para arvorar-se em censores da venalidade alheia? Então nós todos não sabemos das múltiplas e polpudas negociatas e roubalheiras em que se envolvem a cada passo os Lajes e os Vitores da Silveira, os Salvadores Santos e Botelhos, os Leões Velozes e Joóis do Rio, os Rochinhas e Dormunds, e todos os demais salafrários que fazem da letra de forma a gazua e o pé-de-cabra com que arrombam cofres fartos e portas públicas e particulares?[35]

Outro aspecto a se destacar é a seção cujo título remete ao poema de Hesíodo, trocando trabalho por cidade: "As cidades e os dias". Esta coluna já indicava pretensões literárias, tendo a crônica como gênero. Tratando do cotidiano da vida operária, em maior grau, e intelectual, em menor, mantinha-se rigorosamente nos limites escolhidos, e, ao mesmo tempo, subsidiava, ou entendia estar assim fazendo, os leitores sobre a relação entre seus dias, a vida da cidade, o progresso que beneficiava a poucos e a necessidade de mudanças, como se pode ver abaixo:

SEGUNDA – Inaugura-se a linha telefônica para São Paulo. A gente não pode deixar de ficar boquiaberto ante a grandeza infinita do progresso. Porque é simplesmente assombroso poder qualquer um de nós conversar, daqui do Rio, com um amigo qualquer da Pauliceia, a 500 quilômetros de distância. O diabo é que o telefonemazinho de 3 minutos custa nada menos de 8$000. Quantia que a maioria do povo não ganha num dia inteiro de duro labor. E aí está como a burguesia vai até o cúmulo de açambarcar e monopolizar as próprias conquistas universais do progresso...[36]

---

[35] O título da crônica é "Catonismo e Salafrários", *Crônica subversiva*, ano I, n. 1, 1 jun. de 1918, p. 2-3. Como todos os textos, de todos os exemplares, é extremamente contundente e faz dos acontecimentos russos, mantendo a defesa iniciada nos panfletos do começo do ano, uma ponte para as acusações no plano local, cujo alvo definido é o da "grande imprensa".
[36] Ibidem, p. 4.

Este pequeno trecho de uma coluna que buscava comentar o dia a dia da cidade demonstra o acompanhamento das novidades tecnológicas, neste caso pertinente à comunicação, e a crítica da relação disso com a vida dos trabalhadores e com suas possibilidades de acesso a esses benefícios. Mas a coluna não ficou apenas em questões tecnológicas, também apresentou comentários sobre costumes, eventos, notas policiais, decisões oficiais e até acompanhamento jocoso do que ocorria nas salas de cinema:

> SEGUNDA – O Cine Palais começa a exibição de um filme intitulado "Tarzan, o homem-macaco". Fita americana, reclamizada por mil tubas ribombantes. É enorme a concorrência ao cinema. Naturalmente: não há por aí macaco-homem que não queira ver o homem-macaco. Eu não fui ver a fita, declaro em tempo. Mas hei de ir. Não resisto ao desejo de confrontar, cara a cara, o homem-macaco do "écran" e o macaco-homem da plateia e ver qual dos dois é menos indecente.[37]

Comentários irônicos à parte, um momento importante da vida de *Crônica subversiva* foi a participação de Astrojildo Pereira na conspiração para organizar um soviete aos moldes da Revolução de Outubro, para a tomada do poder. Aproveitavam-se os rebeldes, provavelmente sob liderança do professor José Oiticica, do clima que vivia a cidade após uma violenta epidemia (a "*influenza espanhola*"), que ocasionou a morte do presidente eleito e a posse do vice. Havia, conforme um historiador que estudou o período, um "misto de tensão, angústia, expectativa e euforia"[38]. Foi um ano de muitas greves operárias e o jornal contribuiu na preparação do levante. Ainda no mês de junho, nas páginas de *Crônica subversiva*, Astrojildo Pereira anunciava o "juízo final da burguesia":

> Porque eu espero que o juízo final chegue também por cá, por estes Brasis amados. Ah! Não me sai da mente esta luminosa ideia: subir as escadas do Catete e pegar pela goela o patife que lá estiver a presidir e arremessá-lo das janelas do segundo andar, a esborrachar-se integralmente no asfalto.[39]

---

[37] Ibidem, 8 jun. 1918, p. 2. Apesar do comentário agressivo, Astrojildo frequentava muito o cinema. E gostava.
[38] Carlos Augusto Addor, *A insurreição anarquista no Rio de Janeiro* (Rio de Janeiro, Dois Pontos, 1986), p. 162. Ver também Moniz Bandeira et al., *O ano vermelho*, cit., p. 115-48.
[39] *Crônica subversiva*, Rio de Janeiro, ano 1, n. 5, 29 jun. 1918, citado em Carlos Augusto Addor, *A insurreição anarquista no Rio de Janeiro*, cit., p. 145.

Mas que não foi desta vez. Apesar dos preparativos cuidadosos e da ampla participação de sindicatos e de militantes anarquistas, havia um policial infiltrado no movimento que passava relatórios ao chefe de polícia, que pôde assim conter o movimento restrito ao bairro de São Cristóvão. Logo após, foram feitas várias prisões, inclusive de Astrojildo, que teve então de interromper a publicação de seu jornal. Chegava a hora, após sair da cadeia, de pensar em novas formas de organização.

A cavilação manhosa

A nova forma de organização abalou as estruturas anarquistas. E Astrojildo Pereira acabou sendo considerado o principal responsável até por ex-camaradas de luta, como o professor José Oiticica: "Em fins de 1919, porém, principiou a produzir frutos a intromissão sorrateira, venenosa, nefasta do bolchevismo, operada, sem nenhuma ciência minha nem dos militantes anarquistas mais conscientes, pela cavilação manhosa de Astrojildo Pereira"[40]. Mas o fracasso do "soviete do Rio" pode ser considerado o aspecto mais visível de uma dificuldade operacional para os militantes anarquistas encontrarem um caminho para a revolução. O ano de 1919 foi reconhecido pelo próprio José Oiticica, companheiro de Astrojildo em campanhas e prisões, como o ano em que a ruptura teve início.

O intransigente professor de português, querido pelos alunos do Colégio Pedro II, apontava o discurso de Astrojildo Pereira como o causador dos maiores "estragos" na causa anarquista nos anos 1920, talvez até maiores que os ocasionados pela repressão ao movimento. Deu ao antigo companheiro uma força para seu discurso que não deixava de ser, como observou Leandro Konder, uma homenagem. Mas, é claro, não levava em conta os acontecimentos internacionais, principalmente os desdobramentos da Revolução Russa e da organização da Internacional Comunista, que lançou pelo mundo agentes à procura de militantes que pudessem organizar partidos comunistas que apoiassem a "revolução mundial".

O escritor Afonso Schmidt, em texto memorialístico, intitulado "O cometa de Manchester"[41], descreveu o contato com Astrojildo, "em fins de 1921", feito

---

[40] *Ação direta*, n. 113, dez. 1956, citado em Moniz Bandeira et al., *O ano vermelho*, cit., p. 279.
[41] Afonso Schmidt, "O cometa de Manchester", *Bom tempo* (São Paulo, Brasiliense, 1958), p. 350-4.

por um sujeito apresentando-se em São Paulo como um fabricante de tecidos inglês, mas na verdade um agente da IC, que participava do Secretariado Comunista da América do Sul, com sede em Buenos Aires. O representante comunista procurou em São Paulo por Edgard Leuenroth, que trabalhava na Cooperativa Gráfica, perguntando-lhe por que não fundava um partido comunista. A resposta foi: porque ele não era "bolchevista". E quem poderia então realizar tal empreendimento, perguntou o emissário inglês. Leuenroth, após refletir, indicou Astrojildo Pereira, que morava no Rio de Janeiro, a quem o inglês solicitou um encontro o mais urgente possível:

> Estabelecido esse encontro, os dois saíram para a rua, a passeio. E, conversando – foi Edgard quem me contou –, chegaram à Luz, tomaram a Avenida Tiradentes, alcançaram a Ponte Grande e foram parar em Santana, sem se dar conta de quanto haviam caminhado. Ali, tomaram o bonde para a cidade e se despediram à porta do hotel.
> Três dias depois, Astrojildo Pereira desceu de um vagão de segunda classe, do diurno, na Estação do Norte. Foi recebido por Edgard que, na mesma noite, o apresentou ao "cometa" de Manchester. Ambos se entenderam muito bem. Eram como velhos amigos. Do que eles assentaram nas conversas nada se sabe, mas Astrojildo Pereira voltou para o Rio de Janeiro e, pouco a pouco, ao longo dos anos que se seguiram, foi surgindo o Partido. Sua primeira publicação era uma revistinha comprida e estreita, com a foice e o martelo na capa e tinha o nome de "Movimento Comunista".
> Tudo isso se passou, silenciosamente, num tempo em que a polícia de São Paulo alimentava a esperança de prender um sujeito barbudo, de botas, com a faca atravessada nos dentes, que devia chegar de Moscou para fazer a revolução comunista no Brasil...[42]

---

[42] Idem. Não é objetivo deste estudo, mesmo se reconhecendo a importância em realizar isso, analisar o complexo processo de transição de Astrojildo Pereira do anarquismo para o comunismo. Este texto até mesmo alimentou, apesar de suas qualidades literárias, a ideia que o PCB nasceu de injunções externas, quando o processo de discussão política após a derrota do "soviete do Rio" já apontava a necessidade de novas formas de organização, como demonstram vários textos de Astrojildo analisados por Marcos del Roio e José Antonio Segatto, em obras já citadas. E combatido como se fosse uma lenda, com certa dose de razão, por Michel Zaidan Filho em trabalho que será comentado a seguir. O próprio Astrojildo nunca escreveu sobre este encontro, nem em seu livro sobre a formação do PCB. Mas também nunca negou...

Este episódio nunca foi assumido oficialmente, nem pelo partido e muito menos por Astrojildo. Também não foi negado oficialmente. Considerado parte de uma "lenda", ou do anedotário da história do partido, sua transmissão realmente compromete a construção de uma memória que se buscou valorizar, até por Astrojildo, sobre as raízes nacionais do PCB. Mas o importante aqui é a publicação de um mensário, a partir de 1922, que visava explicitamente organizar um partido nos moldes pretendidos pela Internacional Comunista. E nele, por meio de seu discurso, se operou uma retórica para a construção de uma ação.

A revista *Movimento Comunista* foi a arma em que se estruturou uma linguagem de vanguarda adequada aos novos objetivos de Astrojildo Pereira, mas o princípio retórico da "crônica subversiva" seria mantido. Um texto enxuto, partindo de fatos mais do que de ideias, e um combate definido. Nos anos de construção do PCB, a relação entre a escritura militante no calor da hora acabou se somando com a memória elaborada muitos anos depois. Por meio da publicação *Movimento Comunista*, Astrojildo enfrentou o inimigo de classe de sempre, mas também enfrentou o novo adversário, que eram os antigos companheiros de luta, os anarquistas.

Até que ponto a retórica da vanguarda comunista era realmente eficaz e, ao mesmo tempo, até que ponto já prenunciava na linguagem os impasses de um autoritarismo, pela intransigência, que depois se revelaram até mesmo contra o próprio Astrojildo? O outro aspecto refere-se à memória dos fatos, como ela é articulada quarenta anos depois na publicação do livro *Formação do PCB*, em 1962, por meio de uma aguda preocupação em construir uma memória histórica, altamente seletiva e conscientemente destinada à própria tarefa de construção do PCB no contexto do início dos anos 1960, no imediato plano das mudanças no partido ocorridas principalmente após o Congresso de 1958. O que se procura aqui é analisar a relação entre a ação e a reflexão, por uma retórica da vanguarda, uma discussão sobre a vanguarda política e seu discurso. Outro aspecto é como se articula isto com a memória construída, por meio do livro *Formação do PCB*, já o considerando tanto um livro de memórias, apesar do rigor e do cuidado nas informações, como um livro de discurso historiográfico. Compará-lo aos textos do calor da hora é uma forma de analisar como o conhecimento e, portanto, a linguagem se transformam de acordo com o ponto em que se observam os fatos.

Em janeiro de 1922 foi publicado o primeiro número do mensário *Movimento Comunista*, cuja redação dos editoriais cabia a Astrojildo Pereira, que dava continuidade assim às suas crônicas subversivas, agora com propostas positivas, em substituição à crítica de fundo anarquista. O "positivo" aqui não se trata de um juízo de valor, mas de proposição de uma ação concreta em torno da Revolução Russa para organizar um partido centralizado e adequado aos princípios da Internacional Comunista. O objetivo principal era, então, bem claro: "defender e propagar, entre nós, o programa da Internacional Comunista"[43]. A favor da "ditadura do proletariado", definia a nova organização partidária como centralizada e disciplinada, visando combater "todos os desvios, todas as deturpações, todos os germes da dissolução que surjam no interior dos organismos sindicais". Isto é, um discurso intransigente em combate explícito contra a tradição anarquista. Mais que uma "cavilação manhosa", era um ataque duro a um movimento já debilitado. O que não quer dizer que tenha sido o surgimento do novo partido que tenha minado as bases do anarquismo; elas já estavam minadas antes. E não apenas no Brasil. Por outro lado, seria considerar a nova organização política com mais força do que realmente possuía. O que ocorria no período era uma tentativa de organizar um partido revolucionário, no qual o discurso tinha até mais importância que a representatividade orgânica, o que só passou a ocorrer a partir de 1927, ponto em que o livro de Astrojildo sobre a formação do PCB interrompe sua narrativa. O objetivo, na origem, estava explicitado por uma retórica otimista e crente:

> Em resumo, queremos unir e não dividir. Queremos solidariedade e não rivalidade. Queremos que o proletariado adquira, por sua organização e sua orientação, um máximo de eficiência combativa, nas lutas presentes e futuras. Animam-nos um sadio entusiasmo e uma firme vontade de trabalhar. Convictos de que trilhamos o bom caminho e cônscios de nossas responsabilidades, afirmamos nossa fé inquebrantável no triunfo final do comunismo.[44]

"Fé inquebrantável" na vitória final. Otimismo na ação. Convicção de que a história estava ao lado deles. Mas também sem temer o debate, o embate de ideologias, condenando intrigas e difamações e reconhecendo na falta de

---

[43] *Movimento Comunista*, ano 1, n. 1, jan. 1922, p. 1-2, em Astrojildo Pereira, *Construindo o PCB: 1922-1924* (org. e apresentação de Michel Zaidan, São Paulo, Livraria Editora Ciências Humanas, 1980), p. 16-17.
[44] Ibidem, p. 17.

uma tradição socialista a peculiaridade do caso brasileiro, visto como um "meio singular"[45]:

> [...] Todo o movimento proletário revolucionário no Brasil tem sofrido só a influência quase exclusiva dos anarquistas. Assim, entre nós, a crise tem sido e é uma crise do anarquismo. Esta crise, latente desde o advento do bolchevismo, chega a um desfecho lógico, com a constituição do partido comunista composto, em sua quase totalidade, de elementos de formação anarquista.
> A celeuma atual nada mais é que a expressão inevitável dessa crise. É, por isso mesmo, saudável, revigoradora, fecundíssima. É necessário que os campos se definam e se delimitem nitidamente. Só assim poderemos viver, uns e outros. Não nos assustemos, pois, com o debate. Mantenhamo-lo e sustentemo-lo, antes, com energia e desassombro. E, sobretudo com elevação de vistas, com superioridade de ânimo, com lealdade – coisas que não excluem, ao contrário: dignificam a veemência, o ardor, a paixão. Deixemos, isso sim, os vis processos de intrigalhas e difamações aos eternos incapazes e impotentes, ontem como hoje dignos de desprezo e comiseração...[46]

Um texto claro e duro, batendo forte na debilidade orgânica dos anarquistas, mas ao mesmo tempo aceitando a premissa da existência da divergência, do viver junto com as diferenças, já nesse contexto incompatível com os acontecimentos na Rússia soviética. O motivo da demora da notícia pode ter sido a espera do aval da Internacional Comunista.

A criação do partido só foi noticiada pelo *Movimento Comunista* em sua edição de junho de 1922, quando se sabe que o congresso que deu origem ao mesmo ocorreu nos dias 25, 26 e 27 de março. Em julho, o mensário trata da "organização e propaganda", em que se dá o mesmo equilíbrio no texto à "homogeneidade doutrinária", ao recrutamento, à atuação nos sindicatos, às publicações e às iniciativas de organização e propaganda.

Mudavam as normas, os princípios, a organização, mas um ritual dos tempos anarquistas continuava mantido, e que já era uma política cultural que não recebia este nome, mas se configurava como tal, apesar de incipiente e instintiva:

---

[45] "Não nos assustemos com o debate", *Movimento Comunista*, ano 1, n. 3, mar. 1922, p. 69-70, em Astrojildo Pereira, *Construindo o PCB*, cit., p. 22.
[46] Idem.

[...] Nossa livraria, com as obras de fundo que possui e com as edições que vamos fazendo, deverá multiplicar-se e subdividir-se. Cada centro, cada grupo, cada jornal nosso, deve ser uma espécie de sucursal da livraria central, com um camarada diligente encarregado do serviço. Com uma direção centralizada capaz, constituirá a venda de livros não só uma apreciável fonte de renda para o Partido, como principalmente um dos mais poderosos meios de propaganda e difusão de ideias comunistas. Quanto ao *Movimento Comunista*, o mesmo método de divulgação e venda precisa ser estabelecido. Não é só receber o pacote e deixá-lo para um canto, à *espera* que venham procurar a revista. Não é só receber seu exemplar de assinatura, lê-lo, guardá-lo... e pronto. É necessário fazer a revista circular, é necessário impingi-la, levá-la aos meios operários, aos sindicatos, às reuniões, às assembleias, aos festivais, às fábricas, às oficinas etc. É necessário angariar-lhe o maior número possível de assinantes. Numa palavra, cada comunista deve ser um agente incansável, vigilante, ativíssimo das publicações do Partido, com especialidade de seu órgão central.[47]

Toda retórica que indica a existência de uma força cai por terra quando ficam evidentes as dificuldades práticas do dia a dia. Porque era preciso sobreviver, difundir, organizar, mas também corresponder a uma "confiança" que havia sido depositada pela Internacional Comunista ao aceitar o partido em suas fileiras. Mas, apesar do esforço em manter o objetivo central e não temer o debate, uma leitura das publicações comunistas, em particular dos textos de Astrojildo Pereira, demonstra uma luta contra o anarquismo que parece também querer provar que já não havia nenhum resquício anarquista na organização comunista[48]. Mesmo assim, a crônica subversiva sempre que podia vinha à tona, como em 1923, diante da morte de Rui Barbosa, aquele que havia sido, depois de Machado de Assis, o maior ídolo juvenil de Astrojildo. Mas a reação à morte do segundo ídolo foi bem diversa da que ocorreu diante da morte do primeiro. Assim, como contra seu passado anarquista, Astrojildo também acertava contas com seu passado de "republicano liberal" e retomava sempre que possível a ironia do texto das crônicas subversivas, como também

---

[47] "Organização e propaganda", *Movimento Comunista*, ano 1, n. 8, jul. 1922, p. 207-10, em Astrojildo Pereira, *Construindo o PCB*, cit., p. 36.
[48] Veja sobre isto a confusão gerada pela intervenção desastrada de Canelas na primeira participação do partido em congressos internacionais. Edgar Carone, "O caso Canelas", *Memória & História: revista do movimento operário brasileiro*, São Paulo, Livraria e Editora Ciências Humanas, n. 1, 1981.

demonstrava ser capaz de escrever com outras retóricas, no estilo de seus desafetos de classe, utilizando-se, às vezes, nem sempre, de fina ironia:

> Morreu Rui Barbosa... Isso afinal tinha que acontecer um dia. Mas foi uma tragédia. A Pátria se cobriu de luto. A república desandou a chorar que nem uma bezerra desmamada. A Grande Imprensa, unânime, como é de hábito nas grandes ocasiões, enquadrou nas tarjas mais largas e mais negras seus soluços de reverência e desolação. Os cultores e profissionais da Retórica, de que o Morto foi o mestre incomparável, aturdiram as ouças públicas com suas catadupas verbais, num delírio lutulento e impunemente... Numa palavra, a morte de Rui assumiu proporções de verdadeira calamidade pública. Efetivamente, para a Pátria, a República, a Imprensa, a Retórica... a perda foi calamitosa. Apagou-se o sol de seu sistema. Pura verdade. Porém, não menos pura verdade é que o proletariado não perdeu coisa alguma com isso. Antes pelo contrário, como dizia o outro...[49]

Este texto poderia ter sido publicado no semanário *Crônica subversiva* de 1918. Só não estava por uma razão óbvia: Rui Barbosa morreu em outro contexto. Mas o estilo, a ironia, a violência de uma intransigência de classe fazia parte daquele repertório de adjetivos que abundava na imprensa anarquista. Mas também aqui, como lá, fica evidenciada na escrita uma dificuldade tanto em negociar com personalidades, mesmo democráticas, de um Estado que se pretendia destruir, como acertar contas com o passado de uma grande decepção, a mesma que fez Astrojildo romper com o republicanismo radical após a derrota de Rui Barbosa na campanha civilista, em 1910. Mas essa posição inflexível não se manteve para sempre. Em 1944, já maduro e afastado das atividades partidárias, Astrojildo tratou com benevolência as posições de Rui Barbosa na questão da escravidão[50]. Assim como refletiu sobre o mensário *Movimento Comunista*, quando resolveu escrever sobre os primórdios do partido no livro *Formação do PCB*, de 1962, descrevendo-o como se segue:

> Era uma revista de pequeno formato, com cerca de 30 páginas, tendo saído assim, mais ou menos regularmente, até dezembro de 1922, com um número

---

[49] "Nossa palavra", *Movimento Comunista*, ano 2, n. 18-19, 10-25 mar. 1923, p. 78-9, em Astrojildo Pereira, *Construindo o PCB*, cit., p. 85.
[50] Ver Astrojildo Pereira, "Rui Barbosa e a escravidão", em Astrojildo Pereira, *Interpretações* (São Paulo/Brasília, Boitempo/Fund. Astrojildo Pereira, 2022), p. 141.

extraordinário consagrado ao 1º de maio. Dizemos mais ou menos frequentemente porque, em consequência do levante de 5 de julho daquele ano, o número de agosto atrasou-se, saindo junto com o de setembro, num só fascículo. Ao todo, 13 números em 12 fascículos, publicados durante o ano, formando um volume de 390 páginas numeradas seguidamente, com um índice final.⁵¹

Isto só no ano de 1922, mas o *Movimento Comunista* também foi publicado em 1923, em formato maior, ilustrado e de periodicidade quinzenal⁵². Era lido não apenas por militantes, mas também por círculos intelectuais. Para Astrojildo, apesar da modéstia da publicação, ela retratava as condições do país, onde "honestamente e como pôde, buscou servir à classe operária e à causa do socialismo em nossa terra"⁵³.

Mas a publicação comunista não combatia apenas os resquícios anarquistas no movimento sindical, ela dedicou-se também, principalmente em 1923, a combater o fascismo. Só que, nesse caso, não se tratava de debate, mas de guerra. E, em um dos textos mais diretos, o tom é virulento, agressivo, bélico:

> Nossos camaradas alemães já nos forneceram, há dias, remédio eficaz para combater a peste da "camisa preta". Vale a pena divulgar a receita, transmitida pelo telégrafo: "Berlim, 31 de março – Um grupo de comunistas atacou a bastonadas e dispersou um comício de fascistas italianos que aqui se realizava. Vinte fascistas ficaram feridos, sendo que dois gravemente". Remédio infalível. É um porrete.⁵⁴

Em 1924, finalmente Astrojildo esteve na Rússia soviética, enviando correspondência ao jornal *O Paiz* como parte de um acordo do PCB com a Confederação Cooperativista Sindicalista Brasileira, visando formar uma "frente única". O jornal era o porta-voz da Confederação e a seção em que Astrojildo colaborava com suas "Cartas de Moscou"⁵⁵ intitulava-se "No meio operário"⁵⁶. Nessas "cartas", Astrojildo combatia novamente a forma como

---

⁵¹ Idem, *Ensaios históricos e políticos* (São Paulo, Alfa-Ômega, 1979), p. 81.
⁵² Idem, *Formação do PCB*, cit., p. 71.
⁵³ Ibidem, p. 75.
⁵⁴ "Nossa palavra", *Movimento Comunista,* ano 2, n. 20, 10 abr. 1923, p. 114, em Astrojildo Pereira, *Construindo o PCB*, cit., p. 95.
⁵⁵ Algumas dessas cartas foram aproveitadas mais tarde na publicação de seu primeiro livro, em 1935, e que serão abordadas na sequência.
⁵⁶ Ver nota de Michel Zaidan em Astrojildo Pereira, *Construindo o PCB*, cit., p. 113.

eram divulgadas as notícias pelas agências internacionais sobre os acontecimentos na Rússia. Abordava a questão dos aluguéis, da morte de Lênin e até sobre livrarias ("Há mais livraria na rua em que moro do que em todo o Rio de Janeiro"[57]). E considera extraordinário o peso do rublo, cujo valor crescia internacionalmente nas cotações de Londres.

Os funerais de Lênin que ele presenciou são mencionados como algo "indescritível":

> [...] Mais de um milhão de pessoas assistiram e acompanharam o enterro, sob um frio de 30 graus abaixo de zero. Durante os seis dias em que o corpo esteve exposto, desfilou gente ininterruptamente, de dia e de noite. Até hoje, mais de 100 mil operários das fábricas e usinas, que não eram do Partido Comunista Russo, já aderiram ao "Partido de Lênin". É um movimento formidável de reforçamento do PCR.[58]

Tudo na Rússia parecia encantar o revolucionário: a fartura, a construção de um mundo novo, as assembleias operárias, a organização sindical, a preservação dos palácios, agora como sedes das organizações proletárias, e até as comemorações de trabalhadores, como a que ocorreu no Grande Conservatório, em comemoração ao atentado "de 7 de março, que liquidou o tzar Alexandre II"[59], com a presença de alguns sobreviventes da conspiração que foram cumprimentados pessoalmente por Astrojildo, em nome dos trabalhadores do Brasil.

A revolução estava na ordem do dia. Tudo parecia caminhar para um final feliz. Mas a revolução não era vista como um ato sentimental, e sim heroico:

> ... Revolução alguma já se operou na história sem um consequente rosário de miséria, de fome, de desorganização. A revolução não se preocupa com os gemidos e as lamúrias dos timoratos e sentimentalões: ela segue o seu curso, implacavelmente, cumprindo seu destino histórico, guiada pelos homens fortes, de alma heroica e pulso de ferro. E, ademais, é preciso compreender, preliminarmente, que não há revolução artificial capaz de vingar, e, nesse caso, ela morre ao nascer e nem chega

---

[57] Astrojildo Pereira, "No meio operário: cartas da Rússia", *O Paiz*, ano 40, n. 14.417, 11 abr. 1924, p. 6, em ibidem, p. 120.
[58] "A palavra do delegado dos trabalhadores comunistas do Brasil [Trechos de sua correspondência]", *A Voz Cosmopolita*, ano 3, n. 44, 15 abr. 1924, p. 1, também publicado na coluna "No meio operário", de *O Paiz*, ano 40, n. 14.419, 13 abr. 1924.
[59] Astrojildo Pereira, *Construindo o PCB*, cit., p. 125.

a ser uma revolução. Ora, a revolução russa existe, vive, desenvolve-se, aumenta de força e de prestígio; não é, pois, um movimento artificial. Só encarada deste ponto de vista – como um imperativo histórico inelutável – e examinada em bloco, em todo seu conjunto, em suas origens e fins, é que ela pode ser compreendida. Suas falhas, seus erros, seus passos em falso devem ser analisados e estudados – como o fazem os bolchevistas – com o intuito de serem corrigidos, emendados, retificados, e não como o fazem seus inimigos burgueses, social-reformistas, anarquistas – com o intuito vão de barrar o curso das coisas. Estão perdendo tempo, lágrimas e bílis, inutilmente. De resto, os revolucionários não pretendem "convencer" os seus inimigos, mas sim "vencê-los".[60]

Convencer é próprio da retórica, da ação do discurso, do trabalho intelectual. Vencer é próprio de uma guerra com inimigos bem delimitados. Os anos seguintes iriam jogar um balde de água fria em tanto entusiasmo. Em 1925, após o II Congressos do PCB, criou a publicação que iria durar mais tempo na história do partido, *A Classe Operária*. Também é o período em que o partido, para se firmar como força política influente, busca novas alianças, destacando-se dois momentos decisivos para o futuro da agremiação: a criação do Bloco Operário e Camponês, em 1928, e o encontro de Astrojildo Pereira com Luís Carlos Prestes, em 1927. Apesar de ter sido um ano antes do acordo do BOC, suas consequências seriam afirmadas somente nos anos 1930, quando Astrojildo já não pertencia ao partido, mas assuntava novos temas, buscava novos rumos e encontrava na especificidade das tarefas dos intelectuais uma saída para o impasse de um militante que já não era aceito nas fileiras de um partido que ajudou a criar. A revolução mundial entrava em crise e as certezas já não podiam ser as mesmas. As relações entre um intelectual que se caracteriza exatamente pelo pensamento singular e um partido que se pretendia centralizado, entravam em conflito a que só o tempo poderia dar uma resposta consistente ou uma saída condizente. Era preciso voltar às artes do convencimento, da retórica, da reflexão, do trabalho intelectual[61].

---

[60] Ibidem, p. 135. *O Paiz*, ano 40, n. 14.494, 26 jun. 1924, p. 7.
[61] Não é o objetivo deste livro estudar o processo histórico da crise que levou à expulsão de Astrojildo Pereira do partido, e sim a construção de uma ideia em torno da possibilidade de atuação específica do intelectual, que acaba desembocando numa proposta de política cultural. Mesmo assim, vários autores se dedicaram a essa crise, destacando-se aqui o trabalho de Marcos Del Roio, *A classe operária na revolução burguesa: a política de alianças do PCB (1928-1935)* (Belo Horizonte, Oficina de Livros, 1990).

"Maurício" (representante da IC) e Mário Grazini atrás, Astrojildo (ao centro) e pessoa não identificada à frente, em Moscou, março de 1929. Arquivo ASMOB/IAP/CEDEM.

IV
O INTELECTUAL E O PARTIDO

Outra consideração: filiar-se ao Partido? Vantagens decisivas: uma posição sólida, um mandato, ainda que apenas virtual. Contato organizado e garantido com as pessoas. Por outro lado: ser comunista em um Estado onde governa o proletariado significa renunciar completamente à independência individual. Delega-se, por assim dizer, ao Partido a tarefa de organizar a própria vida...

Walter Benjamin[1]

Também nego que a carta anterior seja um "libelo acusatório" ou com "deboche intencional". Defendi-me das acusações pesadas e infundadas. Fui acusado violenta e injustamente de traição e outros palavrões. Minha resposta pairou ainda numa atmosfera de grande brandura, se comparada com a acusação. Os camaradas devem saber que disciplina não significa aviltamento.

Astrojildo Pereira[2]

Entre a retórica intransigente e "manhosa" dos anos 1920 e a reflexão dos anos 1950, contidas no livro *Formação do PCB*, ocorreu o que Octávio Brandão chamou de "mistério", porque Astrojildo não comenta em sua história do PCB o seu próprio afastamento. Este é talvez um dos episódios mais dramáticos em sua vida e pode ser atestado pelas cartas com que tentou se defender das várias acusações, a principal delas a de ser um "intelectual pequeno-burguês". A interpretação aqui ficará por conta de um texto, embora público – ainda

---

[1] Walter Benjamin, *Diário de Moscou* (trad. Hildegard Herbold, São Paulo, Companhia das Letras, 1989), p. 89. Texto datado, supostamente, de 9 de janeiro de 1927.
[2] P.S. de uma carta datada de 22 a 25 de janeiro de 1931, São Paulo, assinada provavelmente por Américo Ledo, que se encontra no Arquivo do Estado de São Paulo, Arquivo DOPS, prontuário de Astrojildo Pereira.

que no círculo restrito e clandestino dos dirigentes partidários –, a que até a polícia política teve acesso: uma carta escrita em 1931, na qual já se esboça, no desespero da defesa, uma política para os intelectuais. Esta relação também foi abordada em alguns romances e livros de memórias, tais como *A condição humana*, de André Malraux[3]; *A conspiração*, de Paul Nizan[4]; e *O zero e o infinito*, de Arthur Koestler[5]; e representa um capítulo dramático da história dos intelectuais comunistas no século XX. Dramática porque exigia uma "decisão" indiscutível, como registrou, no mesmo período, o poeta Bertolt Brecht em um de seus textos mais polêmicos, e talvez mais verdadeiros:

> Quem luta pelo comunismo
> Deve saber lutar e não lutar;
> Dizer a verdade e não dizer a verdade;
> Prestar serviços e negar-se a prestar serviços;
> Cumprir promessas e não cumprir promessas;

---

[3] Ver André Malraux, *A condição humana* (trad. Ivo Barroso, Rio de Janeiro, Record,1998). Uma das possibilidades aventadas para este estudo seria analisar alguns romances que tratassem da questão dos conflitos do indivíduo com a necessidade de adaptar-se às normas partidárias. Pelo rumo que o estudo tomou isto não foi possível, a bem da verdade, sequer ler (ou reler com outro tipo de atenção) os livros escolhidos. Mas pude contar com o auxílio de Luiz Maria Veiga, que elaborou uma sinopse de cada livro, que, aqui e nas próximas duas notas, vai como sinopse da sinopse, não se podendo responsabilizá-lo pela rápida, rapidíssima pincelada. No caso de *A condição humana*, o romance se passa na China, em 1927, e trata de intelectuais "que se envolvem na política, na ação revolucionária, [mas] já deixaram de ser intelectuais e passaram a militantes em tempo integral".

[4] Ver Paul Nizan, *A conspiração* (trad. Vera Mourão, Rio de Janeiro, Rocco, 1988). Paris, década de 1920: "Um jovem judeu de classe alta assume uma postura de intelectual revolucionário e reúne um grupo em torno de si. Planejam e lançam uma revista chamada *Guerra Civile*. Depois de dois ou três números, [Bernard] Rosenthal desinteressa-se da revista e busca envolver-se na ação revolucionária". Elabora um plano que fracassa, envolve-se com a cunhada e acaba por suicidar-se. A questão da disciplina partidária é tratada no romance, e os impasses entre o indivíduo e o coletivo.

[5] Ver Arthur Koestler, *O zero e o infinito* (trad. Juvenal Jacinto, Rio de Janeiro, Globo, 1987). Esse romance talvez seja o mais famoso quando se trata da questão dos processos de Moscou. "Aqui o intelectual revolucionário é agarrado nas engrenagens repressivas do estado criado da militância que ele ajudou a ser vitoriosa e a quem dedicou toda a sua vida". A lógica da militância acaba prevalecendo até na aceitação de culpa e de sua morte como necessária ao partido. Comentário de Luiz Maria Veiga, feito exclusivamente para colaborar neste trabalho: "Alguns momentos deste texto lembram a carta de Astrojildo Pereira ao Partido, em que se defende das acusações que lhe foram feitas". O que, por si só, já justifica a presença aqui.

Enfrentar o perigo e evitar o perigo;
Identificar-se e não ser identificado.
Quem luta pelo comunismo
Só possui uma única virtude:
Lutar pelo comunismo.[6]

Por isto, e pela análise, justifica-se a transcrição integral de uma das muitas cartas de defesa do intelectual comunista Astrojildo Pereira[7]:

São Paulo, 29 de julho de 1931

Camaradas do CR,
As seguintes acusações foram feitas ou reafirmadas contra mim na Conferência Regional:
1) Que eu continuo a ter ilusões no prestismo. Não é exato. Esta questão ficou liquidada no Plenum do Bureau Sul-Americano [BSA], em dezembro último, tendo eu não só no referido Plenum do BSA, mas em seguida no Plenum do CC do Partido, em janeiro, reconhecido plenamente a minha falta nesta questão. Mais de uma vez, posteriormente, em reuniões do Partido, tive ocasião de fazer a autocrítica franca e sem reservas a este respeito. Nenhuma prova existe de que eu tenha, depois do Plenum do BSA, incorrido em tal falta, por qualquer forma que fosse. Não é justa, agora, esta acusação.
2) Ilusões golpistas em Miguel Costa & Cia. Que provas, ou que fatos, foram citados em abono desta acusação? O [fato de] ter eu, uma vez, em reunião do Secretariado regional, informado a este último que M. Costa dizia estar disposto a armar o proletariado, etc? Ora, neste como noutros casos, o que eu fiz foi informar o Secretariado, como era do meu dever, de coisas que haviam chegado ao meu conhecimento. Somente isto. Também não é justa, portanto, esta acusação.
3) Ligações com a pequena burguesia. É verdade que tenho mantido ligações com certos elementos da pequena burguesia. Mas são ligações puramente pes-

---

[6] Bertolt Brecht, "A Decisão", peça didática de 1929-1930, em *Teatro completo*, v. 3 (trad. Ingrid Dormien Koudela, Rio de Janeiro, Paz e Terra, 1988), p. 241-2.

[7] Esta carta, manuscrita a bico de pena e a lápis, quase sem rasuras, se encontra no Arquivo do Estado de São Paulo, Arquivo DOPS, prontuário de Astrojildo Pereira, com data de 11 de fevereiro de 1946, tendo provavelmente sido apreendida, em São Paulo, durante a prisão de Astrojildo, no ano de 1931, e podendo até não ter sido enviada ao Plenum desejado, mas é rica em informações sobre as acusações e principalmente sobre o teor da defesa de Astrojildo, o que será analisado a seguir. A grafia foi atualizada.

soais, pouquíssima, de amizade pessoal, a maioria delas de simples e corriqueiro conhecimento mútuo. Com esses elementos, porém, sempre que converso sobre questões políticas, eu tenho invariavelmente sustentado com intransigência a linha do Partido, sem a menor concessão.[8]

4) Colaboração no *O Tempo* e no *O Homem do Povo*. Em declaração datada de abril, reconheci o erro dessa colaboração e rompi completamente com ambos os jornais.[9]

5) Artigo na *Revista Nova*. Esta é uma revista burguesa, vendida a preço alto, que o proletariado absolutamente não lê. Circula unicamente nos meios intelectuais da burguesia e da pequena burguesia. Ela não pode, portanto – como acontecia com *O Tempo* e *O Homem do Povo* –, causar confusões entre a massa operária, que a não lê. Pelo contrário, eu estou certo de que o meu artigo – cuja linha geral julgo acertada – causou, nos referidos meios burgueses e pequeno-burgueses, um efeito de desagregação, que vem a ser útil ao proletariado. O que não me havia ocorrido, conforme se observou na Conferência, que o meu nome misturado ao dos outros colaboradores da *Revista Nova* constitui uma manifestação de colaboração de classe. Reconheço esta crítica como justa. Ainda nesta questão cometi outra falta, que reconheço, não tendo oficialmente comunicado o artigo à direção

---

[8] Em carta datada de 6 de fevereiro de 1932, Astrojildo volta a se defender das acusações de ter contato com "pequeno-burgueses", citando o caso do pintor Di Cavalcanti: "Morei alguns meses na mesma pensão que ele. Mas afirmo categoricamente que, do ponto de vista da linha política, nunca lhe fiz a menor concessão, nem se deixou influenciar". Astrojildo não vê razões para cortar relações de ordem pessoal, mesmo reconhecendo que Di Cavalcanti "já era censor". Ele considera "miúdas" essas acusações.

[9] Carta datada de abril de 1931, datilografada e assinada por Aurelino Corvo, São Paulo: "Camaradas do BP do CC, pelo presente desejo declarar que me solidarizo completamente com a declaração dos camaradas Paulo de Lacerda e outros, acerca do jornal policial e fascista *O Tempo*, que se publica nesta cidade. Durante algumas semanas emprestei a este jornal a minha colaboração, sob o pseudônimo Volyton. Embora eu me reservasse inteira liberdade na escolha dos assuntos e na forma de os tratar – e por isso mesmo os meus artigos acabaram sendo suprimidos pela censura – considero hoje um erro essa colaboração, visto poder prestar-se a mesma a alimentar ilusões na massa a respeito do verdadeiro caráter do jornal [...] Declaração idêntica devo fazer acerca do jornal *O Homem do Povo*, no qual, desde o primeiro número, redigi a seção de comentário e noticiário internacional sob a rubrica 'Summario do Mundo'. Se bem que responsável unicamente pela referida seção – onde igualmente me era dada inteira liberdade – considero também um erro político de minha parte colaborar no *O Homem do Povo*, que se mostrou desde o primeiro número um órgão de confusionismo pequeno-burguês procurando máscaras sob o disfarce do comunismo a luta que na realidade elementos da pequena burguesia sustentam para conquistar, contra o Partido Comunista, a direção do movimento revolucionário das massas. Assim sendo, eu me desligo desde esta data completamente da redação do aludido jornal".

do Partido antes de o publicar na *Revista Nova*. Digo oficialmente, porque me recordo de haver dito ao camarada Mário que tinha sido convidado a escrever o artigo para a mesma.

6) Trotskistas. A este respeito não se me fez nenhuma acusação aberta, mas apenas, pela voz do camarada Freitas, a insinuação de que, não indo às assembleias dos Gráficos [sindicato], eu estava contribuindo para atenuar a luta contra o trotskismo. Esta acusação é completamente injusta. Posso provar facilmente que não tenho poupado e não poupo os trotskistas, seja onde for que eu tenha oportunidade de me manifestar, oralmente ou por escrito. Nem sequer mantenho relações pessoais, que rompi, com os chefes do trotskismo entre nós. Com alguns outros trotskistas de segundo plano apenas tenho tido relações de cumprimento, bom-dia, boa-tarde, mais nada. Não é segredo também para ninguém que o ódio principal deles cai precisamente sobre mim, que sobre outro qualquer membro do Partido.

7) Ingresso e atividade no sindicato dos Gráficos. Resisti a esta deliberação por dois motivos: a) porque eu não sou gráfico, nem, atualmente, exerço uma profissão que esteja incluída entre aquelas admitidas pelos estatutos do sindicato como sendo da indústria gráfica, critério adaptado para a admissão de sócios. O fato de Plínio e outros pertencerem ao sindicato não me parece que seja precedente que devamos aceitar. Pelo contrário, penso que o sindicato deve aceitar como sócios unicamente operários da indústria gráfica, eliminando de seu seio todos os Plínios que lá se intrometem indevidamente; b) não me sinto absolutamente com disposição de participar ativamente em assembleias sindicais. Reconheço que este último motivo não tem valor para o Partido, mas eu pessoalmente não posso fazer nada. Reconheço igualmente que infringi a disciplina do Partido não falando na assembleia dos Gráficos para a qual havia sido escalado pela fração.

8) Comícios nas portas das fábricas. Ainda pelas mesmas razões de ordem pessoal, eu pedi aos camaradas do Secretariado e da Comissão do Agitprop que me eximissem de tal tarefa. Disse que iria falar, não sozinho, mas depois de outro ou outros camaradas, nos lugares para onde já havia para tanto e da inutilidade de meu esforço. Assim, fui uma primeira vez à fábrica Crespi. Não apareceu nenhum outro camarada e, de resto, a fábrica não fechou à hora que me indicaram. Fui uma segunda vez à fábrica Mattarazzo na Avenida Celso Garcia; nenhum outro camarada, eu não falei. Fui uma terceira vez à Ítalo-Brasileira; apareceu um camarada, mas ambos julgamos, a conselho de alguns dos próprios operários, que seria melhor falar à hora do almoço e não à tarde, à hora da saída; combinamos, pois, voltar no dia seguinte; eu voltei, o outro camarada, não; eu não falei. Uma quinta vez fui à fábrica Crespi; apareceu um camarada, que falou em primeiro lugar, eu

falei em segundo lugar. Mas falei por obrigação, fazendo um grande esforço, que estou certo que não foi compensado pelo resultado obtido.

9) Quiromancia. O que o camarada Bandeira relatou é exato. Mas eu acedi aos desejos de um tal "professor" por mera curiosidade e condicionalmente no que se referia a qualquer publicação. Antes de ser comunista, eu já era materialista e ateu e, portanto, não poderia crer em "quiromancias". A propósito deste fato, eu disse o mesmo à pessoa que assistiu a ele: se isto fosse verdade, o marxismo seria falso; ora, "prevendo" o advento do comunismo, portanto o triunfo do marxismo, a quiromancia se declarava por isso mesmo falsa; tudo charlatanice, portanto. Reconheço, porém, que foi uma grave leviandade de minha parte ter-me prestado a satisfazer os desejos de tal "professor".

Reafirmo com toda a força a minha absoluta convicção na justeza da linha da IC e do Partido. Tanto quanto me é dado compreendê-la, eu a tenho sustentado intransigentemente, sem qualquer sombra de reserva, em todas as ocasiões que me oferecem oportunidade para tal: nas discussões dos órgãos de direção, nos cursos que tenho feito, nos artigos na imprensa do Partido e fora do Partido, em conversações privadas com quem quer que seja e em público, oralmente, como na conferência sobre os acontecimentos da Espanha. A mesma coisa posso dizer até no trabalho pelo ganha-pão que tenho feito ultimamente na Editorial Marenghen[10], traduzindo, anotando, revendo e dirigindo a impressão do Relatório de Stálin ao XVI Congresso do PC da URSS, trabalho esse que me tem dado grande satisfação.[11]

Nenhum camarada poderá apontar nenhuma prova de ter eu, por escrito ou oralmente, em público, em reuniões do Partido ou em conversações privadas, manifestado a menor dúvida ou feito qualquer afirmação, direta ou indiretamente, contra a justeza da linha da IC e do Partido.

Cada vez mais, se é possível, tenho arraigada a convicção no papel histórico do proletariado e sua vanguarda organizada no PC como a única força dirigente da revolução. Tenho absoluta confiança na massa operária e no PC, partido da classe operária.[12]

---

[10] A partir deste parágrafo, o texto manuscrito original deixa de estar escrito com bico de pena e passa a ser a lápis.
[11] Grafia ilegível no original.
[12] Em carta de 6 de fevereiro de 1932, Astrojildo volta a se defender e a defender a linha do partido: "[...] que a minha substituição na direção, eu a encarava como fato natural e lógico, resultante da capacitação de novos elementos proletários já formados dentro do próprio P.; que eu era o único a reconhecer faltar-me qualidades necessárias a tais postos, sobretudo na fase atual da vida do P.; *que eu sou por temperamento pessoal muito mais inclinado a portar-me*

Desde a carta da IC e durante toda a discussão posterior, acerca da situação brasileira e do nosso Partido, compreendi perfeitamente que o meu papel na direção do Partido – determinado por uma série de fatores objetivos – estava terminado. Sem qualquer sombra de ressentimento pessoal, que seria inadmissível, encarei a minha substituição em postos de direção não só como um fato normal, mas ainda necessário ao desenvolvimento ulterior do Partido. Reconheci desde então e reconheço cada vez mais a minha incapacidade pessoal, na situação histórica presente, de ocupar postos de direção no Partido. Entendi e entendo que a melhor maneira de prestar serviços ao Partido do proletariado seria consagrar minha atividade prática em trabalhos mais de acordo com a minha índole e as minhas possibilidades.

Penso que nem todos podem fazer tudo. Ademais do trabalho de base, na célula, obrigatório para todos, creio que cada qual deve ser aproveitado não só tendo em vista as necessidades do Partido, mas também tendo em vista as suas capacidades. Creio mais útil e proveitoso ao Partido escrever ou traduzir uma boa brochura, ou fazer uma boa conferência, ou um bom curso, do que fazer maus discursos nos sindicatos e nas ruas.

Não me sinto capaz, com a suficiente disposição, para realizar absolutamente todas as tarefas. Reconheço as minhas debilidades e bem assim as falhas na minha atividade de militante. Mas nada posso fazer para superá-las. Tenho confiança no proletariado, mas falta-me confiança em mim mesmo para determinadas tarefas. O Partido tomará a deliberação que julgar mais acertada sobre o meu caso. Eu me submeterei incondicionalmente. Afirmo que farei todos os esforços que estejam em mim para cumprir o que for deliberado.

Astrojildo Pereira

Esta carta, que talvez nem tenha sido entregue nesses termos, pois a original se encontrava entre os pertences de Astrojildo quando foi preso[13], é por demais óbvia do que se passava naquele contexto. Ela evidencia duas coisas importantes: a mudança que se operava na vida do militante que perdia prestígio e

---

como espectador do que como ator dos acontecimentos (sublinhado por Astrojildo). Parece que esta afirmação causou escândalo."

[13] A prisão ocorreu em São Paulo, em 4 de setembro de 1931. Astrojildo residia na rua Teodoro Sampaio, 182. Em ofício encaminhado pelo delegado do DOPS paulista, Ignácio da Costa Ferreira, o Gabinete das Investigações de São Paulo envia ao 4º delegado auxiliar do Rio de Janeiro, nos seguintes termos: "Devidamente escoltado, apresento-lhe o líder comunista Astrojildo Pereira, detido ontem conforme determinação do Sr. Dr. Ministro da Justiça".

poder, e a dificuldade de relação entre o intelectual e as normas partidárias. Demonstram-se aqui três aspectos: questões de princípios ("prestismo", "trotskismo" e "quiromancia"), militância (ação nos sindicatos e comícios em portas de fábricas) e, o que mais nos interessa aqui, atividade intelectual (desde relacionamentos com intelectuais, chamados de "pequeno-burgueses", até colaborações em publicações consideradas perniciosas, tais como a "burguesa" *Revista Nova*, que tinha Mário de Andrade entre seus colaboradores, a "fascista" *O Tempo*[14], de Miguel Costa, e a publicação dirigida por Oswald de Andrade e Pagu, *O Homem do Povo*, considerada "confusa" e "pequeno-burguesa").

Mas a carta reflete também a crise desencadeada pela intervenção da Internacional Comunista no partido brasileiro. No final dos anos 1920, o movimento comunista adota um programa que tem "a ditadura proletária da URSS como principal força da revolução socialista internacional [...], a base de seu desenvolvimento"[15]. O Estado soviético passa a ser visto não apenas como mola propulsora da revolução, mas como seu único dirigente. Os partidos comunistas da América Latina sofrem intervenções visando depurá-los de seus "desvios de direita", principalmente a partir de setembro de 1929. Intelectuais como o peruano José Carlos Mariategui, que morreu prematuramente em 1931, sofrem processos de marginalização semelhantes ao que Astrojildo Pereira sofreu no Brasil. O que se chamava de combate aos "desvios de direita" era, na verdade, um processo violento (em todos os sentidos) de fortalecimento

---

[14] Talvez um dos escritos políticos mais importantes de Astrojildo Pereira, intitulado "Manifesto da Contrarrevolução", foi justamente contra um texto publicado em *O Tempo*, em 5 de março de 1931, que foi redigido pelo então membro da Legião Revolucionária, Plínio Salgado, mais tarde fundador do movimento integralista. Este texto foi publicado por Astrojildo em seu primeiro livro: *URSS Itália Brasil*, de 1935, cujo comentário específico será feito adiante e pode ser considerado uma resposta às críticas, assim como uma autocrítica, aos que continuavam acusando-o de colaborar com este tipo de publicação. Astrojildo Pereira, *URSS Itália Brasil* (São Paulo/Brasília, Boitempo/Fund. Astrojildo Pereira, 2022).

[15] Ver Marcos Del Roio, *A classe operária na revolução burguesa: a política de alianças do PCB (1928-1935)* (Belo Horizonte, Oficina de Livros, 1990), p. 107. Esta intervenção soviética nos partidos comunistas foi assim interpretada por Eric J. Hobsbawm: "No fim, os interesses de Estado da União Soviética prevaleceram sobre os interesses revolucionários mundiais da Internacional Comunista, que Stálin reduziu a um instrumento da política de Estado soviético, sob o estrito controle do Partido Comunista soviético, expurgando, dissolvendo e reformando seus componentes à vontade [...]"; Eric J. Hobsbawm, *Era dos extremos: o breve século XX. 1914-1991* (trad. Marcos Santarrita, São Paulo, Companhia das Letras, 1995), p. 78.

do poder de Stálin na União Soviética. Mas também não havia nenhum tipo de dúvida em relação aos acertos do partido. Mais uma vez, Brecht:

Elogio ao Partido

O indivíduo tem dois olhos,
O Partido tem milhares de olhos.
O Partido vê sete países
O indivíduo vê uma cidade.
O indivíduo tem a sua hora,
Mas o Partido tem muitas horas.
O indivíduo pode ser aniquilado,
Mas o Partido não pode ser aniquilado,
Pois ele é a tropa avançada das massas
E lidera a sua luta
Com os métodos dos clássicos, que foram criados
A partir do conhecimento da realidade.[16]

Em 1929, Astrojildo participou em Moscou de uma reunião para discutir a situação revolucionária no Brasil decorrente da crise econômica. Esta reunião já apontava os caminhos que foram traçados em maio de 1930, com Astrojildo já no Brasil, quando foi realizado em Buenos Aires um Pleno ampliado do Secretariado sul-americano da Internacional Comunista. Este encontro na cidade portenha foi coordenado por August Guralsky[17], tendo o caso brasileiro como o principal tema.

---

[16] Bertolt Brecht, "A decisão", cit., p. 260.
[17] Heitor Ferreira Lima, em seu livro de memórias, *Caminhos percorridos* (São Paulo, Brasiliense, 1982), p. 106, chama Guralsky de "Rústico", caracterizado praticamente como um interventor e principal responsável individual pelo afastamento de Astrojildo e pela humilhação a Octávio Brandão: "Após as discussões de Moscou de que falamos, em julho ou agosto de 1930, o Bureau Sul-Americano, de Buenos Aires, já sob a direção do Rústico (Guralsky), discutiu também a situação brasileira, com representantes do PCB, entre os quais se achavam Astrojildo Pereira e Octávio Brandão. Ao que me lembro, por cartas por mim recebidas de Astrojildo, os problemas e as críticas foram os mesmos de Moscou, sendo, porém, Octávio Brandão responsabilizado pelos desvios. No entanto os escritos de Brandão não representavam sua opinião pessoal e única, e sim constituíam pensamento oficial da direção do PCB. A paternidade individual que lhe foi atribuída magoou profundamente Brandão, deixando-o abaladíssimo, chegando-se mesmo a temer por um desatino seu, dada a virulência das críticas à 'moda Guralsky', naturalmente".

A delegação brasileira era formada por Astrojildo Pereira (que desde janeiro reassumira sua posição na direção do partido) e Octávio Brandão (que pela primeira vez se ausentava do país). Estavam também presentes em Buenos Aires, Plínio Mello (que desde o início do ano encontrava-se em Porto Alegre, com a responsabilidade de aí reorganizar o PCB e o BOC, acabando por ser deportado) e Aristides Lobo, de São Paulo (que fora também deportado para o Prata).[18]

O PCB foi alvo de muitas críticas, se exigiu de Octávio Brandão uma "autocrítica" e de Astrojildo Pereira uma posição de acordo com as novas exigências, que assim se manifestou:

> A delegação brasileira manifesta-se completamente de acordo com a linha política deste Plenum relativa à proletarização dos nossos partidos e sua direção. Sobretudo para o PCB, que deve realizar uma reviravolta radical em toda a sua política e seus métodos de trabalho conforme a linha da Resolução da IC. [...] Praticamente esta proletarização deverá efetuar-se: por uma autocrítica severa dos erros e debilidades do partido decorrentes de uma linha política falsa, libertando-o definitivamente da ideologia pequeno-burguesa que o tem dominado até aqui [...] e por uma consequente modificação na composição social do CC, a ser renovado em próxima conferência do partido, segundo um critério que assegure absoluta preponderância de proletários ligados diretamente às grandes empresas e provados pelos últimos combates de classe.[19]

O desdobramento dessa *decisão*, a de proletarização da direção dos partidos comunistas, foi o afastamento de vários dirigentes históricos para darem lugar a operários na direção. Acusados de "pequeno-burgueses" e de "intelectuais", foram afastados Paulo de Lacerda, Leôncio Basbaum e Octávio Brandão. Na primeira Conferência Nacional, organizada por Astrojildo Pereira, ainda na direção, e Fernando de Lacerda, decidiu-se pelo expurgo de "prestistas" e "intelectuais" do partido. A "depuração dos quadros de direita" atingiu o próprio Astrojildo, que foi destituído do cargo de secretário-geral[20]. O "astrojildismo" passou a ser identificado como o "desvio de direita", e depois de ser enviado

---

[18] Ibidem, p. 141.
[19] Resposta de Astrojildo Pereira às críticas sofridas do Plenum Ampliado do SSA-IC, de maio de 1930, em ARCG, A 2-11, ASMOB. Citado em Marcos Del Roio, *A classe operária na revolução burguesa*, cit., p. 143.
[20] Ibidem, p. 145.

a São Paulo, onde foi, como visto, preso e "deportado" para o Rio de Janeiro, acabou sendo expulso do partido, passando a ser considerado um "renegado". É o início do período em que ele começou a "assuntar" e começou a se reconhecer não como militante, mas como "escrivinhador de papel", como afirma em outra carta:

> Direis que *escrever* é fácil, mas difícil é o *fazer*. Isto é conforme. No meu caso, porém (meu e de outros como eu), posso afirmar que o que eu sei de melhor é precisamente escrever e que é consagrando-me a esta espécie de atividade que eu poderei prestar melhores serviços ao proletariado e ao Partido. Não digo que esses serviços serão melhores que os que outrem possam prestar. O que eu digo é que são os melhores *que eu posso prestar*. Digo e provo. E os camaradas também o comprovam, implicitamente, visto que não discutem nem combatem a linha defendida e sustentada em meus escritos. Pergunto aqui: por que e para que insistir em dar-me tarefas que eu não tenho capacidade para cumprir satisfatoriamente, quando a minha capacidade pode ser mais utilmente empregada em outras tarefas que eu melhor que os outros camaradas poderei realizar?
> Mero escrivinhador de papel. Eis o que sou por vocação e por ofício. O meu erro principal no passado terá sido o de querer forçar a minha índole para as quais não era suficientemente apto. Compreendo hoje que não deveria nunca tê-los aceitado. Seria, portanto, a mais respeitada prova de contrassenso de minha parte repetir a malograda experiência. Não repetirei. Volto a ser simplesmente o que jamais devia ter deixado de ser – mero escrivinhador de papel. Vou dedicar-me exclusivamente a esta tarefa: escrever, traduzir, editar. Tarefa limitada, bem sei, mas a única que eu presumo poder realizar com acerto e proveito. Dentro destes limites, eu servirei como sempre à IC e ao Partido, modestamente, mas fielmente.[21]

Encerrava a carreira do dirigente, iniciava a carreira do intelectual. E, com ela, a procura de uma militância específica para o intelectual, que se limitaria a atividades relacionadas à crítica cultural e, no limite, à formulação de uma política cultural. A primeira iniciativa nesse sentido foi a publicação de um livro, seu primeiro, ainda no campo específico da política, no qual fazia um balanço do que considerava o essencial no período que envolve o fim dos anos 1920 e os primeiros anos da década de 1930.

---

[21] Carta datada de 22 a 25 de janeiro de 1932.

O livro, intitulado *URSS Itália Brasil*, foi assim apresentado em seu prefácio:

> Este livro é como Portugal e os jumentos: é pequeno, mas tem uma história grande... Ele foi escrito em várias épocas diversas e lugares diversíssimos, de 1929 a 1934, em Moscou, em São Paulo, em Porto Alegre, no interior do Estado do Rio, no Rio.[22]

URSS Itália Brasil

Afastado do partido[23], Astrojildo publicou seu primeiro livro em 1935, com data de 1934, à sua custa. Esse livro, como o próprio título indica, está dividido em três partes e, em seu prefácio já apontado, comenta os anos de silêncio:

> Há pouco mais de dois anos que me encontro afastado das fileiras do Partido Comunista, alheiando-me desde então, voluntariamente, de qualquer atividade política. Mantive-me em completo silêncio durante todo esse tempo. Quase nada escrevi. Nada publiquei. Fiquei assuntando, assuntando... Devorei muitos livros, remastigando e ruminando mais de um. Empanturrei-me, sobretudo, de livros

---

[22] Astrojildo Pereira, "Posfácio importante", em *URSS Itália Brasil*, cit., p. 171.
[23] "Afastado do PCB desde o segundo semestre de 1931, Astrojildo Pereira casou-se com Inês, filha de Everardo Dias, outro excluído do PCB, em abril de 1932, transferindo-se para Rio Bonito, sua cidade natal, a fim de cuidar de um negócio de produção e comercialização de bananas pertencente à sua família. Dedicou-se então ao estudo da literatura brasileira e, principalmente, à leitura de grande quantidade de textos de inspiração autoritária e fascista, que eram publicados no Brasil desde 1930. Embora estivesse sendo tratado com injustificável desprezo pelo PCB, Astrojildo Pereira jamais tomou uma atitude repulsiva em relação ao partido e ficou esperando um momento adequado para retornar à organização da qual fora o principal fundador"; Marcos Del Roio, *A classe operária na revolução burguesa*, cit., p. 214. Esse período, de 1934 a 1944, marca a fase mais produtiva intelectualmente de Astrojildo Pereira, em que publica seus ensaios fundamentais, base deste trabalho. Foi assim registrado pelo escritor Graciliano Ramos, em 1945, quando escreveu para um folheto de campanha eleitoral da candidatura de Astrojildo para a Câmara dos Vereadores da cidade do Rio de Janeiro, pelo PCB então legalizado, que o aceitara de volta como "intelectual", na qual não foi eleito: "Homem de pensamento e ação, Astrojildo Pereira tem imensa dignidade. Os seus anos de vacas magras não foram sete, como os do sonho de José, mas três vezes sete. Durante esse tempo, quando muitos intelectuais se vendiam, Astrojildo, para aguentar-se na vida, preferiu vender frutas numa quitanda". Mas os anos de "vacas magras" do militante foram exatamente os anos de vacas gordas do intelectual, como tentarei demonstrar a seguir.

reacionários, triturando quase toda, senão toda, a literatura contrarrevolucionária nacional, fascista, semi-fascista e pró-fascista, editada entre nós de 1930 em diante. Depois de tudo, creio que devo agora quebrar o silêncio[24].

Tentou quebrar o silêncio em pouco mais de dois anos, mas acabou levando mais tempo, só conseguindo publicar seu primeiro livro no final de 1935. Foram várias as tentativas de conseguir editor: alguns pediam tempo para os textos serem lidos por "leitores" e devolviam elogiando e desculpando-se, outros exigiam algum tipo de pagamento e teve até quem desse a palavra de que publicaria, mas demorou tanto que Astrojildo, constrangido, resolveu "liberar" o editor de sua palavra não confirmada. Em suma, depois de mais de um ano de peripécias, resolveu assumir os custos e publicar *hors commerce*, como o definiu, numa tiragem limitada de 180 exemplares. Os exemplares foram numerados e rubricados, o que indicava, assim escreveu ironicamente, que "o grande público não tomará conhecimento do livro, nem perderá muito com isso; em compensação, eu me consolarei com a perspectiva de vir a ser algum dia o autor de uma raridade bibliográfica"[25]. O que realmente acabou por se confirmar: o livro se tornou uma raridade e acabou virando parte de tema de pelo menos uma tese acadêmica.

A primeira parte do livro, como o título indica, trata da experiência vivida por Astrojildo Pereira na União Soviética em 1929. Por meio de "quatro cartas de Moscou" são abordados o V Congresso dos Soviets (carta de 27 de maio), o plano quinquenal (10 de junho), a luta de classes na União Soviética (30 de junho) e a política exterior (15 de junho). Como complemento, um capítulo escrito em Rio Bonito em 1933 sobre os resultados do 1º Plano Quinquenal. Em suma, como que prestando contas, dessa vez a partir de Moscou, do que iniciou no ano de 1918 com o folheto *A Revolução Russa e a imprensa*. Como se pode notar logo à primeira vista, a ordem dos textos não segue um princípio cronológico – a carta de 30 de junho vem antes da de 15 de junho –, mas um princípio lógico que permeia todo o texto aborda, dentro do que é considerado uma metodologia marxista, os principais aspectos das transformações que se operavam na União Soviética, ainda em contraponto com o que se divulgava

---

[24] Astrojildo Pereira, *URSS Itália Brasil*, cit., p. 172. Esse livro teve uma edição fac-símile pela editora Novos Rumos, em 1985, sob minha coordenação editorial e apresentação de Heitor Ferreira Lima e, em 2022, uma nova edição publicada pela Boitempo.
[25] Ibidem, p. 173.

pelas agências internacionais. Esses principais aspectos são vistos pela ênfase, em primeiro lugar, na organização política, seguido pela economia, sociedade e política internacional.

A primeira "carta", datada de 27 de maio de 1929, comenta com entusiasmo o V Congresso dos Sovietes, realizado em Moscou. Sempre de um ponto de vista de classe, na defesa da "ditadura do proletariado" como uma "efetiva democracia para os trabalhadores"[26], por meio de números, com os quais considera fazer uma rigorosa demonstração da diferença quantitativa com as "democracias burguesas". Mas é nos comentários qualitativos, não isentos de emoção, que fica evidenciado o entusiasmo do militante diante de um acontecimento que julga histórico e irreversível:

> Assisti à inauguração e tenho assistido às diversas sessões do Congresso, as quais se realizam no Grande Teatro. Na sessão inaugural, o teatro estava totalmente cheio. Os deputados, em número superior a mil, ocupavam toda a plateia e mais as cinco ordens de frisas, camarotes e torrinhas. No palco enorme encontra-se a mesa do Presidium e, por detrás, o que nós chamaríamos de galerias, isto é, o público que assiste, sempre numeroso. No grande camarote em frente ao palco estão os diplomatas estrangeiros.
> É variadíssima a indumentária dos congressistas, operários e operárias, camponeses e camponesas, velhos, maduros, jovens, representantes de todas as diversas regiões soviéticas, em geral com seus trajes locais típicos, ou com a blusa, ou com a rubasca de todos os dias. São muitas as mulheres, quase todas de lenço à cabeça. É claro que não aparece nenhum gafanhoto de fraque ou de casaca – nem mesmo entre os diplomatas estrangeiros...
> Às 6 horas da tarde em ponto (foi no dia 20), o camarada Kalinine, presidente da União Soviética, ocupa a cadeira da presidência e dá por inaugurado o V Congresso dos Sovietes da URSS. Uma banda de música toca a Internacional. Toda aquela multidão se põe de pé – inclusive diplomatas, solenes sujeitos, os únicos solenes ali, representantes da burguesia capitalista mundial... Eu olhava-os, contente da vida, como quem diz: aguenta firme![27]

Nesse momento, a objetividade dos números cede lugar ao sabor da crônica e cria, apesar do parcialismo evidente, um texto emocionante, participante, e

---

[26] Ibidem, p. 50.
[27] Ibidem, p. 50-1.

perigosamente, por ser fruto de uma crença adquirida, manipulador. É uma linguagem de publicista – de excelente publicista –, que é evidenciada no desespero do texto articulado, entre a objetividade dos números oficiais, base também para a imprensa internacional citada como fonte confiável pela oposição que fazia ao novo regime, e o depoimento pessoal, marcado por uma profunda e indiscutível sinceridade, como prova de se estar diante de um evento histórico único, aquele que levaria à total superação da opressão e da infelicidade humana. O cronista subversivo, neste sublime momento, vislumbrava, tal como o poeta Dante diante de Beatriz, a verdadeira construção de um paraíso na Terra.

Tudo parecia comprovar uma tese e um acompanhamento: os resultados do plano quinquenal mereceram um artigo mais elaborado e escrito no Brasil, mais exatamente em São Paulo, com data de março de 1931. Este texto foi escrito como posfácio de uma tradução brasileira do livro *O plano quinquenal na URSS*, publicado pela Companhia Editora Nacional "Lux", de São Paulo. O que se buscava nesse texto era a confirmação de que "o capitalismo é empírico. O socialismo é científico"[28]. Em defesa do plano, Astrojildo arrola seis demonstrações da "superioridade do sistema socialista": melhoria na renda nacional, na produção industrial, na coletivização da agricultura, nas inversões de capitais, no orçamento do Estado e, principalmente, nas condições de vida dos operários. Mesmo acreditando-se nos números, e nada parece supor serem falsos, algumas perguntas poderiam ter sido feitas ao autor, a principal delas, o custo humano da coletivização da agricultura e até o maior crescimento, mesmo em porcentagens aceitas pelos órgãos oficiais, do orçamento na manutenção do próprio Estado (24% superior às próprias previsões do plano quinquenal)[29]. O fato é que a crise econômica mundial não atingiu a União Soviética naquele momento, permitindo que a construção do "socialismo em um só país" conseguisse resultados realmente surpreendentes, como atestam diversos jornais citados por Astrojildo, em texto complementar escrito já em Rio Bonito (novembro de 1933), tais como o *Financial Times*, de Londres

---

[28] Ibidem, p. 78.
[29] "5. Os orçamentos do Estado: o Plano previa, para os dois primeiros anos, um total de 17 milhões de rublos; esta previsão foi considerada ultrapassada, atingindo na realidade o total de 21 bilhões, portanto 24% a mais"; ibidem, p. 76. Mesmo superior ao plano, é maior, pelos próprios dados apresentados, que a renda nacional (6%), a produção da indústria (4%) e as inversões de capital (9%), o que demonstrava um crescimento do aparelho de Estado maior que as outras atividades, num contexto político de fortalecimento de Stálin na máquina partidária que controlava todas as atividades políticas.

("Não é possível por em dúvida os sucessos alcançados na indústria de construções mecânicas"), o *Neue Freie Presse*, de Viena ("Podemos maldizer o bolchevismo; não, porém, escondendo a verdade..."), ou mesmo o norte--americano *The Nation* ("Os quatro anos do plano quinquenal produziram realizações realmente notáveis. A União Soviética se consagrou com intensa atividade, própria do tempo de guerra...").

O livro de Astrojildo se inicia com as realizações da União Soviética, principalmente no campo da economia e da política, mas seu alvo é outro, como demonstram os demais capítulos, dedicados à situação italiana e a situação brasileira. É nessa parte, de crítica, que reside sua maior contribuição. Os textos relativos à experiência soviética não escondem seu posicionamento político nem abordam nenhuma restrição à situação do partido no contexto do início dos anos 1930, marcado pela "obreirização". Fiel à Internacional Comunista e ao fortalecimento de Stálin, os textos de Astrojildo buscam confirmar uma crença inabalável: a de que o processo histórico é irreversível e a vanguarda do proletariado deve conduzi-lo. Mas é na crítica ao fascismo italiano e à situação brasileira que a crônica subversiva transformada em livro ganha maior vigor.

A base para Astrojildo Pereira realizar sua crítica ao fascismo italiano é um livro publicado em 1930: *Finances italiennes,* de George Valois[30], que é assim apresentado: "Quantos acompanham a vida política e mental da França, sobretudo no período posterior à Grande Guerra, conhecem a figura de George Valois, publicista, livreiro e político, organizador e chefe do fascio francês, cuja atividade social foi, durante certo tempo, das mais intensas"[31]. Valois esteve em Roma, em 1926, para conhecer a obra de Mussolini, o qual denominava de *"Duce magnífico"*. Decepcionou-se. Acabou escrevendo um livro para registrar seu arrependimento:

> George Valois compôs o seu volume baseado nos algarismos e nos fatos constantes das estatísticas oficiais, publicados pelo governo fascista, das publicações financeiras do Senado e da Câmara e bem assim dos relatórios anuais dos maiores bancos e mais importantes indústrias da península. A lealdade do autor é perfeita. Estribado nos próprios documentos fornecidos pelo fascio é que ele demonstra, irrefutavelmente, "a total falência econômica e financeira do fascismo"[32].

---

[30] George Valois, *Finances italiennes* (Paris, Librarie Valois, 1930).
[31] Astrojildo Pereira, *URSS Itália Brasil*, cit., p. 91.
[32] Ibidem, p. 92.

Por meio da resenha do livro, Astrojildo Pereira busca questionar da trajetória de Mussolini até a propaganda feita no exterior, que exaltava o Estado fascista como "modernista", "realizador", "esportista", em suma, "futurista". Mas, no fundo, era um Estado passadista, militar, regressivo, comandado por uma "ditadura de um bando". Astrojildo conclui, com base no texto de Valois, que o fascismo era um legado de bárbaros, restaurador de um sistema arcaico e que a Itália somente se recuperaria se derrubasse o fascismo e instaurasse "um novo sistema em que o Estado seja o aparelho administrativo da produção e dos produtores livremente associados"[33].

Comentando a economia italiana, as relações com o estrangeiro, a crise da indústria, a falência dos bancos, a situação financeira, a aventura da estabilização da lira, a falência da administração local, os desperdícios das administrações públicas, as dívidas externas, o acordo financeiro com o Vaticano, a organização fascista no estrangeiro, as colônias italianas e a situação demográfica, a resenha de Astrojildo sobre o livro de Valois aponta um método de conceber o diagnóstico da situação real de um país, coerente com o que empregou, só que dessa vez favorável, no caso soviético. Três momentos se destacam nesse diagnóstico para o público brasileiro: a trajetória de Mussolini, a estabilização da lira italiana e a propagação do fascismo no mundo.

1. A trajetória política de Mussolini

> Toda a vida política de Mussolini é um rosário de incoerências, negações e contradições. Ele passou do extremo internacionalismo ao extremo nacionalismo. Da esquerda mais revolucionária para a direita mais reacionária. Do ateísmo mais desabusado ao papismo cem por cento. De republicano a mais realista que o próprio rei. Em 1919, o fascismo aparecia com uma mistura louca de sorelismo, proudhonismo, sindicalismo, antimarxismo, tudo isso lambuzado de nacionalismo furioso...[34]

2. A estabilização da moeda italiana

> No seu famoso discurso de Pesaro, modelo insuperável de desvario político, pronunciado a 18 de agosto de 1926, Mussolini assim se exprimiu, arrogantemente:

---

[33] Ibidem, p. 95.
[34] Ibidem, p. 92.

"Eu desejo dizer-vos que nós conduziremos com a maior firmeza a batalha econômica para defender a lira, e desta praça, a todo o mundo civilizado, eu digo que defenderei a lira até o meu último suspiro, até a minha última gota de sangue". Este discurso foi relembrado pelo próprio Mussolini a 21 de dezembro de 1927, dia da publicação do decreto-lei da estabilização da lira.[35]

3. A organização fascista no mundo

Depois de mostrar, com os dados do próprio governo fascista, a que situação de ruína econômica a ditadura mussoliniana reduziu a Itália, o nosso autor denuncia à opinião do mundo o que é a organização de espionagem exercida pelo fascio no estrangeiro. Segundo a concepção fascista, os 10 milhões de italianos que vivem no estrangeiro devem pôr-se ao serviço do regime político instituído pela ditadura da camisa negra. Daí, a organização do fascio italiano no exterior, sob a direção do governo de Roma.[36]

Na comparação documentada entre a União Soviética e a Itália, do plano econômico ao político, o livro de Astrojildo Pereira não esconde, é claro, sua preferência de militante revolucionário que vê no fascismo seu pior inimigo, mas também confirma seus objetivos de publicista comunista: implicitamente, o que se trata aqui não é a organização de um novo Estado ou o descalabro das finanças de outro, mas principalmente reconhecer que havia dois caminhos para o Brasil trilhar naquele contexto histórico: a revolução comunista ou a instalação de uma ditadura fascista. O militante, afastado das atividades práticas do partido que ajudou a criar, buscava a unidade de seu primeiro livro, publicado aos 45 anos de idade, não sendo, portanto, nenhum jovem, mas um seguro estudioso das questões históricas e políticas. O alerta acabou por se confirmar pelo lado mais obscuro, logo após a publicação de seu modesto panfleto em forma de livro, que poucos leram, com a derrota da desastrada tentativa de se realizar uma revolta armada no Brasil, no episódio que ficou conhecido como intentona comunista, e que não contou com sua participação, mas que seguramente teve sua aprovação enquanto "assuntava".

Diferentemente dos capítulos dedicados à União Soviética e à Itália, com longos e até tediosos relatórios quantitativos, não primando muito pela ori-

---

[35] Ibidem, p. 104.
[36] Ibidem, p. 112.

ginalidade, por se basearem ora em fontes oficiais, ora em livro de fascista arrependido, os capítulos dedicados ao Brasil primam pela originalidade de abordagem, pela perspicácia política e, principalmente, já demonstram haver, por trás de um cronista que colocava sua pena à causa revolucionária, um escritor cuidadoso e um pesquisador sério. Os textos incluídos nos capítulos sobre o Brasil, intitulados "Manifesto da contrarrevolucão"[37] e "Campo de batalha"[38], merecem estar entre os principais escritos sobre o país, no calor da hora, naqueles complexos e fecundos anos 1930.

Uma das graves acusações que pesaram sobre Astrojildo Pereira, como que para provar que ele não passava de um "intelectual pequeno-burguês", residia no fato de ele colaborar com algumas publicações não comunistas, mesmo que tivessem uma orientação de esquerda. É o caso de sua colaboração no jornal *O Homem do Povo*, dirigido por Oswald de Andrade e Patrícia Galvão. Astrojildo publicava seus textos com pseudônimo e o jornal era dirigido por intelectuais que já se consideravam comunistas. Tanto é que sofreu um empastelamento provocado por estudantes – de direito e de direita – da Faculdade de Direito do Largo São Francisco[39]. A outra publicação tinha um perfil mais complicado para um comunista: *O Tempo* era um órgão da Legião Revolucionária de São Paulo, comandada pelo general Miguel Costa, que teve importante participação na Coluna Prestes, às vezes também denominada "Miguel Costa-Prestes". Como parte do tenentismo, esse movimento apoiava o Governo Provisório instaurado com a Revolução de 1930. E Miguel Costa pretendia ser nomeado interventor em São Paulo, com forte oposição dos setores dominantes do Estado.

---

[37] Publicado originalmente na revista *O Tempo*, São Paulo, em 5 de março de 1931, e sobre o qual, como já foi visto, Astrojildo foi criticado pelo partido por colaborar em publicação não autorizada.

[38] Escrito em Rio Bonito, entre novembro de 1933 e maio de 1934.

[39] No mesmo período em que Astrojildo Pereira defendia-se por ter colaborado no jornal *O Homem do Povo* e concordava com as críticas feitas pelo partido à iniciativa de Oswald de Andrade, o jornal virava manchete na *Folha da Noite*: "Um justo revide dos estudantes de Direito aos insultos de um Anthropophago", com o seguinte *lead*: "Oswald de Andrade, que classificou a Faculdade de Direito como sendo um 'cancro' que mina o nosso Estado, foi agredido e quase linchado em plena Praça da Sé". Essa foi a manchete no dia 9 de abril de 1931. No dia 13 de abril, a *Folha da Noite* noticiava que o jornal que havia sido empastelado por estudantes do Largo São Francisco era suspenso por ordem do delegado-geral da Capital e seus diretores, processados. Enquanto a direita paulista impedia o direito à liberdade de expressão de modernistas, o "partido da classe operária" discutia a expulsão dos "intelectuais"...

Como se sabe, o movimento armado de 1932 de São Paulo, com grande participação popular, teve início em um tiroteio contra a sede da Legião Revolucionária, onde, entre vários feridos, morreram os quatro estudantes cujas iniciais formaram o nome do movimento: MMDC[40]. Mas logo após 1930, o quadro político e a posição da Legião não eram muito claros. A colaboração de Astrojildo na publicação pode ter relação com a tentativa por ele iniciada em 1927, de aproximação com os "tenentes" e, por isso, teve seu reconhecimento de um "erro" a ser corrigido. Mais que isso, Astrojildo, fiel ao partido, mesmo em processo de marginalização, resolveu estudar a publicação e descobriu nela componentes ideológicos que a aproximavam do fascismo.

Em sua análise do *Manifesto* da Legião Revolucionária de São Paulo, que havia sido publicado em *O Tempo* (edição de 5 de março de 1931), em texto datado de abril do mesmo ano (antes, portanto, de sua expulsão), Astrojildo destaca alguns pontos que provariam ser o texto redigido por Plínio Salgado, expressando uma "ideologia confusa, contraditória e delirante de certa camada de intelectuais pequeno-burgueses"[41]. E o objetivo do texto seria chamar a atenção dos riscos incluídos naquele documento político. O primeiro aspecto é o da defesa de uma "brasilidade integral". Astrojildo recorda ter sido criado o termo "brasilidade" pelo conde Afonso Celso (o mesmo a quem ele recorreu quando jovem atrás de um emprego, já apontado), como sinônimo de nacionalismo. A brasilidade radical e intransigente era apontada no documento como a única solução para os "problemas brasileiros", o que chocava o revolucionário internacionalista:

> Os problemas brasileiros são, na sua essência, problemas mundiais. A linha geral que os caracteriza é a mesmíssima. A solução deles só pode ser encontrada, logicamente, no plano mundial. As peculiaridades nacionais e regionais são sempre secundárias, condicionando apenas a aplicação prática local das soluções.[42]

O que o *Manifesto* pregava, aos olhos de Astrojildo, era uma fórmula equivocada, por não levar em conta a realidade econômica e social, em favor da formação de uma "quinta raça". Ao condenar, no que Astrojildo concorda,

---

[40] Sobre a guerra paulista de 1932, existe uma enorme e diversificada bibliografia. Uma introdução, de caráter didático, pode ser vista em Martin Cezar Feijó e Noé Gertel, *A guerra civil paulista de 1932* (São Paulo, Ática, 1998, coleção Guerras e Revoluções no Brasil).
[41] Astrojildo Pereira, "Manifesto da Contrarrevolução", em *URSS Itália Brasil*, cit., p. 129.
[42] Ibidem, p. 130.

um "lírico e perigoso messianismo", propõe-se uma retomada do "me-ufano-
-de-meu-país". A "solução" apresentada pelo *Manifesto* estaria na substituição
de uma "civilização geológica" (fundamentada nos minérios) por uma "civilização geográfica" (fundamentada na natureza). Astrojildo vê nessas propostas,
que não levam em conta a complexidade das relações internacionais baseadas
em poderio econômico, uma forma de camuflar a questão para ele central: o
capitalismo e sua etapa superior na fase imperialista. E, nesse caso, a "realidade brasileira" não seria diferente da de "todos os países agrários e coloniais
do tipo do Brasil – a Índia, a Pérsia, a Austrália, os países africanos, os países
nossos companheiros desta América chamada latina"[43]. Ou seja: a chamada
realidade brasileira não poderia ser vista isolada da realidade internacional e
suas soluções deveriam ser parte de soluções internacionalistas. Astrojildo,
coerentemente, defendia algo que já não era prioritário na Internacional
Comunista, a defesa de uma revolução mundial. E demonstrava fazer uma
leitura própria da situação brasileira que não correspondia mais ao que o PCB
adotava como programa político, mesmo que ele assim julgasse ou quisesse.

O grande mérito desse texto não está, portanto, na influência política
que possa ter exercido, mas na perspicácia da observação dos acontecimentos políticos e na relação entre o texto comentado e o contexto vivido. Os
acontecimentos posteriores confirmaram a avaliação de Astrojildo como um
manifesto não apenas "confuso", mas principalmente ideologicamente identificado como um documento proto-facista. Ao exprimir-se com o que ele
chama de "fraseologia baralhada e diluída" em favor de uma "afirmação nacional", o manifesto tinha, "sem tirar nem pôr, as mesmas ideias características
que servem de fundo à ditadura fascista, na Itália e alhures"[44]. Em suma, as
"legiões revolucionárias" seriam uma versão brasileira das "milícias fascistas".

Astrojildo retira esta posição do programa da Internacional Comunista,
aprovado pelo VI Congresso Mundial, de 1928, que entendeu o fascismo como
a ditadura direta do grande capital. Seu objetivo, assim como sua força, seria
o de "barrar, desviar ou esmagar pelo terror branco o movimento revolucionário da classe operária e em primeiro lugar a sua vanguarda comunista"[45].
Intitulando-se "revolucionárias", as ligas no Brasil seriam contrarrevolucionárias, seus choques regionais refletiriam apenas "contradições internas que

---

[43] Ibidem, p. 134.
[44] Ibidem, p. 141.
[45] Ibidem, p. 142.

dividem as classes dominantes brasileiras", mas também estariam a serviço de "tal ou qual imperialismo":

> Brasilidade radical, nacionalismo puro, horror ao exotismo, exaltação nativista, xenofobia política, fraseologia por vezes anticapitalista e anti-imperialista... – Tudo isso é tapeação. Óleo de rícino com o rótulo de guaraná.[46]

Mas a análise do quadro político nacional não ficaria completa sem o quadro institucional inaugurado com a "revolução de 1930". É do que trata o último capítulo do livro: "Campo de batalha". Dividido em cinco partes – "O mundo e o Brasil", "A ditadura outubrista", "Manobras imperialistas", "A Constituinte e a Constituição", e "Para onde vamos?" –, o texto resgata uma retórica de vanguarda política dos tempos da *Crônica subversiva*: clareza na exposição, emoção nos comentários mordazes, defesa dos princípios revolucionários, equilíbrio entre as partes, coerência nos ataques pela posição definida de classe e articulação entre os problemas nacionais e os internacionais, no que se refere ao conteúdo do manifesto em forma de análise. É, assim como na fase anarquista, um texto de combate, uma argumentação a favor de uma causa, assumidamente ideológico, com escrita e sintaxe apuradas, mas marcado por surpreendente objetividade.

O "vasto campo de batalha política e social" que marca o mundo em que o texto foi escrito – entre novembro de 1933 e maio de 1934 – é da real possibilidade de uma revolução mundial e, em contrapartida a isso, das diversas manifestações de soluções autoritárias como formas de impedi-la ou de solucionar nos quadros do capitalismo a crise mundial. As soluções não seriam, portanto, exclusivas no âmbito nacional. O campo de batalha apontava para dois caminhos: um representado pela disputa de hegemonia da economia mundial entre a City de Londres e a Wall Street de Nova York; e outro, pela então considerada capital da revolução mundial, Moscou. Há, nessa análise de disputas entre forças imperialistas de um lado e uma força revolucionária de outro, certo esquematismo próprio dos panfletos que visam mais convencer do que esclarecer. Mas também há um registro preciso de uma leitura crítica das posições políticas que marcam as forças hegemônicas no país. Os discursos dominantes, sejam eles os do Governo Provisório, sejam os das oposições regionais, como a que desencadeou o movimento

---
[46] Idem.

paulista de 1932, escondiam seus verdadeiros interesses econômicos em jogo e a situação internacional. A própria Constituinte, ainda não concluída enquanto esse texto estava sendo redigido, buscava, na verdade, promover a conciliação entre os setores dominantes, a confirmação de interesses diversos no interior de um "fenômeno básico" e evitar uma verdadeira "revolução democrático-burguesa "(uma 'revolução sem aspas'), que poderia tornar--se, como na Rússia, uma 'revolução proletária'". O compromisso não seria apenas entre os novos integrantes dos setores dominantes, mas também com os que detinham o poder antes do movimento de 1930. O fundamental seria excluir os setores operários e camponeses, mesmo que para isso se adotassem soluções do tipo fascista. Astrojildo antevê, com exemplos que vão do Ministério do Trabalho adotando normas italianas, aos rígidos controles sindicais sob a alegação de "proteger" os operários e dar um rótulo "socialista" ao governo que se instalara:

> Não foi por mero acaso que a ditadura outubrista colocou na pasta do trabalho, para inaugurá-la, ao sr. Lindolfo Collor, antigo jornalista e deputado conservador, o mesmo homem que antes de outubro, por suas habilidades demagógicas, merecera o encargo de redigir o programa da Aliança Liberal; e não foi também por mero acaso que a escolha de seu substituto haja recaído no sr. Salgado Filho, cujo treino "socialista" se fez, depois de outubro, justamente na antiga 4ª Delegacia auxiliar, e logo a seguir na chefia de polícia...[47]

Unindo o geral ao particular, no qual os campos de batalhas sempre representam forças maiores que aquelas que dizem representar, Astrojildo vê uma vitória do que chama de "outubrismo" exatamente na instalação de um regime de cunho fascista que resolve os problemas do capitalismo à custa dos trabalhadores.

> Segundo os propagandistas do fascismo, a luta de classe desaparece com a implantação de um Estado totalitário, onde o partido único, representando os interesses "gerais" e "supremos" da nação, governa por sobre as classes e categorias sociais, acima dos antagonismos de grupos. Histórias! Precisamente, o fascismo "totalitário" representa sempre o interesse do grupo mais reacionário da burguesia, o do capital

---

[47] Ibidem, p. 150.

financeiro e monopolista. É assim na Itália e na Alemanha, para citar ao mesmo tempo o mais velho e o mais novo exemplo de dominação fascista aberta...⁴⁸

O verdadeiro fim da luta de classes não passava pelo fascismo, que antes a acirrava, pela violência do Estado em depurá-la, mas por outro caminho, o caminho apontado como o único alternativo àquela situação mundial. Seria o caminho indicado pelo Partido Comunista, o qual Astrojildo deixa bem claro que se refere ao "Partido Comunista do Brasil, seção brasileira da Internacional Comunista, e não a qualquer outro partido ou governo (como o trotskista) que pretenda aparecer com essa ou semelhante denominação"⁴⁹. Como o caminho de Damasco, na salvação religiosa, o declaradamente antimessiânico, acabava por assumir uma visão quase mística da capital da revolução mundial:

> O único caminho que vai ter a Moscou. Não tenhamos medo das palavras. Os melindrosos do nacionalismo integral pequeno-burguês tremem de horror diante desta só expressão: Moscou. Bobagem, faniquito, quando não é safadeza oculta. O caminho de Moscou não é o caminho de subordinação a Moscou, mas o caminho de libertação do jugo capitalista e imperialista, porque só Moscou luta na realidade contra o capitalismo e o imperialismo. É uma questão de fato, já provada por dezesseis anos de existência vitoriosa da União Soviética e comprovada pelos mesmos dezesseis anos de luta mundial do capitalismo mundial contra Moscou.⁵⁰

No campo de batalha decisivo, o cronista subversivo escolhe seus adversários e estabelece as armas, mas não conta com uma possibilidade: a de que o que julgava religiosamente como certo e seguro vivia naqueles anos tanto tumulto, tantas contradições quanto as que ele apontava como apenas as vividas no

---

⁴⁸ Ibidem, p. 160. Curiosa aqui a utilização do conceito de totalitarismo para o caso fascista. Esse conceito deveria ser adotado pelos textos comunistas bem antes da elaboração que se tornou paradigmática de Hanna Arendt. O problema é que no conceito de Arendt, que pode ter sua origem em leituras de documentos comunistas, acaba valendo também para o caso soviético, o que seria considerado por Astrojildo uma heresia sem tamanho, pelo menos na época em que escrevia esse texto, mesmo que estando marginalizado do partido que ajudou a criar e ao qual se manteve fiel por toda a vida.

⁴⁹ Ibidem, p. 167. Como todo texto visando à ação, próprio do específico das "crônicas subversivas", o caminho apontado não deixava dúvidas. Mas isso não invalida a análise precisa que fazia do quadro nacional; pode denunciar uma ilusão que acabou não se confirmando, mas isso é outra história e que não foi vivida pela geração de Astrojildo Pereira.

⁵⁰ Idem.

"campo imperialista". "Campo de batalha" é, sem dúvida, um belo texto, convincente, sincero, explosivo e esperançoso, mas que, apesar de sua pertinente análise, a história demonstrou ser em sua conclusão excessivamente ingênuo. Moscou deixava de ser exatamente naquele período a capital da revolução mundial – mesmo porque quando ela de fato o fora, havia escolhido Berlim como a capital mundial da revolução –, para ser a sede do "socialismo em um só país", no fortalecimento do stalinismo que fez do próprio Astrojildo uma vítima. Vítima que não sofreu as consequências de um Trótski, um Bukharin, um Serge e tantos outros, milhares ou milhões, mas que não se libertou de alguns dogmas adquiridos, que não teve, como Gramsci, uma possibilidade de voo político próprio, quando na prisão, elaborando uma crítica consistente aos caminhos soviéticos, ou mesmo de um Lukács, mais sutil, também por estar fisicamente mais próximo do perigo. Mas, apesar disso e não por causa disso, a grande contribuição intelectual de Astrojildo ainda estava por se fazer.

Astrojildo caminha em rua de São Paulo, entre os anos 1930-1940. Arquivo ASMOB/IAP/CEDEM.

Segunda parte
A AÇÃO DO DISCURSO

A vanguarda intelectual de cada país reescreveu ou revalorizou o passado para encaixá-lo nas exigências contemporâneas.
Eric J. Hobsbawm

Para uma grande classe de casos – mesmo que não para todos – de utilização da palavra "significado", pode-se explicar esta palavra do seguinte modo: o significado de uma palavra é seu uso na linguagem. E o significado de um nome se explica, muitas vezes, ao se apontar para o seu portador.
Ludwig Wittgenstein

> A Astrojildo Pereira,
> com o maior aprêço
> e tôda a simpatia
> do
> Guimarães Rosa
> Rio, 11.VII.56.

GRANDE SERTÃO : VEREDAS

Dedicatória de João Guimarães Rosa para Astrojildo, escrita em 1956, em uma edição de *Grande Sertão: veredas* lançada pela José Olympio.

V
CRÍTICA CULTURAL
LITERATURA E REVOLUÇÃO

Talvez caiba agora responder a objeção do leitor comum, quando confrontado com interpretações elaboradas e engenhosas, de que o texto significa apenas o que diz. Infelizmente, nenhuma sociedade já se mostrou mais mistificadora, de maneiras tão variadas, que a nossa, saturada como é de mensagens e informações, que são os próprios veículos da mistificação (a linguagem, como diz Talleyrand, nos foi dada para que escondamos nossos pensamentos).

Fredric Jameson[1]

Creio que a base para essa compreensão implica ir além da questão do gosto do crítico Astrojildo: implica em considerar a sua atitude diante do fato literário. E essa sempre se orientou no sentido de apanhar a literatura sem bitola ou viseiras, sem preconceitos de qualquer espécie. No fundo, a repugnância de Astrojildo por qualquer tipo de sectarismo cultural é que me parece a responsável pelo seu profícuo exercício crítico. Mais: é esse traço da sua crítica que entendo como atual e modelar.

José Paulo Netto[2]

Em 1945, o crítico e historiador Nelson Werneck Sodré publicou um livro que merece uma reedição atualizada e que, com certeza, não seria um projeto para um único pesquisador, por mais equipado intelectualmente que pudesse estar, como Sodré estava. O livrinho se chamava *O que se deve ler*

---

[1] Fredric Jameson, *O inconsciente político: a narrativa como ato socialmente simbólico* (trad. Valter Lellis Siqueira, São Paulo, Ática, 1992), p. 55.

[2] O texto de José Paulo Netto, "Astrojildo: política e cultura", foi utilizado como apresentação em Astrojildo Pereira, *Machado de Assis: ensaios e apontamentos avulsos* (Belo Horizonte, Oficina de Livros, 1991), p. XIV, e depois publicado em seu livro *Marxismo impenitente* (São Paulo, Cortez, 2004).

para conhecer o Brasil[3]. Era um catálogo de obras fundamentais da história e da cultura brasileira na concepção daquele ousado crítico. Nessa título, muitas obras que Sodré enumerou talvez não merecessem estar, e algumas outras deveriam ser acrescentadas, formando um cânone crítico mais atualizado para nossa formação cultural. Uma delas, como se tentará demonstrar a seguir, deveria com certeza fazer parte desse acervo reconhecido pela nação como obra fundamental do pensamento social e estético. Mesmo que fosse circunscrita a um fim de um período muito rico na história mundial, o que coincide com a publicação de Sodré, no contexto do fim da Segunda Guerra Mundial, em 1945. Essa obra é um livro escrito por Astrojildo Pereira e publicado em 1944, com o título *Interpretações*[4]. Nele praticamente se resume toda a obra de Astrojildo[5], da reflexão política à crítica literária, da crônica subversiva à origem de uma política cultural. Dedicado ao escritor e amigo Octavio Tarquínio de Sousa, o livro contém um pequeno prefácio que aponta para uma declarada "presunção de unidade": "a unidade do ponto de vista, para não dizer pretensiosamente unidade de linha doutrinária ou filosófica". No mínimo, "uma contribuição sincera". Mas é na orelha da capa, que vale a pena reproduzir, em texto não assinado, que o livro é apresentado como um acontecimento:

> *Interpretações* é o título do primeiro livro propriamente literário de Astrojildo Pereira. Não é este autor, entretanto, um estreante das letras nem da vida. Ensaísta e pensador, já escreveu muito em vários jornais e revistas do Brasil, inclusive "Machado de Assis, romancista do Segundo Reinado", pequeno ensaio que mereceu o interesse e aplausos da crítica nacional e foi traduzido para o castelhano. Astrojildo Pereira viveu 54 anos de uma vida bem vivida, bem agitada e bem experimentada. Os seus ensaios literários e históricos mais consideráveis, revistos, repassados e ligeiramente modificados constituem o presente volume, que é composto por três partes: "Romances brasileiros", "História política e social" e "Guerra e após-guerra".

---

[3] Nelson Werneck Sodré, *O que se deve ler para conhecer o Brasil* (Rio de Janeiro, Cia. Editora Leitura, 1945).

[4] Astrojildo Pereira, *Interpretações* (São Paulo/Brasília, Boitempo/Fund. Astrojildo Pereira, 2022).

[5] É claro que não desconheço que Astrojildo publicou depois desse mais três livros: *Machado de Assis* (1959), *Formação do PCB* (1962) e *Crítica impura* (1963), e morreu planejando escrever suas memórias. O que se quer dizer aqui é que o fundamental de seu pensamento já se encontra neste livro, como nunca havia ocorrido, o que só será confirmado nos livros posteriores, também fundamentais.

Natural do estado do Rio, residiu desde os 15 anos, com breves interrupções, no Rio de Janeiro, onde tem trabalhado na imprensa, como tipógrafo, linotipista, revisor, repórter, redator e colaborador, desde 1910.

Sua instrução interrompida na metade do curso secundário e sua labuta no comércio em várias épocas não impediram que se formasse ao longo dessa atividade na imprensa uma extensa e valiosa cultura autodidática que se afirma nessas *Interpretações*, algumas inéditas, agora reunidas em volume.

Quando moço, Astrojildo Pereira não se deixou seduzir pela ânsia de publicidade nem pelo sucesso fácil, entregando-se de preferência a atividades por assim dizer impessoais. Hoje nos oferece as reflexões de um espírito amadurecido, porém sempre moço na sua capacidade de compreensão humana e amplitude de visão dos problemas sociais do futuro, assim como revelado firmemente em estudos como "Espelho da família burguesa", "Rui Barbosa e a escravidão", "A guerra, a bíblia e Hitler" e "Posição e tarefas da inteligência".

A pequena editora, conhecida como CEB, deveria gozar de prestígio entre intelectuais importantes do período. Na contracapa do livro de Astrojildo existe uma propaganda de um livro de Otto Maria Carpeaux, *Cinzas do purgatório*, de 1942. E na orelha desta, um texto chamando a atenção para a publicação do livro *Monções*, de Sérgio Buarque de Holanda, no mesmo ano. E entre os autores que constavam de seu catálogo, incluíam-se José Lins do Rego, Otávio de Freitas Júnior, Ademar Vidal, Guilherme Figueiredo, Gilberto Freyre e Artur Ramos. O livro de Astrojildo Pereira, publicado em brochura, com 301 páginas, custava Cr$ 20,00 (vinte cruzeiros). E poderia ser enviado pelo "Serviço de reembolso postal". É, portanto, a primeira edição comercial de um livro de Astrojildo, que parece ter tido uma boa repercussão já em seu lançamento e uma importância ainda maior, como será visto, no decorrer dos anos, tendo sido citado ou não.

Alguns temas pertinentes a este trabalho serão destacados em detrimento de outros, mas que fique bem claro que aqui não se pretende esgotar todos os aspectos desse livro, mas apontá-lo como importante referência para o campo intelectual[6], do qual se originou, para o campo da comunicação[7], destino deste ensaio. O primeiro deles é o do papel da cidade, em particular

---

[6] Uso aqui o conceito nos termos de Pierre Bourdieu, *A economia das trocas simbólicas* (trad. Sérgio Miceli, São Paulo, Perspectiva, 1998).

[7] A relação entre o "campo intelectual" e o "campo da comunicação" será discutida neste ensaio.

do Rio de Janeiro, na questão cultural moderna. O segundo é o papel que Machado de Assis exerce nisso, e a polêmica que sua presença ainda causa. Este aspecto é seguido por: o que a literatura, principalmente a modernista, desempenhou num contexto revolucionário e as discussões estéticas e políticas daí decorrentes. Mas a questão central que o livro permite é a da presença dos intelectuais no processo histórico e social, por meio de suas formas específicas de comunicação, seja na participação de movimentos, seja na metodologia empregada na interpretação da sociedade. E, como decorrência dessa situação, a formulação de um projeto que envolvesse os intelectuais no contexto que se avizinhava, o do pós-guerra, por intermédio da elaboração de uma plataforma de política cultural que já indicava um método próprio. Talvez nem Astrojildo se desse conta da importância de suas formulações e talvez ainda não sejam percebidas suas sutis implicações, apesar de que um inevitável diálogo tenha se travado entre essa obra e o que melhor se produziu na crítica literária, cultural e política cultural do período que não se limitou ao pós-guerra.

VI
O DISCURSO DA CIDADE

Não acharás novas terras, tampouco novo mar.
A cidade há de seguir-te. As ruas por onde andares
serão as mesmas. Os mesmos os bairros, os andares
das casas onde irão encanecer os teus cabelos.
A esta cidade sempre chegarás. Os teus anhelos
são vãos, de para outra encontrar um barco ou um caminho.
A vida, pois, que dissipaste aqui, neste cantinho
do mundo, no mundo inteiro é que a foste dissipar.

Konstantinos Kaváfis[1]

Quando Teseu teve de enfrentar o minotauro, em Creta, contou com a ajuda da jovem Ariadne. Por meio de um fio, ela o transportou através de um labirinto que permitiu a ele chegar até o monstro, enfrentá-lo, matá-lo e assim libertar Creta e seus habitantes de sua maior ameaça. Mas o jovem herói Teseu, mais tarde tirano em Atenas, cidade que fundou, não cumpriu o acordo de se casar com Ariadne assim que vencesse o minotauro. Partiu sem olhar para trás. A cidade é um labirinto onde nem sempre aparece uma Ariadne para guiar o estrangeiro que chega para enfrentar um monstro. Mas o fio da cidade é o discurso que ela constrói sobre si mesma, discurso que encanta, seduz e engana. A metrópole moderna, que teve na Paris do século XIX seu maior paradigma, apesar da maior pujança econômica de Londres no contexto da industrialização, vista como monstro às vezes, é muito mais um labirinto de

---

[1] Konstantinos Kaváfis, "A cidade", em *Poemas* (seleção, estudo crítico, notas e trad. direta do grego José Paulo Paes, Rio de Janeiro, Nova Fronteira), p. 112.

significações que cabe ao forasteiro e ao que nela vive um aprendizado de uma gramática que lhe permitirá decifrar códigos nem sempre, quase nunca, explícitos. A cidade, principalmente a moderna, com todas as suas redes de comunicação, não cria um discurso e é ela própria seu discurso. Como diz Italo Calvino, o discurso não pode ser confundido com a cidade, mas, sem ele, ela não passa de uma letra muda, sem significação[2].

Um aspecto central na obra e trajetória de Astrojildo Pereira é o papel que a cidade do Rio de Janeiro teve em sua vida e em sua produção intelectual. Nascido em uma pequena cidade do interior e criado numa cidade-satélite do outro lado da baía, foi a metrópole que o seduziu, foi o Rio de Janeiro da *belle époque*, que passava por profundas transformações urbanísticas, que o encantou e o apresentou ao mundo de seu tempo.

O objetivo deste capítulo é estudar o *discurso da cidade* em Astrojildo Pereira, quando ele analisa as obras dos escritores que tiveram papel decisivo no Rio de Janeiro da passagem do século XIX para o século XX. Astrojildo, por meio de seu estudo em que a cidade do Rio do Janeiro é abordada, estabelece uma original relação entre literatura e cidade, no ensaio intitulado "Romancistas da cidade", publicado no livro *Interpretações* (1944). Embora considerasse Machado de Assis o maior de todos, até mesmo como romancista da cidade[3], Astrojildo escolheu três escritores diferentes para tratar a questão cultural do Rio de Janeiro: Manuel Antônio de Almeida, Joaquim Manuel de Macedo e, já seu contemporâneo, com quem chegou a conviver, Lima Barreto.

Como já foi visto, a relação de Astrojildo Pereira com a cidade do Rio de Janeiro no começo do século se deu em dois momentos, quase simultâneos: pela literatura e pela experiência, talvez nessa ordem mesmo. Seu estudo pioneiro é também estudo sobre as transformações da cidade, suas personagens, seus cantos e recantos. Cidade que ele conhecia muito bem e que foi fundamental em sua trajetória de militante e intelectual revolucionário. Não é que considere existir no Brasil, pelo menos até então, um romance urbano como

---

[2] O título deste capítulo seria "O fio de Ariadne", quando me deparei com o pequeno e instigante trabalho sobre a relação entre a literatura moderna e a cidade, de Renato Cordeiro Gomes, *Toda as cidades, a cidade: literatura e experiência urbana* (Rio de Janeiro, Rocco, 1994), em que há um capítulo justamente iniciado com esta conhecida expressão. Mesmo assim, fica aqui o registro de uma feliz coincidência, embora também fique registrado que o enfoque, o objeto e o método podem ser considerados diversos.

[3] O que será visto em capítulo específico, em virtude das implicações políticas e culturais específicas da questão.

uma "suma romanesca" da cidade, mas sim romancistas urbanos ou citadinos que fazem da cidade o cenário onde nos são apresentadas as personagens, os tipos, os costumes, os modos e as paisagens peculiares. Não escrevem "sobre" a cidade, mas a partir dela, como cronistas dos costumes cariocas.

O primeiro escritor é Manuel Antônio de Almeida, autor de um folhetim em que a crítica erudita só na posteridade viu qualidades, desprezado até pelo autor, que julgava aquilo puro divertimento. *Memórias de um sargento de milícias*, romance picaresco[4], foi publicado semanalmente no jornal *Correio Mercantil*, no qual Almeida também era redator, de 27 de junho de 1852 a 31 de julho de 1853. Em 1854, foi publicado em livro, cuja autoria era creditada apenas a "Um brasileiro", mas passou despercebido pela crítica, apesar do sucesso de público[5]. Só foi reconhecido como obra de valor, que a colocava no cânone literário nacional, praticamente por escritores e críticos modernistas como Mário de Andrade, Marques Rebelo e Antonio Candido, além de Astrojildo Pereira, é claro[6].

Manuel Antônio de Almeida nasceu no Rio de Janeiro a 17 de novembro de 1831, filho de um tenente de origem humilde que morreu jovem, em desastre marítimo, numa embarcação chamada "Hermes", em 1861 (seu corpo nunca foi encontrado). Tendo tido, porém, vida bem agitada, entre tentativas de estudos, como medicina, atividade jornalística e problemas com dívidas, fez parte, em 1855, "da diretoria de nossa primeira sociedade carnavalesca, integrada também

---

[4] Não é o objetivo deste estudo participar da discussão aberta por Mário de Andrade sobre o caráter "picaresco" do romance de Manuel Antônio de Almeida, o que foi refutado com consistência por Antonio Candido em ensaio a ser comentado. Sobre isto, além dos citados, pode-se ver um especialista nos clássicos do romance picaresco espanhol, que também faz uma análise da obra: Mario Miguel Gonzáles, "Nos primórdios da neopicaresca: Memórias de um sargento de milícias", em *A saga do anti-herói: estudo sobre o romance picaresco espanhol e algumas de suas correspondências na literatura brasileira* (São Paulo, Nova Alexandria, 1994), p. 278-96.

[5] Apesar de ter tido praticamente dez edições de 1854 a 1940, sendo duas ilustradas. Curiosa essa trajetória de um texto considerado de pouca repercussão na crítica do século XIX, sendo até considerado menor, e se tornando no século XX uma das maiores referências do cânone literário. Nelson Werneck Sodré o considerou "um dos romances mais divulgados e menos compreendidos de nossa literatura", em *História da literatura brasileira*, (9. ed. atualizada, Rio de Janeiro, Bertrand Brasil, 1995), p. 227.

[6] Ver Mário de Andrade, "Memórias de um Sargento de Milícias", em Mário de Andrade, *Aspectos da literatura brasileira* (São Paulo, Martins, 1974); Marques Rebelo, *Vida e obra de Manuel Antônio de Almeida* (Rio de Janeiro, Instituto Nacional do Livro, 1943), citado por Astrojildo Pereira; e Afrânio Coutinho, "Apresentação", em Manuel Antônio de Almeida, *Memórias de um sargento de milícias* (Rio de Janeiro/São Paulo, Ediouro/Publifolha, 1997).

por José de Alencar, Francisco Pinheiro Guimarães e Henrique César Muzzio, redatores do *Correio Mercantil*"[7]. Foi nomeado, em 1857, diretor da Imperial Academia de Música e Ópera Nacional e até administrador da Tipografia Nacional, onde livrou um jovem aprendiz de tipografia de uma punição por estar lendo escondido durante o expediente. Esse jovem se chamava Joaquim Maria Machado de Assis[8]. Quando Manuel Antônio morreu, pretendia seguir carreira política, talvez para poder saldar suas dívidas.

Mas não é esse aspecto anedótico e biográfico que Astrojildo destaca como fundamental, aliás, nem trata em seu comentário sobre o romance de Manuel Antônio de Almeida, mas sim o caráter visual de *Memórias de um sargento de milícias*, que é comparado a uma aquarela de Debret:

> Os tipos, os quadros, as cenas, as manchas, as pequenas anotações, vão marcando as páginas da narrativa, que se desdobra com toda a naturalidade, às vezes não isenta de certa dose de malícia. O desenho é geralmente firme e exato, e o colorido é sempre delicioso. Muito de propósito estou insistindo nas qualidades pictóricas de Manuel Antônio, porque ele me parece acima de tudo um grande visual – e isto é tanto mais de notar quanto sabemos que ele não viveu na época que descreve. Somente a posse de uma aguda capacidade de representação visual pode explicar esse dom de imprimir às descrições literárias tamanha sensação de desenho e de colorido. Manuel Antônio e Debret se completam, e eu não creio possível bem compreender a vida do Rio no começo do século passado sem os ter lido e visto.[9]

O aspecto visual não apenas documenta uma época, a qual nem fora vivida pelo autor, como é bem lembrado, mas pode ser uma pista para o crescente sucesso que o livro passou a ter, faltando-lhe talvez apenas gerar uma obra cinematográfica ou televisiva que aproveitasse sua forma antecipadamente visual. Apesar de jovem, Manuel Antônio foi saudado por um amigo em seu necrológio como um "deslocado no meio da sociedade [...] que, por anacronismo da sorte, mais pertence ao futuro que ao presente, que o desconhece"[10].

---

[7] Marques Rebelo, *Para conhecer melhor Manuel Antônio de Almeida* (Rio de Janeiro, Bloch Editores, 1973), p. 12.
[8] Ibidem, p. 12-3.
[9] Astrojildo Pereira, "Romancistas da cidade: Manuel Antônio, Macedo e Lima Barreto", em *Interpretações* (São Paulo/Brasília, Boitempo/Fund. Astrojildo Pereira, 2022), p. 54.
[10] O amigo chamava-se Augusto Emílio Zaluar, também jornalista, e foi citado por Marques Rebelo, *Para conhecer melhor Manuel Antônio de Almeida*, cit., p. 14.

A cidade que aparece no comentário de Astrojildo não é a cidade fisicamente descrita, com exceção do "burburinho" do cruzamento das ruas do Ouvidor e da Quitanda, mas é a cidade antropologicamente apresentada em seus rituais, costumes e hábitos, sem comprometimento da narrativa ficcional. Na trajetória das personagens principais, Leonardo-pai e Leonardo-filho, na vida das mulheres felizes e infelizes, quando eram amadas ou quando eram flagradas, e nas intrigas próprias do folhetim, destacam-se as vestes que ganham condição de alegorias, como as mantilhas que permitiam espiar a vida alheia, até as festas e a presença popular nas ruas. Astrojildo vê como puro Debret a descrição das baianas:

> Este primado da procissão dos ourives, segundo opina Manuel Antônio, devia-se principalmente a que ela possuía certo elemento festivo que não tinha nenhuma das outras: "um grande rancho chamado das baianas, que caminhava adiante da procissão, atraindo mais ou tanto como os santos, os andores, os emblemas sagrados, os olhares dos devotos; era formado esse rancho por um grande número de negras à moda da província da Bahia, donde lhe vinha o nome, e que dançavam nos intervalos dos *deo-gratias* uma dança lá a seu capricho". Do modo como apareciam vestidas as baianas, dá-nos o romancista esta descrição que é um puro Debret: "As chamadas baianas não usavam de vestidos; traziam somente umas poucas de saias presas à cintura, e que chegavam pouco abaixo do meio da perna, todas elas ornadas de magníficas rendas; da cintura para cima apenas traziam uma finíssima camisa, cuja gola e mangas eram também ornadas de renda; ao pescoço punham um cordão de ouro ou um colar de corais, os mais pobres eram de miçangas; ornavam a cabeça com uma espécie de turbante a que davam o nome de *trunfas*, formado por um grande lenço branco muito teso e engomado; calcavam umas chinelinhas de salto alto e tão pequenas, que apenas continham os dedos, ficando de fora todo o calcanhar; e além de tudo isto envolviam-se graciosamente em uma capa de pano preto, deixando de fora os braços ornados de argolas de metal simulando pulseiras".[11]

A transcrição é longa, mas pertinente. Tanto pelo destaque que Astrojildo dá à descrição das baianas quanto pela própria beleza do texto de Manuel Antônio, que consegue realmente dar cores e movimento ao que relata. Tal capacidade entusiasmou tanto Mário de Andrade, que chegou a afirmar que

---

[11] Astrojildo Pereira, "Romancistas da cidade", cit., p. 60.

os folhetins de (quem ele chamou) Maneco Almeida "iriam constituir um dos romances mais interessantes, uma das produções mais originais e extraordinárias da ficção americana"[12]. Mário de Andrade destaca o caráter pícaro por meio de um texto também picaresco e chama a atenção para a importância da música, principalmente a popular, apesar do acesso à música erudita a que Manuel Antônio também teve. Mas o que ele mais destaca, e isso seguramente chamou a atenção de Astrojildo, que conhecia o texto de Mário de Andrade publicado em 1941 como prefácio a uma edição do livro, é o que chamou de "fatos folclóricos", apresentados no livro considerado "rico em documentação dos costumes nacionais". Apesar de não ter entre os personagens um só negro, nem tratar diretamente dos costumes e casos de negros, o que demonstraria uma ignorância própria da época vivida e retratada, ele demonstra a todo instante uma observação folclórica sem falha[13]. O excepcional é o desenho dos costumes (digno de um Dürer ou de um Goya) e o sabor do detalhe expressivo num estilo "espiritual", no sentido de espirituoso, que marcou mais tarde Machado de Assis e garante a *Memórias de um sargento de milícias* estar à "margem das literaturas"[14]:

> O seu falso realismo sarcástico é a consequência de uma concepção pessimista da vida, revoltada e individualista. São geralmente livros que não primam pela perfeição de linguagem, pelo cuidado na fatura, mas que se impõem pela graça com que descrevem os costumes e a caricatura irresistível com que retratam os homens. E dentro desta grei, Manuel Antônio de Almeida mantém-se em ótima posição.[15]

O mesmo entusiasmo pelo texto de Manuel Antônio de Almeida foi registrado por Antonio Candido. Em seu ensaio publicado em 1970 que já nasceu como um clássico na crítica literária brasileira, intitulado "Dialética da malandragem"[16], não só comenta o caráter visual apontado por Astrojildo

---

[12] Mário de Andrade, "Memórias de um Sargento de Milícias", cit., p. 125.
[13] Ibidem, p. 132.
[14] Ibidem, p. 136.
[15] Ibidem, p. 139.
[16] Assim Antonio Candido, em nota, explica a origem do ensaio: "'Dialética da malandragem' destinava-se a um livro de homenagem ao professor João Cruz Costa, que acabou não sendo publicado a pedido dele próprio. Saiu, então, pouco depois na *Revista do Instituto de Estudos Brasileiros*, Universidade de São Paulo, n. 8, 1970, com dedicatória ao referido professor e com o seguinte subtítulo: 'caracterização das *Memórias de um sargento de milícias*'. De lá

Pereira como dialoga com o texto de Mário de Andrade, lembrando com pertinência que o valor literário da obra não está em documentar a realidade, apesar de reconhecer a força dos costumes e gestos na narrativa:

> O romance de tipo realista, arcaico ou moderno, comunica sempre uma certa visão da sociedade, cujo aspecto e significado procura traduzir em termos de arte. É mais duvidoso que dê uma visão informativa, pois geralmente só podemos avaliar a fidelidade da representação através de comparações como os dados que tomamos a documentos de outro tipo. Isto posto, resta o fato que o livro de Manuel Antônio sugere a presença viva de uma sociedade que nos parece coerente e existente, e que ligamos à do Rio de Janeiro do começo do século XIX, tendo Astrojildo Pereira chegado a compará-lo às gravuras de Debret, como força representativa.[17]

Sua integridade está exatamente no equilíbrio do que ele chama de "plano voluntário (a representação de costumes e cenas do Rio) e um plano talvez na maior parte involuntário (traços semifolclóricos manifestados, sobretudo, no teor dos atos e das peripécias)"[18]. Mesmo assim, o romance não pode ser reduzido – e não é dito que Mário de Andrade ou Astrojildo Pereira façam isso – "a uma série de quadros descritivos dos costumes do tempo"[19]. O aspecto destacado por Antonio Candido, reconhecendo tanto a visualidade (o Debret das gravuras) quanto a musicalidade do texto (o Verdi de *Tutto nel mondo é burla*[20]), é que o traço mais profundo do livro é "o seu balanceio caprichoso entre a ordem e a desordem"[21]. E que por meio das relações sociais concretas sobrevive um mundo arquetípico das lendas, sendo este equilíbrio que garante o prazer da leitura e explica seu sucesso popular.

O que Astrojildo destaca em seu texto, com pretensões mais modestas e alcance idem, não recusa o sabor da leitura, nem busca encaixar o livro de Almeida em qualquer corrente ou escola ideológica, apenas aponta não

---

para cá foi reproduzido uma meia dúzia de vezes em vários lugares"; Antonio Candido, *O discurso e a cidade* (São Paulo, Duas Cidades, 1993), p. 315.
[17] Ibidem, p. 31.
[18] Ibidem, p. 28.
[19] Ibidem, p. 34.
[20] É o que canta Falstaff na ópera de Verdi: para Candido, "parece dizer [o mesmo] o narrador das *Memorias de um sargento de milícias*, romance que tem traços de ópera bufa". Ibidem, p. 41.
[21] Ibidem, p. 44.

exatamente as relações sociais concretas ou mesmo o aspecto etnográfico destacado por Mário de Andrade, mas sim as raízes profundas da cidade do Rio de Janeiro, talvez exatamente sua fundação mítica (lembrando aqui o que fez Borges para Buenos Aires) preservada numa memória, num caráter e até num estado de ânimo:

> É curioso que não haja em todo o livro a menor referência a carnaval e a entrudo; mas o que ficou dito e descrito, em matéria de divertimentos populares, mostra--nos que o carnavalismo – para empregar uma expressão que me parece definir menos mal todo um estado de ânimo da gente carioca – possui profundas raízes na tradição histórica da cidade.[22]

Astrojildo, em seu rápido comentário, em texto bem escrito e sintético, não trai o espírito do texto original, nem o manipula de acordo com suas posições políticas, ideológicas ou estéticas, mas busca com a humildade e o prazer de leitor voraz extrair o essencial da narrativa e encontra sob a aparente trivialidade do discurso folhetinesco a alma de uma cidade que se transformava fisicamente, mas mantinha alguns modelos mentais que iriam se aprofundar ou se perder com o tempo histórico, propondo implicitamente uma nova leitura, tanto da literatura quanto da própria cidade, como demonstram os demais autores comentados nesse ensaio sugestivo.

O outro lado da moeda é Joaquim Manuel de Macedo (1820-1882), cuja visualidade não lembra um Debret, um Dürer ou um Goya, mas "oleogravura de qualidade bastante ruim"[23]. Para Astrojildo, que tentou reler sem sucesso *A moreninha* (1844), *O moço loiro* (1845), *Os quatro pontos cardeais* (1871) e *A misteriosa* (1871), os diálogos de amor parecem "emitidos em falsete, soam falso demais"[24], e as situações parecem forçadas. Chega a se sentir inquieto com o fato de Macedo publicar seus últimos livros como se já não tivessem sido publicados livros como *Memórias de um sargento de milícias* (1855), os principais romances de Alencar ou até mesmo quando já despontava Machado de Assis[25]. Macedo

---

[22] Astrojildo Pereira, "Romancistas da cidade", cit., p. 63. Com que alegria escrevo e transcrevo isto na terça-feira de carnaval do ano de 1999! E é quase certo que Astrojildo nessa época não tivesse ouvido falar em Bakhtin.
[23] Idem, "II – Joaquim Manuel de Macedo", em *Interpretações,* cit., p. 70.
[24] Ibidem, p. 71.
[25] Mas também reconhece alguns reflexos de Macedo nos primeiros romances de Machado de Assis, como *Ressurreição* e *A mão e a luva*. Idem.

foi chamado por Pedro Dantas de "romancista de donzelas para donzelas"[26], com duplo significado, para Astrojildo, e no sentido pejorativo, de corpo e de espírito. Astrojildo também reconhece em Macedo, apesar de "todos os seus defeitos", o que dele disse o crítico citado: "intérprete autorizado dos nossos sentimentos, cronista meticuloso e fidedigno de nossa vida social nos meados do século passado". E é essa qualidade que o inclui entre os romancistas da cidade[27].

O período da obra de Macedo analisada por Astrojildo é o que vai, mais ou menos, de 1840 a 1870, e considera esta periodização importante para a cidade do Rio de Janeiro, "porque nos permite acompanhar as transformações operadas em certos hábitos e aspectos da cidade, e bem assim a repercussão de certos acontecimentos sobre a sociedade fluminense de então"[28]. O Rio já não era mais o mesmo, nem mesmo o Rio retratado por Manuel Antônio de Almeida de antes da Independência. As personagens de Macedo já andam de "ônibus" e, nas obras finais, até de "bonde", enquanto as de Almeida, apesar de ser contemporâneo de Macedo (seu único livro foi publicado dez anos depois de *A moreninha*), andam de "cadeirinha". E na própria obra de Macedo se registram mudanças, nas roupas, nos costumes, nos gestos, dentro e fora dos teatros, dentro e fora das casas, na vida da cidade. Em suma:

> No tempo d'*A Moreninha*, os sinos davam ainda o sinal de recolher às 10 horas da noite, incompreensível no tempo d'*A misteriosa*, com a cidade iluminada a gás. Comparem-se as modas femininas; Macedo é sempre minucioso neste particular. Uma das moças que aparece n'*A moreninha* quase nem podia sentar-se, tão atrapalhada se achava com a "coleção de saias, saiotes, vestidos de baixo, e enorme variedade de enchimentos", que lhe cobriam o corpo.[29]

---

[26] Pedro Dantas, "O romance brasileiro", em *Revista Acadêmica*, n. 48-51, fev-set. 1940, citado em Astrojildo Pereira, *Interpretações,* cit., p. 72.

[27] Neste sentido, Astrojildo Pereira concorda também com Nelson Werneck Sodré: "É com Joaquim Manoel de Macedo que encontramos o romance urbano. E é com ele que a ficção conquista os leitores do tempo. Em Macedo, o que aparece é a rua, a casa, o namoro, o casamento, o escravo doméstico, a moça casadoira, o estudante, o homem de comércio, a matrona, a tia, o médico, o político, a pequena humanidade que vive na Corte, que se agita em seus salões, que frequenta o teatro, que se agrupa nas 'repúblicas', que povoa as lojas, que lê os jornais e que discute os acontecimentos do dia"; Nelson Werneck Sodré, *História da literatura brasileira,* cit., p. 223.

[28] Astrojildo Pereira, "Romancistas da cidade", cit., p. 72.

[29] Ibidem, p. 73.

Apesar das minúcias, Macedo não registra as festas populares, não tendo o senso do "folclórico" encontrado em Almeida. O universo de Macedo é outro, a polidez é própria de uma "sisudez patriarcal" e as regras são bem precisas. Liam-se romances em voz alta nas salas de chá e ouvia-se um lundu ou uma modinha. Acrescenta Astrojildo:

> O lundu e as modinhas andavam no próprio ar que as moças casadouras e sentimentais respiravam. O lundu está esquecido e é hoje apenas objeto de pesquisas por parte de eruditos e especialistas; e a modinha, na sua feição própria e tradicional, vai pelo mesmo caminho, reformada ou deformada na expressão mais íntima. Coisa, afinal de contas, muito natural; estamos na era prodigiosa da eletricidade, e ninguém pode pretender conservar imutavelmente o sentido e o sentimento de ritmos antigos sob a forma industrial do disco e do rádio. E ainda bem – atrevo-me eu a acrescentar.[30]

Astrojildo, com razão, considera "com um significado mais pungente e mais terrível" como os escravos são tratados na obra de Macedo: como um intermediário entre o homem e o animal doméstico, refletindo a mentalidade dominante de sua época, mesmo que os avanços da sociedade nessa questão também se reflitam numa obra que atravessa período tão longo. Mas neste, como em outros aspectos apontados na obra de Macedo, fica evidente para Astrojildo o fundamental que une tratamento dado, ou sonegado, aos setores populares e o papel que o casamento ganha em todos os livros: "romancista de donzelas e para donzelas, Macedo põe o casamento no princípio, no meio e no fim de todas as coisas"[31]. Tudo gira em torno de casamentos, "inclusive o amor". A ideia de casamento é obsessiva e é aceita passivamente pelas moças como objetivo único e exclusivo. E Astrojildo conclui, mantendo sua má vontade para com Macedo, mas descobrindo nele uma permanência na sociedade brasileira, e não apenas nos costumes da cidade do Rio de Janeiro, que mereceria ser destacada até para ser combatida:

> E aí temos a explicação de tudo: o casamento era a libertação, a única forma admitida de libertação para sair de um estado social e moral que ameaçava as donzelas com o estigma humilhante do celibato. Aí temos também como e por

---

[30] Ibidem, p. 76.
[31] Ibidem, p. 78.

que podemos encontrar, nos romances de Joaquim Manuel de Macedo, uma interpretação fidedigna dos sentimentos da época no concernente à situação da mulher; e como podemos perceber, no fundo dessa interpretação, o eco sentimental de conceitos e preconceitos estratificados, durante centenas de anos, sob o signo da formação patriarcal da sociedade brasileira.[32]

E com este capítulo sobre o segundo romancista da cidade, Astrojildo começa a tornar mais claro o objetivo de seu trabalho, tanto com relação à sua concepção teórica sobre o que vinha a ser literatura quanto com relação ao papel social de sua crítica. A sua leitura é particular, mas não beira uma visão impressionista. Ele tem método e rigor, mas não o método e rigor tal como é formulado por escolas definidas, mesmo as de embasamento sociológico ou marxistas. É talvez, por isso, que ele tenha sido considerado um "marxista intuitivo", quando, na verdade, é difícil até supor que ele considerasse como possível enquadrar a experiência literária em algum esquema predeterminado, por mais profundo que fosse. Talvez tenha sido por isso que Astrojildo não tenha se aventurado em formular um corpo teórico que fundamentasse suas "críticas impuras". É caro que isso não significa um desprezo ao avanço teórico que a universidade propiciou exatamente num período bem posterior a *Interpretações*, que foram realizados nos quadros de uma guerra ainda em andamento, e em que o futuro ainda era concebido como uma incógnita, embora com boas chances na construção de uma sociedade diferente da que persistia por tanto tempo. É possível até que Astrojildo considerasse seu método como marxista, embora seja muito mais clara sua ética revolucionária. E é a partir dessa ética que ele concebe as "leituras" que faz, tanto no que se refere à cultura popular quanto no que se refere ao papel da mulher numa sociedade patriarcal.

Na fronteira entre a crônica subversiva e a crítica cultural já despontava uma possibilidade de conceber a literatura como expressão socialmente concreta e

---

[32] Ibidem, p. 79. É claro que não desconheço que os objetivos de Astrojildo neste ensaio limitaram suas possibilidades com relação à obra de Macedo, em que ele vê méritos, principalmente em um romance que não é comentado aqui: *Memórias do sobrinho de meu tio*. Astrojildo escreveu um ensaio sobre este romance, que foi publicado na *Revista Acadêmica*, Rio de Janeiro, n. 46, setembro de 1939. Este romance de Macedo, escrito entre 1867 e 1868, surpreende pelo caráter satírico e autocaricatural. Sobre esta obra, ver Flora Süssekind (org.), "Introdução", em Joaquim Manuel de Macedo, *Memórias do sobrinho de meu tio* (São Paulo, Companhia das Letras, 1995, coleção Retratos do Brasil).

entendê-la nos quadros de uma transformação social não como instrumento, mas como conhecimento. A leitura que Astrojildo faz de Manuel Antônio de Almeida segue a trilha aberta por Mário de Andrade, mas não é seguida por Antonio Candido. E ninguém pode ser acusado de nada neste caso. São realmente proposições diferentes, com rigores diversos. Nos primeiros, leituras para compreender a sociedade; no último, leituras para compreender a leitura. Os primeiros com o fim de encontrar caminhos próprios na contribuição à transformação social, já no caso do crítico – talvez o melhor crítico literário do país neste difícil século –, um caminho próprio na compreensão do específico estético.

Tanto na produção de Mário de Andrade, dos anos 1930-1940, quanto na de Astrojildo, a partir de *Interpretações* (1940-1960), começa a se delinear uma possibilidade específica para o intelectual que se julga revolucionário, mas que não quer instrumentalizar sua obra nem ser limitado pelas normas partidárias (ou não sendo aceito como tal pelo partido). O que este intelectual procura, até desesperadamente, é a criação de mais uma fronteira, da busca da história na literatura – e vice-versa –, e a busca da cultura na política e da política na cultura. E é esta importância que faz crescer o papel de Lima Barreto.

As relações de Astrojildo Pereira com Lima Barreto remontam ao tempo em que militava no movimento anarquista, tendo até colaborado nas mesmas publicações. Nesse caso, não se trata de um escritor de uma época não vivida, mas de alguém com quem chegou a ter relações próximas a uma amizade. E a obra de Lima Barreto, considerada a mais importante do começo do século, no período exatamente anterior ao movimento modernista[33]. Lembra

---

[33] Não é objetivo deste estudo fazer uma revisão ou análise crítica das obras dos autores comentados, e sim interpretar como foram avaliadas em uma perspectiva político-cultural por Astrojildo Pereira. Sobre Lima Barreto, há uma bibliografia vastíssima, sendo muitas das obras inspiradas em trabalhos de Astrojildo Pereira, a começar por sua mais famosa biografia, escrita por Francisco de Assis Barbosa, *A vida de Lima Barreto*, cuja primeira edição foi publicada em 1952, no Rio de Janeiro, pela José Olympio. Sobre a mesma publicação, obtive informalmente duas versões: a de Nelson Werneck Sodré de que Francisco de Assis Barbosa se utilizou de materiais pesquisados por Astrojildo Pereira; e a do próprio autor, que confirmou que só os utilizou porque Astrojildo havia desistido da empreitada, confirmando e reconhecendo a importância do amigo em seu trabalho mais conhecido. Infelizmente, nenhum dos dois "cordiais inimigos" – intelectuais fundamentais – estão mais entre nós para esclarecer a questão, que sequer é tão importante assim, valendo o registro aqui mais pelas tensões de outra época, ainda a ser mais bem investigada, e que vai ser comentada adiante. Sobre a principal obra de Lima Barreto, *Triste fim de Policarpo Quaresma*, existe

Astrojildo que "sua morte, em 1922, coincidiu mesmo com a data em que se realizou a Semana de Arte Moderna"[34]. Assim, pode-se destacar também que a "amplitude de temas que a obra de Lima Barreto abrange em sua produção literária só é comparável, no seu tempo e anteriormente a ele, ao extenso itinerário percorrido pela obra euclidiana"[35]. Só que a ênfase dada por Astrojildo recai sobre a cidade do Rio de Janeiro, "presente em cada página" nos livros de Lima Barreto:

> Presente em cada página, pode-se dizer que sem exceção de nenhuma, porque a cidade aparece nos romances de Lima Barreto não só sob a forma visível da paisagem local e dos costumes urbanos, mas sobretudo pelos elementos imponderáveis que enchem o ar e transbordam pelas entrelinhas da narrativa. Lima Barreto vivia saturado do Rio de Janeiro, como ele mesmo confessa pela boca de Gonzaga de Sá: "Saturei-me daquela melancolia tangível, que é o sentimento primordial de minha cidade. Vivo nela e ela vive em mim!". Assim também vive a cidade nos seus romances, tão saturados dela quanto o próprio romancista.[36]

A cidade em Lima Barreto é comentada por Astrojildo Pereira pela leitura de três romances, que foram publicados na relação inversa com o tempo no qual se desenvolve a ação: *Vida e morte de M. J. Gonzaga de Sá* (1906, se passa no mesmo ano); *Recordações do escrivão Isaías Caminha* (1908, ação por volta de 1900); e seu mais importante romance, *Triste fim de Policarpo Quaresma*

---

uma edição crítica coordenada por Antonio Houaiss e Carmen Lúcia Negreiros, como parte dos arquivos ALLCA XX, Université de Paris X, e que foi lançada no Brasil pela Scipione Cultural, São Paulo, 1997. A publicação conta com colaborações de Francisco de Assis Barbosa, Ronaldo Lima Lins, Robert J. Oakley (Universidade de Birmingham, Inglaterra), Dirce Cortes Riedel, Francisco Venceslau dos Santos, Nicolau Sevcenko e Luís Antonio de Souza, além dos coordenadores. O livro também contém contribuições fundamentais sobre Lima Barreto, incluindo-se famoso ensaio de Astrojildo Pereira, "Confissões de Lima Barreto", do livro *Interpretações*, cit., p. 95.

[34] Astrojildo Pereira, "III – Lima Barreto", em *Interpretações*, cit., p. 80. A importância que Lima Barreto ocupa em espaço no livro *Interpretações* ultrapassa até, em número de páginas, a do carro-chefe do livro, Machado de Assis. É claro que o autor ganhou mais tarde um livro só para ele, *Machado de Assis: ensaios e apontamentos avulsos* (São Paulo/Brasília, Boitempo/Fund. Astrojildo Pereira, 2022).

[35] Nicolau Sevcenko, *Literatura como missão: tensões sociais e criação cultural na Primeira República* (São Paulo, Brasiliense, 1983), p. 161. A obra euclidiana referida, obviamente, é a de Euclides da Cunha, também objeto deste importante trabalho.

[36] Astrojildo Pereira, *Interpretações*, cit., p. 80.

(1911, ação por volta de 1893). "Com ternura de namorado, e certa satisfação não dissimulada, Lima Barreto descreve tais e tais aspectos da cidade"[37]: um recanto bonito, a natureza do mar e das montanhas, os jardins, os passeios, mas, principalmente, até com carinho ainda maior, os subúrbios.

Astrojildo descreve algo que para ele deve ter tocado muito: o momento em que Isaías Caminha passa a conhecer o Rio, no primeiro mês de sua chegada do interior, ainda sem emprego, vagueando pelas ruas da cidade, admirando "uma tarde doce e azul"[38]. Nessa tarde, o Passeio Público é descrito e a personagem observa os gansos e os patos buscando isolar-se das pessoas. Em outro momento, Isaías, acompanhado de um poeta revolucionário, admira o "espetáculo da baía"[39], observando a seda azul do mar. A descoberta se faz passo a passo: o ar, o calor, o mar, as montanhas de Niterói do outro lado, do lado que Astrojildo também atravessou para conquistar a cidade[40].

Mas nem tudo no Rio agradava a Lima Barreto e suas personagens: Gonzaga de Sá, por exemplo, detestava a igreja do Largo do Machado, fazia-lhe sentir-se em país estrangeiro. O mesmo acontecia com Botafogo; lembrava-lhe Buenos Aires, "supercivilizado"[41]. Petrópolis, também não: local de estrangeiros e invasores. O centro da cidade era preferido quando vazio:

> No *Gonzaga de Sá*, o filósofo e seu amigo passeiam pela Avenida, num domingo à noite, e o registro desse passeio é dos mais sugestivos: "o público noturno de domingo, nas ruas, tem uma certa nota própria. Há os mesmos 'flaneurs', artistas, escritores e boêmios; os mesmos *camelots*, mendigos e *rodeuses*, que dão o encanto do pitoresco à via pública. No domingo, porém, como eles, vêm as moças dos arrabaldes distantes, com os seus pálidos semblantes e os vestidos característicos. Vêm as armênias das adjacências da rua Larga. [...] Além destes, há operários em passeio, com as suas roupas amarfanhadas pela longa estadia nos baús. Há caixeiros com roupas eternamente novas e grandes pés violentamente calçados..."[42]

---

[37] Ibidem, p. 80.
[38] Ibidem, p. 81.
[39] Idem.
[40] "O ar fizera-se rarefeito e percebia-se a poeira que flutuava na sua massa. As montanhas de Niterói recortavam-se nitidamente sobre o céu azul e fino, que começava a ser manchado, lá no fundo da baía, por cima do casario da Alfândega e do Macedo, por grandes pastas de nuvens brancas." O belo texto é de Lima Barreto, mas a citação emocionada é de Astrojildo, que obviamente se identifica com a personagem. Ibidem, p. 82.
[41] Ibidem, p. 83.
[42] Ibidem, p. 84.

Astrojildo Pereira define Lima Barreto – no sentido literal e faz questão de ressaltar que não é em sentido pejorativo – como um "romancista suburbano, um romancista de gosto suburbano, senão de mentalidade suburbana"[43]. Lima Barreto prefere os subúrbios, a variedade de épocas que se misturam e as profissões mais tristes. Demonstra ojeriza pela aristocracia e pelos funcionários públicos (mesmo tendo sido um), mas não esconde, nem como ficcionista, uma simpatia por "operários de tamancos" e "mulheres de chita".

O aspecto central que Astrojildo destaca em Lima Barreto, apesar de ele ser considerado como Macedo "um romancista de solteirões e solteironas"[44], é o "da situação da mulher na sociedade e da sua atitude relativamente ao problema do casamento[45]. Nos romances de Macedo, lembra Astrojildo, o casamento é tudo, nos de Lima Barreto, nem tanto. O casamento não é o princípio nem o fim de todas as coisas. Uma afilhada de Policarpo Quaresma, de nome Olga, chega a refletir sobre o casamento, coisa que as personagens de Macedo não faziam:

> Olga se revoltava contra uma concepção segundo a qual o casamento nem é amor, nem maternidade, nem nada, mas "simplesmente casamento, uma coisa vazia, sem fundamento nem na nossa natureza nem nas nossas necessidades". O importante aqui, suponho eu, é o fato de já existirem Olgas ruminando no seu íntimo pensamentos tais. Já não estamos mais no tempo das Honorinas e Deolindas, de Macedo; e Ismênia, expressão, por assim dizer, residual das Honorinas e Deolindas, sombra de um passado que se esvai, não possui vitalidade suficiente para se ajustar às novas condições de vida, e por isso mesmo sucumbe. Estamos em 93, cinco anos depois de abolida a escravidão negra e quatro anos depois de derrubada a monarquia; a república está brigando para sobreviver e consolidar-se. Entramos, pois, num tempo que se caracterizará, entre outras muitas coisas, pelo movimento de ascensão social da mulher. Tempo em que o casamento tende a se tornar um problema de solução livre, normal, igualitária, e não mais a saída única e obsessiva para uma libertação no fim de contas ilusória.[46]

A importância desse texto, que comenta não apenas a cidade visível do Rio de Janeiro, através de seus logradouros, mas também hábitos, costumes e

---

[43] Idem.
[44] Ibidem, p. 93.
[45] Idem.
[46] Com esta mais que pertinente observação, Astrojildo Pereira encerra seu ensaio, datado de março-abril de 1941. Ibidem, p. 94.

principalmente sentimentos. Como diria Baudelaire, de novas sensibilidades. "Romancistas da cidade" cobre um período de praticamente cem anos, do começo do século XIX ao começo do século XX, a partir de três romancistas diferenciados no tempo e nas concepções de mundo, mas também reflete o período no qual foi escrito, sobre o qual vale a pena comentar.

A literatura e a cultura no Brasil, de 1900 a 1945, ficaram marcadas por aquilo que Antonio Candido definiu, num texto para estrangeiros (1950), por uma dialética do localismo e o cosmopolitismo, ora predominando um nacionalismo exacerbado, ora por imitações de padrões europeus[47]. Se os anos 1920 foram marcados pela presença modernista, somente nos anos 1930 o pensamento social ganhou reconhecida maturidade nos trabalhos dos "intérpretes do Brasil"[48]. Mesmo com a implementação do Estado Novo em 1937, e todas suas imposições autoritárias, o campo intelectual e o campo da cultura marcavam uma presença até no próprio aparelho de Estado[49].

O início dos anos 1940 foi muito difícil para qualquer pessoa medianamente informada. A guerra se alastrava pela Europa e pelo mundo. Para um intelectual comunista, a coisa se agravava, principalmente se ele se chamasse Astrojildo Pereira: muitos comunistas estavam presos e incomunicáveis pela ditadura do Estado Novo, como Luís Carlos Prestes, a censura à imprensa era mantida pela ação do DIP, e, no plano internacional, começavam as denúncias de crimes do stalinismo e a divulgação da existência de campos de concentração na Alemanha; para completar, a União Soviética assinava, em 1939, um pacto de não agressão com a Alemanha nazista, o que deixou muitos comunistas indignados ou perplexos e muito anticomunistas aliviados, por mais de uma

---

[47] "O que temos realizado de mais perfeito como obra e personalidade literária (um Gonçalves Dias, um Machado de Assis, um Joaquim Nabuco, um Mário de Andrade) representa os momentos de equilíbrio ideal entre as duas tendências"; Antonio Candido, "Literatura e cultura de 1900 a 1945", em Antonio Candido, *Literatura e sociedade: estudos de teoria e história literária* (São Paulo, Editora Nacional, 1975), p. 109-10.

[48] Ver "Dossiê Intérpretes do Brasil: anos 30", *Revista USP*, n. 30, jun-ago. 1998. Os intérpretes são, como se sabe, Sérgio Buarque de Holanda, Gilberto Freyre e Caio Prado Jr.

[49] É o período em que o Ministro da Educação, Cultura e Saúde, Gustavo Capanema, tinha não apenas Carlos Drummond de Andrade como chefe de gabinete, mas também contava com a colaboração de diversos intelectuais em publicações como *Cultura Política*. Sobre o período e suas contradições, ver Raul Antelo, *Literatura em revista* (São Paulo, Ática, 1984); Carlos Guilherme Mota, *Ideologia da cultura brasileira: 1933-174* (São Paulo, Ática, 1977); e, principalmente, Simon Schwartzman, Helena Maria Bousquet Bomeny e Vanda Maria Ribeiro Costa, *Tempos de Capanema* (Rio de Janeiro/São Paulo, Paz e Terra/Edusp, 1984).

razão[50]. Mesmo assim, os comunistas foram instruídos que aquilo era um mal necessário. Difícil. No plano da cultura mundial (leia-se ocidental e capitalista) ainda não se sentia a mudança de eixo da Europa, seja a Paris da *belle époque* ou a Berlim dos anos 1920, para a América do Norte; mas Nova York já adquiria traços que iriam torná-la uma "capital cultural do mundo"[51]. E Nelson Rodrigues só estrearia nos palcos cariocas em 1943, período em que as coisas começavam a melhorar para os que lutavam por um mundo melhor.

Do período em que publicou *URSS Itália Brasil* (1935) à publicação de *Interpretações* (1944), Astrojildo dedicou-se profissionalmente ao comércio de bananas, mas teve rica participação em atividades culturais e organizações de intelectuais. Nesse período, fez grandes amizades com poetas (Carlos Drummond de Andrade e Manuel Bandeira), escritores (Graciliano Ramos e Octavio Tarquínio de Sousa), ensaístas (Nelson Werneck Sodré) e até intelectuais estrangeiros que chegavam fugidos do nazismo (Otto Maria Carpeaux e Paulo Rónai). Em 1943, Astrojildo participou ativamente da organização, a partir da Associação Brasileira de Escritores, de uma União dos Trabalhadores Intelectuais, de oposição ao regime, conforme registrou o poeta Carlos Drummond de Andrade em seu diário:

> *Março, 28* – Reunimo-nos. Astrojildo Pereira, Octavio Tarquínio [de Sousa] e eu para cuidar da organização do setor de escritores da UTI. Por proposta de Tarquínio e com o meu voto, foi escolhido Astrojildo Pereira para presidente provisório. A redação da mensagem aos escritores do país, pró-anistia, será redigida por Tarquínio. Escolhemos Dalcídio Jurandir para elemento de ligação com os artistas plásticos; Antonio Rangel Pereira para a mesma função junto aos jornalistas; Otávio Dias Leite para divulgação do noticiário.[52]

Mas além da organização dos intelectuais ante o Estado Novo no plano interno, e na luta contra o Eixo, no plano externo, a vida cultural carioca mostrava-se, a partir de 1942, mais animada. Em 1942, chega ao Rio o cineasta Orson Welles para filmar *It's all true*. Em 1943, a Atlântida filma

---

[50] Sobre o abalo provocado pelo pacto germano-soviético no mundo e no Brasil, ver Joel Silveira e Geneton Moraes Neto, *Hitler/Stálin: o pacto maldito* (Rio de Janeiro, Record, 1990).
[51] Ver Leonard Wallock (org.), *New York, Culture capital of the world: 1940-1965* (Nova York, Rizzoli, 1988).
[52] Carlos Drummond de Andrade, *O observador do escritório: páginas de diário* (Rio de Janeiro, Record, 1985), p. 29.

seu primeiro longa-metragem, *Moleque Tião*[53]. No teatro, estreava *Vestido de noiva*, de Nelson Rodrigues, com direção do exilado Zbigniew Ziembinski[54]. As editoras mantinham-se como pontos de encontro. Os cafés, também. O que a União Soviética havia assustado em 1939 conseguiu provocar euforias em 1942, após a Batalha de Stalingrado[55], cuja vitória do Exército Vermelho soviético foi saudada, entre muitos, por Drummond:

[...]
As cidades podem vencer, Stalingrado!
Penso na vitória das cidades, que por enquanto é apenas
  [uma fumaça subindo do Volga.
Penso no colar de cidades, que se amarão e se defenderão
  [contra tudo.
Em teu chão calcinado onde apodrecem cadáveres,
a grande Cidade de amanhã erguerá a sua Ordem.[56]

Nesse clima, os que estavam clandestinos começavam a retomar atividades públicas. Vislumbrava-se o fim da guerra, mas também aumentava a violência da "solução final" na Alemanha. Os Estados Unidos preparavam o desembarque na Normandia. Talvez não tenha ocorrido, no século XX, um período tão forte em emoções e esperanças. O Dia D, 6 de junho de 1944, numa época em

---

[53] Sérgio Augusto, *Este mundo é um pandeiro* (São Paulo, Companhia das Letras, 1989), p. 44.
[54] O próprio Nelson Rodrigues procurou Astrojildo Pereira para saber sua opinião sobre a peça. Rui Castro, em sua importante biografia sobre o dramaturgo, assim comenta o encontro: "[Nelson Rodrigues] procurou Astrojildo Pereira, fundador do Partido Comunista e uma pessoa unanimemente gostada e respeitada, exceto pela polícia. Astrojildo também se impressionou e escreveu: 'É uma peça que poderá marcar novos rumos no teatro brasileiro'"; Ruy Castro, *O anjo pornográfico*, (São Paulo, Companhia das Letras, 1997), p. 160.
[55] "Em 11 de junho de 1942, a imprensa divulgaria um manifesto assinado por cem intelectuais – entre os quais Graciliano Ramos, Moacir Werneck de Castro, Samuel Wainer, Astrojildo Pereira, Rachel de Queiroz, Hermes Lima e Rubem Braga – descrevendo a guerra como 'nada mais que o choque histórico decisivo entre as forças progressistas que visam a ampliar e consolidar as liberdades democráticas e as forças retrógradas, empenhadas em manter e alargar no mundo inteiro os regimes de escravidão'. Irritado, o ministro da Guerra, Eurico Dutra, mandaria uma carta laudatória a Vargas qualificando o documento de 'propaganda comunista', sob pretexto de analisar o conflito mundial"; Dênis de Moraes, *O velho Graça: uma biografia de Graciliano Ramos* (São Paulo, Boitempo, 2012), p. 201.
[56] Carlos Drummond de Andrade, "Carta a Stalingrado", em *Poesia e prosa: volume único* (Rio de Janeiro, Nova Aguilar, 1979), p. 223.

que a guerra ainda dependia da coragem humana, tão fortemente registrada no cinema de Steven Spielberg, no filme *O resgate do soldado Ryan* (1998), marca, ao lado da Batalha de Stalingrado, uma virada histórica decisiva para esse século, cujos desdobramentos se fizeram sentir no final da guerra, em 1945. O período, que pode ser datado entre a invasão da Normandia e a rendição da Alemanha em maio de 1945, quando pessoas desconhecidas beijavam-se nas ruas de importantes metrópoles para comemorar o fim da guerra e o início de uma nova época, foi o que demonstrou ser possível construir um mundo em novas bases. Até que o balde de água fria tenha sido despejado no Japão pelas bombas atômicas em Hiroshima e Nagasaki, e a nova época tão aguardada desembocando numa guerra que foi denominada de fria, mas que acirrou sectarismos e desdobramentos violentos, pondo fim a esperanças vãs.

Assim, ainda em 1944, o historiador Nelson Werneck Sodré, ainda na ativa do Exército, mas já intelectual reconhecido pelos livros publicados, registrou em suas memórias o encontro com Astrojildo Pereira:

> Com o fim da guerra se aproximando, com a nossa participação nela e, finalmente, como decorrência necessária, com a redemocratização e a anistia que restituiu a liberdade aos presos políticos – entre eles, Prestes, com quase dez anos de cárcere e padecendo condenação praticamente à eternidade – começaram a emergir da clandestinidade aqueles que haviam escapado às batidas policiais. Entre eles, Astrojildo Pereira. Era um homem plácido, senhor de si, reservado, modesto, mas amistoso, extremamente simples e acessível. Baixo, mais para magro, calvície central avançando depressa, cabelos laterais grisalhos, tinha um todo acolhedor que, por si só, mesmo que lhe fosse desconhecido o passado, impunha natural respeito. Estava entre os cinquenta e os sessenta anos, mas rijo, lépido, bem disposto. Era recebido com alta consideração, onde quer que se apresentasse. Encontrei-o, com frequência, no escritório de José Olympio, e ainda à porta da livraria, na rua do Ouvidor, 110. Estava sempre rodeado de amigos. Sua inata modéstia, sua atitude sem qualquer afetação, ajudavam, encorajavam os que pouco o conheciam ou desconheciam, mas desejavam aproximar-se, conversar com ele. Na sala de trabalho de José Olympio havia [...] um desenho em que aparecem as três cabeças, a de Astrojildo Pereira, a de Octavio Tarquínio de Sousa e a de Nelson de Melo. Amigos do dono da casa, também o eram uns dos outros. Entre as cabeças de Astrojildo e de Tarquínio havia grande semelhança, talvez por causa da larga calva que, em ambos, ocupava já todo o alto da cabeça.[57]

---

[57] Nelson Werneck Sodré, *A luta pela cultura* (Rio de Janeiro, Bertrand Brasil, 1990), p. 42.

Era esse o período que antecede a publicação de *Interpretações*: um período tenso, mas pleno de possibilidades políticas e culturais. E o ensaio "Romancistas da cidade" participava, a seu modo, desse clima e desse debate. Na aparente singeleza de um discurso que preservava algo da crônica, não tão subversiva, mas que também não era rigorosamente um ensaio, tampouco uma resenha, se escondia um amor a uma cidade que um dia recebeu um jovem provinciano, despertou-o para a luta revolucionária e fez com que ele descobrisse a modernidade. No texto de Astrojildo já se antevê o que o livro torna explícito no último capítulo: uma oposição para a inteligência no quadro de um mundo liberto do nazifascismo. Por trás de seus comentários líricos e literários sobre a forma como escritores românticos e realistas tratavam a cidade que o adotou e foi por ele adotada, revelavam-se sutilmente os sentimentos de uma mudança, real e necessária, tal qual a Paris de Baudelaire analisada por Walter Benjamin. Essas mudanças podiam ser alegorizadas pela presença da mulher, antes submissa e dominada, agora alguém com personalidade própria para transformar seu mundo e com ele o próprio mundo. Mas ainda uma Ariadne com seu fio a decifrar o discurso da cidade. A cidade e a mulher, duas paixões que permitiam ao escritor militante sonhar com um mundo sem opressões nem humilhações, sem cobranças partidárias e no qual ele pudesse ler com tranquilidade seu maior ídolo da adolescência, o escritor Machado de Assis.

VII
Machado de Assis e a política cultural

> *Assim se vai fazendo a história, com aparência igual ou vária, mediante a ação de leis, que nós pensamos emendar, quando temos a fortuna de vê-las. Muitas vezes não a vemos, e então imitamos Penélope e o seu tecido, desfazendo à noite o que fazemos de dia, enquanto outro tecelão maior, mais alto ou mais fundo e totalmente invisível compõe os fios de outra maneira, e com tal força que não podemos desfazer nada. Sucede que, passados tempos, o tecido esfarrapa-se e nós, que trabalhávamos em rompê-lo, cuidamos que a obra é nossa. Na verdade, a obra é nossa, mas é porque somos os dedos do tecelão; o desenho e o pensamento são dele, e presumindo empurrar a carroça, o animal é que a tira do atoleiro, um animal que somos nós mesmos...*
>
> Machado de Assis[1]

Se a relação da literatura com o espaço urbano moderno pode ter Ariadne como musa a soltar seu fio no labirinto de significações do discurso da cidade, a relação de Astrojildo Pereira com a obra de Machado de Assis se aproxima mais de Penélope a tecer seu tapete. Penélope é a mulher que devotou todo seu tempo à espera da volta de Ulisses, assim como Astrojildo devotou vinte anos (1939-1959) à tentativa de desvendar o fio que costurava o tapete da obra de Machado de Assis. A relação de Astrojildo com Machado é por demais evidente: foi seu primeiro gesto público, ainda adolescente, e foi o que deu origem ao seu principal ensaio. Pode-se dizer que foram duas suas ideias fixas na vida adulta: o comunismo e Machado de Assis. E não foi perdoado por nenhuma das duas. Nas duas ideias fixas, Astrojildo Pereira enfrentou problemas, mas é com Machado de Assis que o problema afeta o que ele julgava estar mais

---

[1] Crônica publicada em *A Semana*, 21 fev. 1897, em Machado de Assis, *Obra completa*, v. 3 (Rio de Janeiro, Nova Aguilar, 1973), p. 767.

preparado: o rigor e o talento para sua atividade intelectual. Mas é também a partir de Machado de Assis que sua contribuição só cresceu com os anos, mesmo quando não é reconhecido como mereceria[2]. É que, mais uma vez, a questão se desloca quanto aos objetivos e às possibilidades de leituras que a "ideia fixa"[3] de Astrojildo permite. Uma é a relação entre ficção e história e esta já tem encontrado interlocutores bastante preparados, como se verá. Outra é a que se pretende com este capítulo: mais do que um aliado na luta ideológica brasileira, Machado de Assis interessa a Astrojildo Pereira como base para a elaboração de uma política cultural. Em outras palavras, tem-se por um lado, o romance como narrativa da revolução e da transformação social: a relação entre a obra de Machado de Assis e a história; e por outro, uma tentativa de atualizar uma preocupação já presente em Machado de Assis

---

[2] Um dos mais importantes intérpretes de Machado de Assis no final do século XX é, indiscutivelmente, Roberto Schwarz, que inovou na crítica machadiana, tendo publicado livros fundamentais: *Ao vencedor as batatas* (São Paulo, Duas Cidades, 1977); *Um mestre na periferia do capitalismo: Machado de Assis* (São Paulo, Duas Cidades, 1990); e *Duas meninas* (São Paulo, Companhia das Letras, 1997). Reconheceu em entrevista a Gildo Marçal Brandão e O. C. Louzada Filho um mérito inovador na abordagem de Astrojildo Pereira: "O Astrojildo procura reconhecer aspectos da história social do Brasil na obra de Machado e naturalmente esse trabalho tem o mérito de chamar a atenção para o fato de que essas coisas se ligam, não é? Nesse sentido, obviamente, o meu trabalho é devedor do dele. Porém, o meu problema não é tanto o de reencontrar aspectos, mas o de procurar correspondências estruturais, e isso não aparece em Astrojildo, até pelo contrário. De fato, o Astrojildo procura puxar o Machado para posições mais progressistas, procura encontrar nele aspectos socialmente simpáticos. De certo modo, minha orientação vai em sentido inverso: eu procuro mostrar como, em parte, a profundidade literária de Machado de Assis foi ligada a um certo distanciamento das questões do momento, às vezes até mesmo a uma tomada de posição senão conservadora, pelo menos difícil de ser classificada de progressista. Enfim, o Astrojildo estava mais interessado em ganhar um aliado na luta ideológica brasileira, enquanto eu estava mais interessado em dar uma análise social e de esquerda do processo literário, sem prejulgar que um grande escritor tem de ser necessariamente de esquerda"; Roberto Schwarz, entrevistado em *Encontros com a civilização brasileira*, Rio de Janeiro, Civilização Brasileira, n. 15, set. 1979, p. 102-3. Em outro importante intérprete, de forma até mais direta, pode-se encontrar ressonâncias de Astrojildo Pereira: é o caso do inglês John Gledson, que tem realizado um excelente trabalho de crítica, de organização de contos e crônicas e de tradução de textos de Machado de Assis, que será comentado adiante.

[3] Para Astrojildo, Machado de Assis bem sabia que "sem ideia fixa não se faz nada bom neste mundo", conforme pôs na boca de uma personagem de *A mão e a luva*, o advogado Luís Alves, homem obstinado como um dogue. Astrojildo Pereira, "Instinto e consciência da nacionalidade", em *Machado de Assis: ensaios e apontamentos avulsos* (São Paulo/Brasília, Boitempo/Fund. Astrojildo Pereira, 2022).

e que é pertinente a uma atuação específica do intelectual na sociedade, como produtor e agente cultural.

Mas isso não quer dizer que Astrojildo se salva por ser considerado um intérprete de Machado de Assis que busca torná-lo parte integrante de uma política cultural do PCB. As duas ideias podem ser fixas, mas não precisam necessariamente estar juntas. Isso seria um reducionismo que não contribuiria para compreender uma obra tão rica em possibilidades. Ao não desmerecer o aspecto político ou cultural na questão, ou mesmo como tentativa de utilizá-lo, pela classificação de sua obra em alguma escola de sua preferência, mesmo como parte de uma luta ideológica, isso não o obriga por suas raízes históricas a formular um projeto partidário. O próprio Astrojildo alertou sobre isto, quando comentou a relação da obra de Machado de Assis com a cidade do Rio de Janeiro:

> Para citar desde logo o maior de todos, temos Machado de Assis, nascido, crescido e vivido nesta boa cidade do Rio de Janeiro, onde também nasceu, cresceu e viveu toda a sua obra. Toda a sua obra, com efeito, está cheia como nenhuma outra do Rio do Janeiro do seu tempo: mas está cheia também, está mesmo ainda mais cheia de muitas outras coisas. E são estas muitas outras coisas que conferem a Machado de Assis uma posição de romancista singular em nossas letras, de certo modo rebelde aos sistemas e classificações.[4]

Mas isso não nega a questão que pode realmente ser a central: existe nela embutida um elemento político que é pertinente à cultura, a defesa de que só a obra fundamental contribui no esclarecimento e no avanço do processo social – que os aspectos estéticos são primordiais e decisivos na qualidade política de uma obra. E essa obra não necessita ser moldada por um sistema ou uma classificação. Muito menos estar a serviço de um partido. Nem mesmo seu autor necessita comungar das mesmas posições. É, portanto, uma guinada que não separa o crítico do revolucionário, como querem os detratores e os defensores. Ainda aqui, Astrojildo é revolucionário, mas já não partidário até a medula. O que quer propor, nos limites da (in)tolerância partidária, é uma posição estética, que o aproxima de um Gramsci ou de um Lukács, talvez até

---

[4] Idem, "Romancistas da cidade: Manuel Antônio, Macedo e Lima Barreto", em *Interpretações* (São Paulo/Brasília, Boitempo/Fund. Astrojildo Pereira, 2022), p. 51.

mais de Trótski[5], e o afasta definitivamente do realismo socialista zdanovista[6]. É uma busca para escapar com dignidade, *avant la lettre*, do que se aproximava como dogma absoluto, e sem trair convicções[7].

Em três momentos decisivos da vida de Astrojildo Pereira, Machado de Assis esteve presente: na adolescência, em 1908, quando visitou o escritor um dia antes de sua morte e virou alegoria da nacionalidade no texto de Euclides da Cunha; na maturidade, em 1939, quando publicou um ensaio sobre a relação entre o romancista e o Brasil da segunda metade do século XIX, que o notabilizou como ensaísta; e na velhice, em 1964, quando foi preso e sua visita adolescente foi usada, pela primeira vez com sua autorização, na campanha para libertá-lo das garras dos que haviam dado um golpe militar no país. Preso pela "ideia fixa" do comunismo, foi solto pelo uso da "ideia fixa" de Machado de Assis. Portanto, o ponto central dessa história é a importância que tem em sua trajetória o ensaio "Machado de Assis, romancista do Segundo

---

[5] Este comentário entra aqui como provocação, mas que terá seu espaço no capítulo "Vanguardas estéticas e vanguardas políticas", no qual as posições de Trótski serão abordadas.

[6] Embora o Congresso de escritores na União Soviética, que adotou o realismo socialista como modelo para os escritores e para a crítica, tivesse sido realizado em 1934, seus desdobramentos no Brasil se fizeram sentir com mais intensidade depois da guerra. Sobre uma visão introdutória, ver Martin Cezar Feijó, *O que é política cultural* (São Paulo, Brasiliense, 1983); e sobre as implicações no Brasil, ver Dênis de Moraes, *O imaginário vigiado: a imprensa comunista e o realismo socialista no Brasil (1947-1953)* (Rio de Janeiro, José Olympio, 1994).

[7] Reconheço aqui ter ampliado minha cota de risco do anacronismo, por situar uma questão que só ficará mais evidente, pelo menos no Brasil, nos anos 1950. O conceito de anacronismo, chamado de "pecado mortal do historiador" por Lucien Febvre, foi exposto pelo historiador Fernando Novaes durante o Seminário "Brasil 500 anos: experiência e destino", em Brasília, agosto de 1998, e transmitido pela TV Câmara em 19 de fevereiro de 1999. O risco do anacronismo, lembra o palestrante, é o do historiador "recompor um fragmento de vida num determinado momento sem esquecer o que aconteceu depois e que ele sabe, mas que as pessoas que viveram não sabiam". Para Lucien Febvre, continua Fernando Novaes, seria necessário esquecer o que aconteceu depois. Em outras palavras, é praticamente impossível livrar-se do anacronismo, porque, como explicou Maurice Halbwachs, em *A memória coletiva*, esquecer ou lembrar não é uma opção pessoal, mas uma condição social. A qualidade do discurso do historiador é medida pela "capacidade em recompor aquele fragmento da existência humana sem imputar ao protagonista que viveu o conhecimento do que aconteceu depois, e que nós sabemos". Do drama do anacronismo, conclui o professor Fernando Novaes em sua brilhante palestra, ninguém escapa. O que deve haver é mais consciência sobre isso, o que espero estar alcançando nesta obra. Fica aqui, pelo menos, o registro de uma intenção e a certeza de que o campo da comunicação apresenta uma vantagem sobre o campo do discurso do historiador: enquanto neste deve prevalecer uma perspectiva diacrônica, naquele há sempre a possibilidade, quando não a desculpa, de poder ser sincrônica.

Reinado", de 1939[8], que foi republicado duas vezes: em *Interpretações* e em seu livro *Machado de Assis*[9]. Curiosamente, a repercussão favorável que teve na primeira publicação, ainda em artigo, em 1939, e em livro, em 1944, foi bombardeada quando a segunda edição foi lançada, até com mais ensaios sobre o escritor, no final dos anos 1950[10]. Os contextos eram bem diversos e aqui cabe um comentário ao texto principal.

Após expor a "singular conjunção de contrastes" que marcou a vida de Machado de Assis – tímido e sensual, pobre e órfão, que "fez-se pelas próprias mãos o maior escritor brasileiro", pacato e determinado, solitário e animador cultural, enfermo constitucional e saúde equilibrada[11] –, Astrojildo Pereira destaca:

> O escritor é o desdobramento do homem. Em Machado de Assis, coexistem e completam-se o analista rigoroso e frio e o criador empolgante. O seu método de composição é um misto de cálculo e de espontaneidade: a trama da ficção, o desenvolvimento das situações, o encadeamento dos episódios, o desenho dos caracteres, a reação psicológica dos personagens, o desenlace dos conflitos – tudo isso se processa obedecendo a cálculos minudentes e seguindo ao mesmo tempo uma linha de absoluta espontaneidade na fixação da narrativa no papel.[12]

---

[8] Astrojildo Pereira, "Machado de Assis, romancista do Segundo Reinado", *Revista do Brasil*, n. 12, jun. 1939.

[9] Publicado pela Livraria São José, Rio de Janeiro, 1959. Em 2022, uma nova edição da obra foi publicada pela Boitempo: *Machado de Assis: ensaios e apontamentos avulsos* (São Paulo/Brasília, Boitempo/Fund. Astrojildo Pereira, 2022).

[10] O principal ataque, e mais contundente, partiu de Octávio Brandão, que chegou a escrever um livro para polemizar com Astrojildo Pereira, e que vai ser visto em capítulo específico.

[11] Curiosamente, Astrojildo não comenta aqui, nem como "contraste", a questão racial em Machado de Assis, que de mulato, filho de uma negra, virou grego, como comentou Joaquim Nabuco em carta a José Veríssimo, que havia escrito um texto após a morte do escritor em 1908: "Seu artigo no *Jornal* está belíssimo, mas esta frase causou-me arrepio: 'Mulato, foi de fato um grego da melhor época'. Eu não teria chamado o Machado de *mulato* e penso que nada lhe doeria mais do que essa síntese. Rogo-lhe que tire isso, quando reduzir os artigos a páginas permanentes. A palavra não é literária e é pejorativa, basta ver-lhe a etimologia. Nem sei se alguma vez ele a escreveu e que tom lhe deu. O Machado para mim era um branco, e creio que por tal se tomava; quando houvesse sangue estranho, isto em nada afetava a sua perfeita caracterização caucásica. Eu pelo menos só vi nele o grego. O nosso pobre amigo, tão sensível, preferia o esquecimento à glória com a devassa sobre as suas origens"; citado em Walnice Nogueira Galvão, "Uma cidade, dois autores", em *Desconversa* (Rio de Janeiro, Editora UFRJ, 1998), p. 111.

[12] Astrojildo Pereira, "Machado de Assis, romancista do Segundo Reinado", em *Interpretações* (São Paulo/Brasília, Boitempo/Fund. Astrojildo Pereira, 2022), p. 25.

O principal contraste destacado é o das palavras e do "conteúdo substancial", no sentido humano e filosófico, no qual a negação e a afirmação convivem lado a lado, assim como a relação de equilíbrio entre o localismo e o cosmopolitismo. Astrojildo não nega, pelo contrário, reforça, o caráter universal da obra de Machado, considerando-o o "mais universal de nossos escritores"[13]; mas também faz questão em insistir, com segurança, "que ele é também o mais nacional, o mais brasileiro de todos".[14]

Mas o objetivo principal do ensaio "Machado de Assis, romancista do Segundo Reinado", a partir da premissa que nenhum escritor foi capaz de mostrar tão profundamente o homem brasileiro, é demonstrar a relação existente entre a ficção de Machado de Assis e a história, particularmente a brasileira. O contexto histórico da trajetória de Machado é apontado: iniciou a carreira por volta de 1860, em pleno Segundo Reinado, e a terminou em plena maturidade, quando morreu, em 1908, com a República ainda se consolidando. Mas sua obra decisiva foi realizada durante o reinado de D. Pedro II[15], exatamente

---

[13] E isso vem se confirmando cada vez mais. Quando da publicação das traduções em inglês de dois dos mais importantes livros de Machado de Assis, *The posthumous memoirs of Brás Cubas* (trad. Gregory Rabassa) e *Dom Casmurro* (trad. John Gledson), ambas pela Oxford University Press, Nova York, a repercussão foi muito favorável. Um crítico do *The New York Times*, David Jackson, lembra que o editor de Machado em inglês chega a comparar sua obra com a do cineasta Woody Allen, e o quanto podem ter em comum: "*The publisher quotes Woody Allen as saying he finds Machado witty, insightful, brilliant and – the key word – modern. The two writers have a lot in common. Machado used the Manhattan of his day, Rio de Janeiro, capital city of the Brazilian empire, as a stage for a human comedy drawn from the classics and adapted to what Machado called 'young, hot countries'. He was a subtle humorist and even at times a comedian, who constructed ethical or philosophical scenarios on a grand scale that revealed implicit flaws and failures in his characters*"; David Jackson, "Madness in a tropical manner", *The New York Times*, 22 fev. 98. O resenhista, professor de literatura brasileira e portuguesa em Yale, termina sua resenha com entusiasmo: "*The best thing to do is to put down this review and go immediately to his novels*". Mas quero esclarecer que o objetivo desta nota não é adotar uma postura colonizada, mas confirmar Astrojildo Pereira no que se refere ao quanto de universal ainda está para ser descoberto em Machado de Assis. Quem viver, verá.

[14] Astrojildo Pereira, "Machado de Assis", cit., p. 26.

[15] Coincidentemente, no mesmo ano em que Astrojildo publicava pela primeira vez este ensaio, veio a lume um importante livro de Nelson Werneck Sodré, intitulado *Panorama do Segundo Império* (Graphia Rio de Janeiro, 1998), em que faz uma análise histórica do que Astrojildo estudava literariamente. Sobre o período, com enfoque mais antropológico, também pode-se ver Lilia Moritz Schwarcz, *As barbas do imperador: D. Pedro II, um monarca nos trópicos* (São Paulo, Companhia das Letras, 1998).

no importante período marcado pela "transição no desenvolvimento da nacionalidade brasileira"[16], no qual a própria monarquia, transplantada para os trópicos, já seria marcada por um signo da transitoriedade. Astrojildo analisa o contraste entre uma monocultura escravista com um desenvolvimento em moldes capitalistas a partir de 1840, com o surgimento de uma nova classe em ascensão, uma burguesia querendo participar das decisões políticas. É, portanto, um período de deslocamento, de transição, que marcou a evolução social do Brasil: extinção do tráfico de escravos, protecionismo, instalação de estradas de ferro, atuação do barão de Mauá, abolicionismo, questão religiosa etc. A obra de Machado de Assis, em plena evolução, consolida-se nesse contexto, mesmo nada possuindo "de panorâmico, de cíclico, de épico"[17].

> Não há nela nenhuma exterioridade de natureza documentária, nenhum sistema rapsódico ou folclórico, nenhum plano objetivo elaborado de antemão. Os seus contos e romances não abrigam heróis extraordinários, nem fixam ações grandiosas e excepcionais. Eles são construídos com o material humano mais comum e ordinário, como as miudezas e o terra-a-terra da vida vulgar de todos os dias. Mas que poderosa vitalidade vibra no interior da gente que povoa os seus livros! É gente bem viva – barões e coronéis, citadinos e provincianos, nhonhôs e sinhás, escravos e mucamas, deputados e magistrados, médicos e advogados, rendeiros e comerciantes, padres e sacristãos, empregados e funcionários, professores e estudantes, agregados e parasitas, atrizes e costureiras, e as donas de casa, e as moças namoradeiras, e as viúvas querendo casar de novo... –, gente que se move, que se agita, que trabalha, que se diverte, que se alimenta, que dorme, que ama, que não faz nada, que morre... Gente rica, gente remediada, gente pobre, gente feliz e gente desgraçada – toda a inumerável multidão de gente bem brasileira que vai empurrando o Brasil para a frente, avançando em zigue-zague, subindo montanhas e palmilhando vales, ora puxando ora sendo puxada pelo famoso carro da história...[18]

E é exatamente por este aspecto que a relação entre a obra de Machado de Assis e o período histórico que ele retratou e no qual foi escrita deve ser vista com extremo cuidado. É o que Astrojildo faz. Em primeiro lugar, ele não parte

---

[16] Astrojildo Pereira, "Machado de Assis", cit., p. 27.
[17] Ibidem, p. 28.
[18] Ibidem, p. 28-9.

do evento histórico para fazer sua análise. Astrojildo, apesar de autodidata, respeita rigorosamente os três recortes básicos em qualquer estudo dedicado às ciências humanas, entre elas o estudo de comunicações: o recorte lógico, o cronológico e o espacial, sendo que os dois últimos devem estar subordinados ao primeiro. Ou seja, seu estudo não é sobre a história nem sobre os eventos históricos[19] na obra de Machado de Assis, mas tem como objeto (o recorte lógico) a própria obra do escritor. E é rigorosamente a partir dela que Astrojildo constrói seu texto, sua análise e seus comentários. Não pode ser considerada impressionista uma abordagem com este refinamento, nem intuitiva, ainda que a intuição nunca possa ser desprezada em qualquer análise, principalmente a que lida com a complexidade dos fatos estéticos, assim como nem mesmo a imaginação criativa. Em suma, por meio do recorte lógico, que são os textos de Machado de Assis, e só a ele subordinado, Astrojildo aborda o específico dessa obra, não deixando de lado o recorte cronológico (o Segundo Reinado, 1840-1889), portanto histórico, nem o espacial (a cidade do Rio de Janeiro), portanto antropológico, o que o aproxima, aí sim, embrionariamente, na conjunção dos recortes, do campo da comunicação. Não é, portanto, rigorosamente em termos metodológicos, nem uma análise historiográfica nem exclusivamente literária, mas é na fronteira entre o *métier* do historiador e do crítico literário que o experiente jornalista, formado nas crônicas subversivas e no publicismo revolucionário, alcança uma dimensão original que a crítica tradicional ainda não estava preparada – será que já está? – para compreender, mas que contribuiu como importante referência para os que viam naquele aparente modesto trabalho algo muito profundo, a ser refletido com atenção. Entre esses que apontaram méritos nos textos de Astrojildo Pereira estão o modernista Mário de Andrade, o historiador marxista Nelson Werneck Sodré, o historiador e crítico literário Sergio Buarque de Holanda e o iniciante crítico Antonio Candido.

Nesse sentido, o que a obra de Machado de Assis reflete com relação ao tempo e espaço no qual foi construída refere-se a um tema recorrente: a família. Astrojildo lembra que a família é o centro e a base de uma sociedade: "quem

---

[19] Aliás, nem a própria história deve-se limitar aos eventos. Como escreveu Fernand Braudel, que infelizmente tenho na memória, mas não tenho o registro preciso da fonte: "os eventos históricos são como vaga-lumes nas noites brasileiras, brilham, mas não esclarecem". Como se sabe, o grande historiador, assim como Lévi-Strauss, morou em São Paulo, quando veio lecionar na então inaugurada Universidade de São Paulo, na Faculdade de Filosofia, Letras e Ciências Humanas.

diz família diz casamento, quem diz casamento diz amor, e quem diz amor diz complicação"[20]. Ou, como o próprio Machado de Assis, citado por Astrojildo, chegou a registrar em crônica: "complicação do natural com o social"[21]. Parte disso pode ser atribuído ao fato de que Machado de Assis colaborou, de 1864 a 1878, no *Jornal das Famílias*, no qual também teria buscado exercer como contista uma função educadora. Machado de Assis sabia ser lido por "moçoilas casadouras" e, por meio de seus contos e depois de seus romances, foi um crítico do casamento por conveniência. Segundo Astrojildo, ele chega a colocar na boca de uma personagem, em *Histórias românticas*, o que poderia ser opinião pessoal sobre a questão: a de ser cético com relação a tudo, mas que guardava certa "veleidade de crer no amor", porque, para a personagem cética, o amor deveria ser a única razão do casamento[22]. Nesse ponto, Machado de Assis parece ter conseguido como pessoa realizar este objetivo. Seu poema mais famoso, de 1906, considerado por muitos o melhor que escreveu, foi exatamente em homenagem póstuma àquela mulher que o acompanhou por praticamente toda a sua vida adulta, Carolina Xavier de Novaes[23], sua Penélope na vida real, intitulado "À Carolina".

Mas é na obra em prosa de Machado de Assis, analisada por Astrojildo, que o casamento se torna a base tanto do caráter universal de sua obra quanto do histórico e nacional. E não tão resolvido quanto o próprio vivido, mas sim marcado, como visto, por inevitáveis complicações:

---

[20] Machado de Assis, *Crônicas*, v. 4, cit., p. 22, citado em Astrojildo Pereira, *Interpretações*, cit., p. 29.
[21] Idem.
[22] Ibidem, p. 30.
[23] Machado de Assis conheceu a portuguesa Carolina Xavier de Novaes em 1867, pouco tempo depois de ela ter chegado do Porto, onde nasceu e viveu até então, vindo ao Brasil para cuidar do irmão doente, Faustino Xavier de Novaes. Ele teria aqui chegado para participar de um grupo de escritores portugueses convidados pelo imperador para fazer frente à influência de José de Alencar na cultura brasileira. O curioso é que o bairro do Rio de Janeiro no qual o escritor conheceu sua futura esposa é o mesmo em que Astrojildo Pereira morou nos últimos anos de sua vida: Rio Comprido. Sobre Carolina, a escritora Lúcia Miguel Pereira assim a definiu: "sem ser bonita, Carolina devia ter sido extremamente simpática e atraente; todos quantos a conheceram, e a louvam sem reservas, enaltecem a sua irradiante simpatia. [...] Em fins de 1866, por ocasião de sua vinda, anda pelos trinta e dois anos, mais cinco do que Machado de Assis, mulher feita, inteligente, desembaraçada, senhora de si, habituada, na casa paterna, ao trato dos intelectuais, de Camilo Castelo Branco, de Gonçalves Crespo"; Lúcia Miguel Pereira, *Machado de Assis: estudo crítico e biográfico* (São Paulo, Companhia Editora Nacional, 1936), p. 121.

É nos conflitos suscitados por esta complicação que Machado de Assis vai buscar os elementos necessários à tessitura de quase toda a sua obra de ficção. Eterna complicação, conflitos eternos. Sem dúvida; mas as criaturas envolvidas na complicação e nos conflitos, que ele explorou nos seus livros, são a réplica literária de outras criaturas de carne e osso, que viveram em dado momento histórico num dado meio social. Criaturas humanas, na realidade e na ficção, de essência igual a todas as criaturas humanas de todas as épocas e de todos os quadrantes da Terra, mas ao mesmo tempo criaturas brasileiras que viveram durante um determinado período da história brasileira. Daí por que a vida criada pelo ficcionista espelha, nas páginas dos seus livros, com igual intensidade e de modo inseparável, o humano e o brasileiro, o natural e o social, o permanente e o contingente. Ainda neste ponto encontramos Machado de Assis realizando, com arte suprema, uma harmoniosa conjunção de contrastes.[24]

O que se opera nesta obra é uma transformação no amor e no casamento que vai da chamada primeira fase, em que a conveniência determinava os enlaces, apesar de uma "pureza convencional" em *Iaiá Garcia*, até a última fase, a de *Memorial de Aires*, na qual o casamento já é motivado principalmente pelo amor, no contexto das transformações da sociedade. E isso como condição do amor burguês, em que a mulher aparenta ter – ou até alcança em alguns casos – mais igualdade com o homem. Mas é em *Brás Cubas* que o efeito corrosivo da pena que unia a galhofa com a melancolia se faz sentir com toda a sua devastação, com o trio Brás Cubas-Virgília-Lobo Neves, no qual as convenções se acabam. E Capitu, de *Dom Casmurro,* como soma de múltiplas personalidades, "toda ela só instinto metida na pele de uma pervertida requintada e imprevisível"[25], que com sua dissimulação "arrasa tudo, e o desfecho de seu caso vem a ser uma consolação bem melancólica de um mundo arrasado"[26]. Em *Esaú e Jacó*, o mundo é diferente, a monarquia já não existe, sendo um período de liquidação e divisor de águas entre uma sociedade patriarcal e uma sociedade do tipo burguês. É esta situação, em que as complicações do lar se confundem com o contexto histórico, que levou Mário de Andrade a comentar favoravelmente a análise original de Astrojildo Pereira:

---

[24] Astrojildo Pereira, "Machado de Assis", cit., p. 29-30.
[25] Ibidem, p. 34.
[26] Idem.

Aliás, Astrojildo Pereira veio recentemente acentuar essa afirmativa muito duvidosa, provando que Machado de Assis defendeu o princípio da família e da estabilidade do lar, censurando sempre em seus livros, e às vezes irritadamente, o "casamento de conveniência". Era partidário do casamento por amor. No que, aliás, Machado de Assis era exatamente um representante dos interesses burgueses do Segundo Reinado, como provou Astrojildo Pereira, no seu habilíssimo artigo.[27]

Mas o comentário do modernista deixa escapar o essencial, o que fica por trás dessa defesa. Na verdade, fica mais evidenciado pelo comentário de Astrojildo que o ceticismo do autor, antes romântico, agora ocupa todas as áreas da vida social, em que todas as veleidades foram perdidas. Aquele mundo do Segundo Reinado desabou. Mas a mudança era mais profunda e atingia também o plano econômico e político, ou dele é que partia o resto. E é a partir disso que Astrojildo Pereira estabelece outra relação entre a ficção e a história, que tem no romance *Esaú e Jacó* um momento fundamental.

A questão apresentada aqui é a que envolve o processo histórico fundamental do período – em que a escravidão e a luta abolicionista ressaltavam-se como temas principais – para Astrojildo Pereira, e como Machado tratou disso em seus livros. Em 1871, a nova etapa na luta pelo abolicionismo permite ao escritor compreender a questão da escravidão não como um tema sentimental, mas principalmente como "um fenômeno social em seu conjunto"[28], como é exemplificado no caso de *Esaú e Jacó*, romance de 1904:

> Já no início do *Esaú e Jacó*, o banqueiro Santos, certo dia de 1871, em caminho de Botafogo para o centro da cidade, refestelado no seu cupê de homem importante, ia pensando em várias coisas, entre elas, precisamente, a "lei Rio Branco, então discutida na Câmara dos Deputados; o banco era credor da lavoura". Ele seria, com toda a certeza, adversário da lei, porque a lei, ferindo os interesses dos fazendeiros, devedores do banco, ia por tabela ferir os seus próprios interesses... Nesse tempo, os filhos de Santos eram dois pirralhos: em 1888, porém, um era médico e o outro advogado; o médico – conservador e monarquista, e o advogado – revolucionário e republicano. Brigavam por tudo, sempre às turras; pois o 13 de Maio os colocou por instantes na mesma posição de aplauso – se bem que

---

[27] Mário de Andrade refere-se ao artigo de Astrojildo Pereira, "Machado de Assis, romancista do Segundo Reinado", em seu livro *Aspectos da literatura brasileira* (São Paulo, Martins, 1974), p. 91.
[28] Astrojildo Pereira, "Machado de Assis", cit., p. 36.

inspirado cada qual em motivo diverso: "Desacordo no acordo", põe Machado de Assis no alto da página como título do episódio. E conta: "[...] em 1888, uma questão grave e gravíssima os fez concordar também, ainda que por diversa razão. A data explica o fato: foi a emancipação dos escravos. Estavam então longe um do outro, mas a opinião uniu-os. – A diferença única entre eles dizia respeito à significação da reforma, que para Pedro era um ato de justiça, e para Paulo era o início da revolução".²⁹

Esse trecho evidencia uma questão sempre presente quando se discute a posição que Machado de Assis teve diante da abolição da escravatura e até com relação à proclamação da República. Astrojildo não tem dúvidas quanto às posições favoráveis à abolição, o mesmo não mantém com relação à causa republicana³⁰, mas também destaca que Machado nunca pôs sua pena a serviço da causa abolicionista para escrever panfletos ou instrumentalizar a questão em sua obra. O que lhe chama a atenção, e faz questão de frisar, é "o paralelismo com o sentido que ia tomando o desenvolvimento histórico do embate entre a escravidão e a abolição"³¹. E sempre pela particularidade, senão pelas questões familiares e afetivas que envolvem as personagens.

Outro episódio, também em *Esaú e Jacó*, é o que se refere à proclamação da República: um registro, para Astrojildo, marcado por uma "desencantada indiferença"³². Talvez tanto pelo episódio que Astrojildo lembra, mas não comenta, quanto pelo viés cético do velho Conselheiro Aires. O "capítulo" da proclamação da república que Astrojildo não destaca não *é* um, mas *são* vários: LX ("Manhã de 15"), quando Aires toma conhecimento, na rua do Ouvidor, de que "os militares tinham feito uma revolução"; LXI ("Lendo Xenofonte"), quando Aires reflete a partir de suas leituras "que os homens são difíceis de governar"; e principalmente LXII ("Para no D.") e LXIII ("Tabuleta nova"), quando o confeiteiro Custódio procurou por Aires para que esse o ajudasse

---

²⁹ Ibidem, p. 38-9.
³⁰ "Cabe aqui observar que na realidade Machado de Assis se mostrou sempre mais ou menos insensível à propaganda republicana. Ele era um liberal confesso, militante das hostes liberais nos seus primeiros tempos de jornalismo, seguindo um rumo lógico e natural na sua condição e na sua formação; mas, fosse por insuficiência de visão, ou, antes, de temperamento, ou fosse mesmo por conveniência e comodismo, o caso é que ele nunca tomou partido, pelo menos no que deixou escrito, entre a monarquia e a república"; ibidem, p. 48.
³¹ Ibidem, p. 31.
³² Ibidem, p. 48.

num problema muito sério: é que na véspera havia ido à rua da Assembleia encomendar uma tabuleta nova para seu comércio, que se chamava Confeitaria do Império havia trinta anos, e que ficava na rua do Catete, área de grande agitação política. Correu para o pintor, mas já era tarde. Pediu então que a cobrisse, já que alguns manifestantes poderiam destruir sua loja por afrontar o novo governo. Aires então sugeriu "Confeitaria da República", assim agradava aos novos governantes. Mas foi lembrado que a situação poderia se reverter nos próximos meses, colocando-o novamente em situação difícil. Com o sarcasmo peculiar a Machado de Assis, Aires propõe então uma solução que poderia servir tanto "para um regime como para outro": "Confeitaria do Governo", o que foi lembrado pelo comerciante que todo governo tem oposição e ele gostaria de agradar a todos, sem complicações políticas, afinal tinha muitas despesas... Pensou-se, para resolver, em manter o nome original e acrescentar um "fundada em 1860", mas não considerou boa ideia. "Confeitaria do Catete" já havia uma, e "Império das Leis" gastaria ainda mais em tinta. Acabou prevalecendo simplesmente "Confeitaria do Custódio" e uma conclusão: "as revoluções trazem muitas despesas"[33]. Talvez tenha sido isso que desagradou ao revolucionário Astrojildo Pereira, embora o episódio narrado estivesse totalmente coerente com a relação entre ficção e história em Machado de Assis que o próprio Astrojildo havia proposto.

Mas quem desenvolveu o que Astrojildo tinha sugerido, com maior definição e melhores condições, foi o pesquisador inglês John Gledson, mesmo mantendo uma posição ainda duvidosa com relação ao que Astrojildo realmente buscava com seu estudo. Gledson se manifestou a respeito do ensaio de Astrojildo sobre Machado propondo-se ir além, mas reconhecendo explicitamente sua importância, mesmo mantendo uma posição semelhante a de Roberto Schwarz, para quem Astrojildo buscava em Machado de Assis um aliado em sua luta ideológica no século XX[34], o que é um pouco diferente do que aqui se pretende, como se verá:

> Quero sustentar que Machado, como muitos outros romancistas do século XIX, desejava retratar a natureza e o desenvolvimento da sociedade em que vivia. Como as de Balzac, Dickens, Zola ou Pérez Galdós (autores, por outro lado, bem

---

[33] Machado de Assis, "Esaú e Jacó", em *Obras completas*, v. 1 (Rio de Janeiro, Nova Aguilar, 1973), p. 1025-30.
[34] Roberto Schwarz, *Encontros com a civilização brasileira*, cit., nota 245.

diferentes dele), suas intenções fundamentais foram nesse sentido realistas. Mas não se trata, aqui, apenas de uma volta ao "romancista do Segundo Reinado", de Astrojildo Pereira. Considero que os romances, como um todo, pretendiam transmitir grandes e importantes verdades históricas, de surpreendente profundidade e amplitude. Se parece uma posição retrógrada querer inserir Machado de Assis no século XIX, em vez de transformá-lo em membro honorário do século XX, espero que a leitura deste livro modifique tal maneira de pensar.[35]

Não há contradição entre o que o pesquisador inglês propõe como método de análise na relação entre ficção e história em Machado de Assis. O "terra-a-terra" proposto é praticamente, até literalmente, o que Astrojildo fez, como foi demonstrado anteriormente. Realmente, em melhores condições, propiciadas hoje pelas universidades (por mais problemas que tenham), o autor pôde dedicar-se ao que Astrojildo praticamente esboçou. A análise que Gledson faz de romances, contos e crônicas, como *Casa velha*, *Quincas Borba*, *Bons dias!*, *Esaú e Jacó* e *Memorial de Aires*, e até a reinterpretação proposta para o *Dom Casmurro* só confirma o que Astrojildo já indicava em 1939; principalmente que a obra de Machado de Assis era realmente muito mais rica do que qualquer tentativa de classificá-la, até no que se refere ao quesito cronológico – se é ou não exclusiva do século XIX, o que poderia parecer muito positivista ao pretenso dialético, é questão sujeita a discussões –, e o trabalho de Gledson na prática não faz isso, ao contrário, acaba confirmando a atualidade de Machado de Assis, e, nesse sentido, com toda a razão, ela pode estar onde menos é esperada; na política cultural, por exemplo.

Foram precisos exatos vinte anos, de 1939 a 1959, para que Astrojildo descobrisse em Machado de Assis uma nova faceta. O escritor carioca, que fez

---

[35] John Gledson, *Machado de Assis: ficção e história* (trad. Sônia Coutinho, Rio de Janeiro, Paz e Terra, 1986), p. 16-7. John Gledson, professor aposentado de literatura latino-americana da Universidade de Liverpool, depois de se doutorar em Princeton com tese sobre Carlos Drummond de Andrade (*Poesia e poética de Carlos Drummond de Andrade,* 1981), tem se dedicado a uma profunda releitura das obras de Machado de Assis, publicando, além do citado, vários trabalhos como fruto dessa importante pesquisa: *Machado de Assis: Impostura e realismo, uma reinterpretação de Dom Casmurro* (trad. Fernando Py, São Paulo, Companhia das Letras, 1991); assim como tem organizado a publicação de crônicas (*Bons Dias!*, 1981; e *A Semana*, 1996), de contos (*Uma antologia,* 2 volumes, 1998) e até de traduções que Machado fez de poetas clássicos e modernos, acompanhadas dos originais em francês, inglês e italiano (*Machado de Assis e confrades de versos*, 1998), além de traduções para o inglês, como o já comentado *Dom Casmurro* (Nova York, Oxford University Press, 1998).

sua obra durante o Segundo Reinado, avançando, em qualidade ainda maior, nos primeiros anos da república, havia deixado mais uma herança: uma reflexão escrita em 1873 – tinha 34 anos e já havia publicado dois livros de poesia (*Crisálidas*, 1864; e *Falenas*, 1870), dois de contos (*Contos fluminenses*, 1870; e *Histórias da meia-noite*, 1873), feito várias tentativas no teatro (*Queda que as mulheres têm para os tolos*, 1861; *Desencantos*, 1861; *Hoje avental, amanhã luva*, 1861; *O caminho da porta*, 1862; *Quase ministro*, 1863; e *Os deuses de casaca*, 1865) e apenas um romance (*Ressurreição*, 1872), apesar de intensa colaboração na imprensa – sobre o papel do escritor na sociedade brasileira naquele contexto: "Instinto de nacionalidade"[36], que já apontava para um importante projeto cultural, demonstrando haver em Machado de Assis, assim como na sociedade de seu tempo, uma postura política específica, que não passava pelos gabinetes oficiais nem pelo governo, nem mesmo pelas instituições científicas da época, mas que apontava um caminho a ser trilhado pelos escritores, ainda não chamado de intelectual, individual ou coletivamente, mas que tivesse relação com os destinos culturais da nação. Em suma, sem levar o nome consagrado somente na segunda metade do século XX, cem anos depois da formulação, era um texto que pode ser considerado, com todos os riscos que isso implica, até mesmo pelo que foi dito acima, um programa de política cultural.

O que constata Machado de Assis em seu texto é que a literatura brasileira em sua época já apresentava como primeiro traço o que chama de "certo instinto de nacionalidade"[37]. Uma preocupação de que as atividades literárias não sejam tomadas como mero divertimento, em que os escritores deveriam adquirir consciência de seu papel social naquele contexto: "o que se deve exigir do escritor antes de tudo é certo sentimento íntimo, que o torne homem de seu tempo e de seu país, ainda que trate de assuntos remotos no tempo e no espaço"[38]. O que Machado pedia era uma crítica elevada, ampla, doutrinária, diferente daquela que vinha sendo feita muitas vezes. E que aos escritores deveria se exigir "dotes não vulgares de observação"[39]; em outras palavras, ser observador não vulgar da realidade. Até de Shakespeare ele lembra, que além de ser um gênio universal, era um poeta essencialmente inglês[40].

---

[36] Machado de Assis, "Instinto de nacionalidade", em *Obra completa*, v. 3 (Rio de Janeiro, Nova Aguilar, 1973), p. 801-9.
[37] Ibidem, p. 801.
[38] Ibidem, p. 804.
[39] Ibidem, p. 805.
[40] Ibidem, p. 804.

Para Machado de Assis, a juventude literária fazia disso, ele próprio incluindo-se ainda entre os jovens escritores, um verdadeiro e "legítimo amor-próprio"[41]. Como diz Astrojildo Pereira, em 1959, é neste ensaio que Machado já demonstra uma maturidade que o fará o mais importante escritor brasileiro de todos os tempos e não apenas do século XIX:

> Mas é sobretudo no ensaio "Instinto de nacionalidade", onde Machado de Assis examina de maneira mais profunda e mais ampla o problema do caráter nacional da literatura e, por extensão, da arte e da cultura em geral. Seu pensamento está mais amadurecido e sua expressão já se aproximava da forma definitiva, com a contenção e a contensão, a medida e o equilíbrio que distinguem o grande escritor entre os seus contemporâneos e o tornaram um modelo clássico para as gerações futuras. Os críticos de ontem e de hoje, com raras discrepâncias, reconhecem a importância capital, a importância histórica do ensaio de 1873.[42]

O projeto político-cultural que Machado de Assis defendia propugnava a garantia de uma unidade literária no meio da federação política, e isso, desde o ensaio, que é praticamente um manifesto, tinha relação com a língua portuguesa falada e escrita no Brasil. Não se tratava, portanto, apenas de uma questão estética ou estilística, ou até mesmo circunscrita ao âmbito cultural. Ele tratava também, implicitamente, de uma questão educacional e relacionada ao campo da comunicação, da qual faz parte a linguagem de um país, neste caso, ainda quase exclusivamente na linguagem verbal, e nem poderia ser diferente. E a defesa das peculiaridades dessa língua, considerada em constante evolução, como parte da educação do povo, ainda que estabelecessem limites à influência popular nas normas cultas da linguagem:

> Não há dúvida que as línguas se aumentam e alteram com o tempo e as necessidades dos usos e costumes. Querer que a nossa pare no século de quinhentos é um erro igual ao de afirmar que a sua transplantação para a América não lhe inseriu riquezas novas. A esse respeito a influência do povo é decisiva. [...] A influência popular tem um limite; e o escritor não está obrigado a receber e dar curso a tudo a que o abuso, o capricho e a moda inventam e fazem correr. Pelo contrário, ele exerce

---

[41] Ibidem, p. 801.
[42] "Instinto e consciência de nacionalidade", em *Machado de Assis: ensaios e apontamentos avulsos* (São Paulo/Brasília, Boitempo/Fund. Astrojildo Pereira, 2022), p. 71.

também uma grande parte de influência a esse respeito, depurando a linguagem do povo e aperfeiçoando-lhe a razão.[43]

Faltava-lhe apenas a instituição que daria suporte a esse projeto, que na segunda metade do século XX poderia receber o nome de *proposta para uma política cultural*. Essa instituição poderia ter ajuda oficial, mas não deveria ser confundida com o Estado, sob pena de sofrer intervenções a cada mudança política. Ela também não seria uma alternativa às instituições oficiais, não colocando em risco nenhum regime, mas ficaria encarregada de cuidar de uma parte delicada da nação: a língua. O jovem escritor ainda não tinha isso em mente, mas o velho e reconhecido escritor, e não apenas entre seus pares, mas também entre homens de poder, poderia materializar uma instituição que pudesse tentar aplicar aquilo que o jovem esboçava em manifesto de intenções. Foram precisos exatos vinte e quatro anos, de 1873 a 1897, período em que a obra principal foi escrita, em que o país passou por transformações fundamentais, do campo econômico ao político, do social ao cultural, e em que já se apontavam novas formas de comunicação, para que nascesse uma instituição com esses princípios em seu estatuto básico: a Academia Brasileira de Letras.

A fundação da Academia Brasileira de Letras se deu em 1897, durante o governo do primeiro presidente civil da república, Prudente de Moraes. É o ano também em que recrudescem os combates em Canudos, o que levou até Machado de Assis a se posicionar a respeito com uma crônica em *A Semana*, em 31 de janeiro de 1897, protestando "contra a perseguição que se está fazendo à gente de Antonio Conselheiro"[44]. A Academia Brasileira de Letras, uma das marcas do momento em que o Rio "civilizava-se", coincidia, ou nem tanto, com a barbárie praticada nos sertões da Bahia.

A história oficial da ABL indica que ela nasceu do projeto do escritor Lúcio de Mendonça, tendo se tomado a decisão de fundá-la no final do ano

---

[43] Machado de Assis, "Instinto da nacionalidade", cit., p. 809.
[44] Citado por Raymundo Magalhães Júnior, *Vida e obra de Machado de Assis*, v. 4: *apogeu* (Rio de Janeiro/Brasília, Civilização Brasileira/Instituto Nacional do Livro, 1981), p. 22. Em crônica de 4 de fevereiro do mesmo ano, comenta Antonio Conselheiro como uma celebridade que faz "baixar os fundos do Brasil" em Nova York e Londres, e que dia viria que algum escritor, quando extinta a "seita dos Canudos", iria escrever "um quadro daquela vida, fazendo-se cronista imaginoso e magnífico deste episódio que não tem nada de fim--de-século"; Machado de Assis, em *Obras completas*, v. 3, cit., p. 764.

de 1896. Em janeiro de 1897, catorze escritores participaram da fundação, embora deveriam estar presentes na ocasião 29 membros que haviam aceito participar de um grupo de trinta, que só se completou com a tardia adesão de Graça Aranha, o recalcitrante. Nessa reunião Machado de Assis foi eleito o primeiro presidente. Em 11 de janeiro, os catorze fundadores presentes elegeram os dez escritores que faltavam para formar os quarenta membros previstos[45]. Embora se destacasse como projeto de um dos membros fundadores, salientado até por Machado de Assis em seu discurso inaugural, o empenho do velho escritor já renomado foi intenso, tanto na busca de uma sede própria como na formulação de um princípio. Em 20 de julho de 1897, a Academia Brasileira de Letras é inaugurada em sede emprestada. O discurso de Machado não deixa dúvidas do quanto refletiu sobre o assunto:

> Senhores
> Investindo-me no cargo de presidente, quisestes começar a Academia Brasileira de Letras pela consagração da idade. Se não sou o mais velho de nossos colegas, estou entre os mais velhos. É simbólico da parte de uma instituição que conta viver, confiar da idade funções que mais de um espírito eminente exerceria melhor. Agora que vos agradeço a escolha, digo-vos que buscarei na medida do possível corresponder à vossa confiança.
> Não é preciso definir esta instituição. Iniciada por um moço, aceita e completada por moços, a Academia nasce com a alma nova e naturalmente ambiciosa. O vosso desejo é conservar, no meio da federação política, a unidade literária. Tal obra exige não só a compreensão pública, mas ainda e principalmente a vossa constância. A Academia Francesa, pela qual esta se modelou, sobrevive aos acontecimentos de toda a casta, às escolas literárias e às transformações civis. A vossa há de querer ter as mesmas feições de estabilidade e progresso. Já o batismo das suas cadeiras com os nomes preclaros e saudosos da ficção, da lírica, da crítica e da eloquência nacionais é indício de que a tradição é o seu primeiro voto. Cabe-vos fazer com que ele perdure. Passai aos vossos sucessores o pensamento e a vontade iniciais, para que eles os transmitam também aos seus, e a vossa obra seja contada entre as sólidas e brilhantes páginas da nossa vida brasileira. Está aberta a sessão.[46]

---

[45] Baseio-me aqui em dados fornecidos por Raymundo Magalhães Júnior, *Vida e obra de Machado de Assis*, cit., p. 20-45.
[46] Machado de Assis, "Discurso inaugural", em *Obras completas*, cit., p. 926.

No pequeno discurso de inauguração da ABL ficava claro o projeto cultural: manter a unidade da língua, garantir a presença de intelectuais renomados e escolhidos entre seus pares da Academia, aqui chamados de pessoas dedicadas à "ficção" (romancistas, contistas, dramaturgos), "líricos" (poetas, até compositores), críticos (ensaístas, críticos literários e filósofos) e, o mais ambíguo, aqueles que se dedicam à "eloquência nacional", que podem ser considerados todos os que se utilizam de uma determinada retórica, que pode ser oral ou não. Ou seja, o item "eloquência nacional" não é apenas uma brecha, mas também um conceito, que permite a participação na Academia de pessoas ligadas ao campo da comunicação – jornalistas, publicistas etc. –, ao campo jurídico – advogados, promotores e juízes – e, principalmente, ao campo político.

Essa questão, da relação da ABL com o poder público, é decisiva para analisar a pertinência do projeto no campo da comunicação, tendo a política cultural como referência. Apesar de ser destinada a reunir quarenta personalidades do mundo da cultura e da política, que se autodenominarão "imortais", por meio de rituais de posse e eventos públicos marcados por um traje específico, o "fardão", o objetivo declarado pode ser sintetizado em duas palavras: língua e tradição. É um projeto político-cultural, pois explicitamente conservador. É por onde se abala a quase unanimidade em torno de Machado de Assis como referência básica da cultura nacional. Daí a omissão quando se fala do "bruxo do Cosme Velho". É um silêncio revelador de um incômodo criado principalmente a partir do modernismo, que viu na Academia o inimigo a ser combatido. O próprio Astrojildo Pereira, que teve um bom relacionamento com a Academia[47] – surpreendendo-se até ele nunca ter sido lembrado para nela tomar posse, embora isso acabaria por tirar-lhe o sono –, faz apenas uma pequena menção à Academia em seu trabalho tão rico em informações sobre

---

[47] Em 1958 foi nomeado, com apoio da ABL, pelo ministro da Educação do governo Juscelino, Clóvis Salgado, para fazer parte da Comissão Machado de Assis, com a tarefa de realizar uma edição crítica e consolidar definitivamente a obra de Machado de Assis. "A comissão reuniu-se pela primeira vez no dia 16 de outubro de 1958, presidida por Elmano Cardim, sendo José Renato dos Santos Pereira o primeiro secretário executivo. Participavam das reuniões Antonio Candido, Antonio Houaiss, Antonio José Chediak, Augusto Meyer, Aurélio Buarque de Holanda, Barreto Filho, Brito Broca, Celso Cunha, Ciro dos Anjos, Eugênio Gomes, J. Galante de Souza, José Simeão Leal, Lúcia Miguel Pereira, Marco Aurélio de Moura Matos, Mário Gonçalves de Matos e Peregrino Júnior. Mais tarde, integraram-se à comissão Astrojildo Pereira, Hélcio Andrade Martins, R. Magalhães Jr., M. Cavalcanti Proença, Josué Montello e Francisco de Assis Barbosa". Cícero Sandroni e Laura Constância Sandroni, *Austregésilo de Athayde: o século de um liberal* (Rio de Janeiro, Agir, 1998), p. 540.

Machado de Assis[48]. Mas se o projeto sempre foi conservador, não se pode dizer que tenha sido reacionário.

Outra questão que sempre incomodou na análise do papel cultural da Academia Brasileira de Letras refere-se a seu relacionamento com o Estado, em que vários presidentes da República (ou ex-presidentes, para ficarmos apenas do âmbito do maior cargo público da nação) foram eleitos mais pelos cargos que ocupavam do que pelas obras publicadas (o que, como se viu no discurso de Machado, não implica incoerência). O próprio modelo no qual a ABL se inspirou, a Academia Francesa, também mantinha um bom relacionamento com o poder, como demonstra o próprio Machado de Assis com referência à participação de Napoleão Bonaparte:

> Há justamente cem anos o maior homem de ação dos nossos tempos, agradecendo a eleição de membro do Instituto de França, respondia que, antes de ser igual aos seus colegas, seria por muito tempo seu discípulo. Não era ainda uma faceirice de grande capitão, posto que esse rapaz de vinte e oito anos meditasse já sair à conquista do mundo. A Academia Brasileira de Letras não pede tanto aos homens públicos deste país; não inculca ser igual nem mestra deles. Contenta-se em fazer na medida de suas forças individuais e coletivas, aquilo que esse mesmo acadêmico de 1797 disse então ser a ocupação mais honrosa e útil dos homens: trabalhar pela extensão das ideias humanas.[49]

Mas esse relacionamento da Academia com o Estado nem sempre foi tranquilo. No próprio ano de sua inauguração houve um atentado ao presidente Prudente de Moraes, no qual morreu um ministro. Foi preso como "agitador nocivo", suspeito de ter participação nesse atentado, o jornalista e deputado Alcindo Guanabara, que acabou sendo desterrado durante o estado de sítio que se instaurou na capital federal[50]. A Academia manteve-se, pelo visto, "neutra".

---

[48] "Machado de Assis, escassamente crédulo, apelava então para a unidade literária e cultural como penhor e ao mesmo tempo fator da integridade da pátria comum. Não tem outro sentido o seu discurso na sessão oficial de fundação da Academia Brasileira: 'O vosso desejo' – afirmava, e subentende-se que queria dizer o 'nosso' desejo – 'é conservar, no meio da federação política, a unidade literária'". Astrojildo Pereira, "Instinto e Consciência da Nacionalidade", em *Machado de Assis*, cit., p. 86.
[49] Discurso da sessão de encerramento do primeiro ano de funcionamento da Academia Brasileira de Letras, 7 dez.1897, em Machado de Assis, *Obras completas*, cit., p. 927.
[50] Ver Raymundo Magalhães Júnior, *Vida e obra de Machado de Assis*, cit., p. 44-5.

O mesmo não aconteceu quando o preso se chamava Astrojildo Pereira, e o presidente da ABL era Austregésilo de Athayde (desde 1958), que assim se manifestou em 1964, em entrevista ao jornal, contra a prisão do crítico:

> O presidente da Academia Brasileira de Letras disse ontem que os militares precisam devolver urgentemente os livros apreendidos na casa do escritor Astrojildo Pereira, acrescentando que se "houve intenção de entregar os livros à Biblioteca do Exército, devem recuar no seu intento, pois aquela biblioteca já é bastante rica". Adiantou que, como presidente da casa fundada por Machado de Assis, protestava contra a apreensão do arquivo "de um dos maiores intelectuais do país, homem exemplar que conheço muito bem". Além de ter a casa vasculhada, Astrojildo foi preso e, mesmo depois de concedido *habeas-corpus*, continuou detido por algum tempo.[51]

A Academia Brasileira de Letras não é apenas uma instituição conservadora, um simples clube fechado; ela nasceu de um projeto explícito de intervenção de um grupo pequeno, mas significativo, de escritores, que, independentemente de suas posições ideológicas ou políticas, fizeram e fazem parte, quando aceitam e/ou são aceitos, de algo que pertence a uma herança política e cultural do escritor Machado de Assis, que propôs claramente que o objetivo principal da instituição, além de preservar uma "tradição", seria o de promover "a extensão das ideias humanas". Vago e aberto a múltiplas interpretações e gestões, mas parte de um projeto que envolveu uma obra de ficção fundamentada na profundidade histórica de seu tempo e espaço, teve em seus contrastes apresentados uma crítica de valores, inclusive éticos

---

[51] *Correio da Manhã*, Rio de Janeiro, 8 out. 1964. Aliás, era dia de aniversário de Astrojildo Pereira, que completava na data 74 anos. Da campanha por sua libertação participaram vários intelectuais e jornalistas. É claro que ele não foi o único intelectual preso naquelas circunstâncias nem o único que teve sua biblioteca vasculhada. Do poeta Ferreira Gullar, por exemplo, os policiais levaram os originais de seu livro *Do cubismo ao neoconcretismo* por julgarem ter alguma relação com a revolução cubana. Quando foi solto, depois de 83 dias de prisão, Astrojildo visitou a Academia para agradecer a Athayde a solidariedade prestada. Quando faleceu, pouco mais de um ano depois, em 22 de novembro de 1965, assim o presidente da Academia se manifestou: "Era um de nossos grandes ensaístas e um dos melhores conhecedores e intérpretes de Machado de Assim...". Tanto o recorte do jornal que fez uma campanha pela libertação de Astrojildo quanto os dados e as citações aqui apresentadas foram extraídos de Cícero Sandroni e Laura Constância A. de A. Sandroni, *Austregésilo de Athayde: o século de um liberal*, cit., p. 583-4.

e estéticos, de seu tempo, coerentemente voltado para um projeto de nação que deixava de ser instintiva para ser consciente como tal. Algo pertinente ao campo da comunicação, portanto. E isto, obviamente, não é pouco como realização e ousadia. Astrojildo Pereira deve ter pressentido muito mais do que expôs; mas, como Penélope, sabia que o tapete da história a ser costurado envolveria ainda muitas noites sendo descosturado, ficando apenas o consolo de saber ser, ou acreditar ser, o dedo do tecelão.

VIII
Literatura como ideologia

That man will be revolutionary who can revolutionize himself.

Ludwig Wittgenstein[1]

Temperamento extremamente vibrátil, mentalidade apaixonada, com esta propensão irresistível para as causas gerais [...] Octávio Brandão, muito naturalmente, em rápidas etapas, acabou entregando-se, de corpo e alma, à causa do proletariado. Abandonou tudo, para ser apenas isto, que é mais do que tudo: um militante do movimento operário.

Astrojildo Pereira[2]

A relação de Astrojildo Pereira com a obra de Machado de Assis realmente não o limita nos quadros do século XIX. Machado de Assis é concebido por Astrojildo como um escritor moderno, embora não modernista. Mas também não excludente do projeto modernista, que Astrojildo já conhecia muito bem em 1944, ano da publicação de *Interpretações*. Como escritor moderno e urbano, Machado de Assis não é visto como um simples aliado na luta ideológica dos embates do século XX, mas sim como um clássico, de caráter nacional e universal ao mesmo tempo, singular de um período (Segundo Reinado) e simbólico de uma época (modernidade), mas não necessariamente, e

---

[1] Ludwig Wittgenstein, *Culture and value* (trad. Peter Winch, Chicago, University of Chicago Press, 1984), p. 455. No original, em alemão: "*Revolutionär wird der sein, der sich selbst revolutionieren kann*".

[2] Citado em "Sobre o autor", em Octávio Brandão, *Combates e batalhas: memórias*, v. 1 (São Paulo, Alfa-Ômega, 1978), p. XII.

anacronicamente, vanguardista. Nesse sentido, Astrojildo sempre reconheceu em Machado de Assis um intelectual burguês e liberal do século XIX, um iluminista cético da ciência e da sociedade e descrente na capacidade humana de criar uma sociedade justa. É por isso, e talvez com razão, que Machado de Assis foi considerado, por outro revolucionário, como Octávio Brandão, um escritor "niilista", com pouca contribuição a dar na luta política revolucionária e ao movimento operário do século XX. Da posição de Brandão pode-se tudo dizer, até mesmo levianamente, que é sectária, que não é dialética, que reduz o fenômeno estético apenas ao conteúdo, menos que não seja realmente de esquerda ao *establishment* cultural e político[3]. Por outro lado, essa posição não deve ser desprezada naquilo em que o século XX foi prodigioso, pelo menos em termos teóricos, que é a questão da ideologia.

O próprio Octávio Brandão questionou uma tendência em conceber a literatura como isenta de ideologia. Em seu ensaio "Literatura sem ideologia?"[4], Brandão pode tocar numa ferida com a sutileza de um trator. Nas sociedades com classes, ressalta ele, a arte e a literatura sempre têm um caráter de classe. Mesmo Homero, "que defendeu a ideologia da época – a mitologia"[5], teria feito seus poemas para glorificar a classe dominante da Grécia de então[6]. O mesmo aconteceu com Virgílio, Camões e até Cervantes, que em *D. Quixote* desmoralizou a ideologia dos senhores feudais ao sustentar a do renascimento.

---

[3] Ver Octávio Brandão, *O niilista Machado de Assis* (Rio de Janeiro, Organizações Simões, 1958). Na verdade, esse livro deveria ocupar um capítulo nesta obra, mas as dificuldades em encontrá-lo em São Paulo (só há um exemplar na USP, na Biblioteca da FFLCH) na fase final da pesquisa, quando este estudo já estava praticamente pronto, fez-me mudar os planos para não dar a Octávio Brandão um tratamento leviano que não merece. Preferi então me concentrar no objeto e objetivo centrais, fazendo deste capítulo um parêntese teórico de uma reflexão que poderá possibilitar no futuro um tratamento mais adequado e mais consistente.

[4] Idem, "Literatura sem ideologia?", *Revista Brasiliense*, São Paulo, Brasiliense, n. 28, mar-abr. 1960, p. 79-107.

[5] Ibidem, p. 79.

[6] Octávio Brandão, provavelmente, não tinha conhecimento do famoso questionamento de Marx inserido em obra que só teve maior divulgação entre nós nos anos 1960, *Introdução à contribuição para a crítica da economia política*: "A dificuldade não está em compreender que a arte e a épica gregas se achem ligadas a certas formas do desenvolvimento social e sim no fato de que elas possam, ainda hoje, proporcionar-nos um deleite estético, sendo consideradas, em certos casos, como normas e modelo insuperáveis". Sobre a questão da relação rica e complexa do marxismo com a arte, pode-se ver o estudo pioneiro, de onde foi extraída esta citação, escrito por Leandro Konder, *Os marxistas e a arte: breve estudo histórico-crítico de algumas tendências da estética marxista* (Rio de Janeiro, Civilização Brasileira, 1967).

A ideologia revolucionária do século XX não seria, portanto, compatível com uma ideologia "cética, pessimista e niilista"[7] de literatos do século XIX, que refletiam as "camadas decadentes da burguesia"[8].

Portanto, literatura sem determinada ideologia nunca existiu. Nem pode existir. A arte e a literatura têm sempre um conteúdo de classe – econômico e político, social e ideológico. Tudo isto é claro. Por que, então, ocultam a verdade?[9]

Nesta categoria de escritores céticos e niilistas, Octávio Brandão, o primeiro marxista brasileiro, inclui Machado de Assis, sobre o qual publicou um livro antes mesmo de Astrojildo Pereira, mas que enfrenta decisivamente a perspectiva por este adotada, considerada unicamente apologética e sem valor crítico. Não que Brandão não veja qualidades em Machado de Assis; reconhece nele uma sede de saber, o respeito pelos clássicos, a forma castiça, os elementos de realismo crítico, a análise dos homens, o gesto de firmeza, a dignidade na hora da morte, um apreço à língua e à literatura, tendo escrito "contos interessantes" e poesias "de forma lapidar"[10]. Também trata com simpatia a crítica literária exercida por Machado de Assis e vê com bons olhos a reconciliação com "a vida, o amor e a mocidade" em *Memorial de Aires*. Mas onde está o problema então? O problema está, no caso desse texto, nas críticas que recebeu ao publicar seu livro. Uma delas foi de Otto Maria Carpeaux, que afirmou ter Brandão feito "sobre a estátua do romancista o que os pombos costumam fazer sobre as outras estátuas"[11]. E o objetivo não é só defender-se das críticas ao seu livro, mas também defender princípios.

A obra levanta uma série de problemas. O livro *O niilista Machado de Assis* é apenas um ensaio, esboço, tentativa. O autor é um simples estudante do marxismo. A obra levanta uma série de problemas. Tanto tempo depois, esses problemas ainda não foram discutidos nem analisados seriamente pelos críticos.

---

[7] Octávio Brandão, "Literatura sem ideologia?", cit., p. 80. Sobre o niilismo como conceito filosófico, principalmente a partir de Heidegger, ver Benedito Nunes, *No tempo do niilismo e outros ensaios* (São Paulo, Ática, 1993), p. 7-21.
[8] Ibidem, p. 80.
[9] Idem.
[10] Ibidem, p. 81.
[11] Citado em Wilson Martins, *História da inteligência brasileira*, v. 7: *1933-1960* (São Paulo, T. A. Queiroz, 1996), p. 399.

O livro em questão procura fazer a análise crítica ideológica da vida, da obra e da época de Machado de Assis. Podem e devem os nossos intelectuais submeter quaisquer figuras da história e da literatura brasileiras à mais profunda e consequente análise crítica? Ou devem simplesmente continuar a escrever ridículos panegíricos e apologéticas? Eis o dilema!
A obra mencionada procura analisar as raízes e características de classe de Machado de Assis e de outros escritores, nacionais e estrangeiros. Podem e devem os intelectuais brasileiros aprofundar a análise desse problema? Ou seria "melhor" passar a esponja sobre o caráter de classe de cada escritor? Eis, de novo, o dilema.
O trabalho referido acentua uma série de aspectos positivos de Machado de Assis. Já o vimos. E os lados negativos? Os intelectuais brasileiros precisam examinar tanto os aspectos positivos como os negativos? Ou esse escritor é tabu – intocável?[12]

Octávio Brandão destaca o fato de que Machado de Assis viveu numa época em que já existiam "intelectuais progressistas"[13], e ele não foi um. Quer dizer, o critério da análise é adotado a partir das posições políticas que o autor tenha assumido no contexto que viveu. E Machado de Assis, "apesar de suas qualidades", não passou, para Octávio Brandão, de um escritor decadente[14]. Era uma "consciência infeliz – dupla, dividida, sem unidade, devorada por contradições"[15]. E o livro de Brandão procura demonstrar que o niilismo só favorece o imperialismo e a derrota da revolução.

O escritor foi um niilista, negativista. Pregou uma espécie de nirvana. Cantou a voluptuosidade do nada. Exerceu influência nociva sobre uma série de intelectuais.

---

[12] Octávio Brandão, "Literatura sem ideologia?", cit., p. 81-2.
[13] Para o autor, intelectuais progressistas foram Castro Alves, Tavares Bastos, Tobias Barreto, Sílvio Romero, Euclides da Cunha e Lima Barreto. Em sua época, considera que, entre os intelectuais progressistas, "destacam-se os comunistas e os nacional-libertadores – verdadeiros patriotas e humanistas, democratas e revolucionários"; Octávio Brandão, *Os intelectuais progressistas* (Rio de Janeiro, Organização Simões, 1956), p. 157.
[14] O objetivo deste pequeno capítulo não é tomar partido nessa discussão, apenas destacar que nunca houve unanimidade entre os revolucionários sobre a obra de Machado de Assis. Na verdade nunca foi uma unanimidade nacional e o que Brandão chama a atenção não deve ser desprezado, como se verá. Sobre Machado de Assis, conforme levantamento feito por Josué Montello, em *Os inimigos de Machado de Assis* (Rio de Janeiro, Nova Fronteira, 1998), deve-se lembrar que ele tinha muitos inimigos ainda em vida, apesar da fama e do prestígio.
[15] Octávio Brandão, "Literatura sem ideologia?", cit., p. 83.

Deformou-os. Desarmou-os. Contribuiu para torná-los apáticos, displicentes, incapazes de lutar pela pátria e pela humanidade. O livro em questão é a prova. É ou não é a verdade?[16]

A exaltação oficial e oficialesca a Machado de Assis, pela gravidade do niilismo, para Brandão, favoreceria um "insidioso cosmopolitismo" e uma "renúncia à soberania e à consciência nacionais"[17]. O que Brandão preconiza aqui é uma literatura própria, baseada num realismo crítico, que reflita sobre a realidade brasileira. Mas é no aspecto metodológico que Octávio Brandão torna clara sua proposta em conceber a literatura como ideologia:

> O Brasil necessita transformar-se numa grande potência mundial socialista. Para isto, precisa ter homens de fé, energia, convicção, e não céticos, pessimistas e niilistas, deformados pelas leituras de Machado de Assis e de seu mestre – Schopenhauer. Defendemos categoricamente o primado do conteúdo sobre a forma. Na arte e na literatura, na ciência e na filosofia, o conteúdo é decisivo, determinante, fundamental. A forma está subordinada ao conteúdo.[18]

O Brasil precisaria de uma literatura avançada, uma literatura que valorizasse, por exemplo, figuras épicas femininas, como Anita Garibaldi, num contexto em que a mulher brasileira seria explorada e oprimida. Brandão se pergunta: por que Machado de Assis preferiu mulheres "adúlteras como Virgília e Capitu"? E responde: "Porque sentia volúpia nesse ambiente social, moral e ideologicamente apodrecido"[19]. Machado de Assis também tinha vergonha de sua mãe negra e de sua origem social, buscando tornar-se "branco" e acreditando ser "ariano". Por todas essas e outras razões, Octávio Brandão defende-se de vários críticos que entenderam que ele exigia de Machado de Assis uma postura marxista, o que nega, como sempre, de forma apaixonada e veemente. O que propõe é muito claro para não ser compreendido: é a substituição do elogio canônico pela crítica. Pelo fato de o escritor não ter sido um intelectual progressista, não mereceria, assim, tanto elogio. Não aceita sequer buscar aliados entre os fundadores do marxismo:

---

[16] Idem.
[17] Idem.
[18] Ibidem, p. 84.
[19] Ibidem, p. 87.

Marx e Engels admiravam Goethe. Mas nunca escreveram panegíricos. Pelo contrário. Engels fez-lhe severas acusações em nome da estética e da história. Acusou Goethe de ser um filisteu – estreito, prudente, satisfeito – vencido pela miséria alemã, medroso em face do movimento histórico da época, preocupado com os pequeninos prazeres da insignificante corte de Weimar. Engels fazia censuras e acusações como se Goethe estivesse vivo...[20]

E Octávio Brandão, após enfrentar algumas críticas – mais ou menos trinta – a seu livro, defende-se do que afirma não ter dito e reforça suas posições, nada idiossincráticas, concluindo com o que considera uma única resposta possível: "miséria da crítica!"[21]. Assim como se pode considerar suas posições rígidas, não se pode negar que, se houve no Brasil um marxista-leninista, este homem se chamou Octávio Brandão. E sua discussão, a seu modo e recursos, evidencia um debate que havia entre marxistas desde os anos 1930. Apesar de muitas vezes rude e até realmente simplista, ele chama a atenção para aspectos negligenciados na crítica dominante sobre Machado de Assis até então. E, por que não dizer, posteriormente? Como fazia desde os anos 1920, procura esclarecer questões de método a partir de uma perspectiva marxista.

O primeiro aspecto, e coerentemente com o método, é a questão da ideologia, uma questão central em nosso tempo, nascido da industrialização e da obra de arte no tempo de sua reprodutibilidade técnica. Para Terry Eagleton, existem duas tradições no campo marxista quando o tema é a ideologia; uma que vê mais preocupada com falsa e verdadeira cognição, como "ilusão, distorção e mistificação" (seria o caso de Hegel e Marx a Lukács), e outra, "menos epistemológica que sociológica [que] voltou-se mais para a função das ideias na vida social do que para seu caráter real ou irreal"[22]. Brandão se encaixaria nesta, curiosamente mais atual. E sempre quando se trata de ideologia, rígidos são sempre os outros, nós sempre somos os mais flexíveis, numa evidente

---

[20] Ibidem, p. 104.
[21] Ibidem, p. 107.
[22] Terry Eagleton, *Ideologia* (trad. Luís Carlos Borges e Silvana Vieira, 2. ed., São Paulo, Boitempo/Unesp, 2019), p. 19. Sobre ideologia, também pode-se ver Martin Seliger, *The marxist conception of ideology: a critical essay* (Cambridge, Cambridge University Press, 1979); e os que já podem ser considerados clássicos sobre o assunto e que levam praticamente o mesmo título, pelo menos em português: Karl Mannheim, *Ideologia e utopia* (Rio de Janeiro, Guanabara, 1986) e Paul Ricoeur, *Teoria da interpretação: o discurso e o excesso de significação* (Lisboa, Edições 70, 1991).

falácia. Em outras palavras, "o que induz homens e mulheres a confundir-se, de tempos em tempos, com deuses ou vermes é a ideologia"[23]. E a crítica da ideologia nunca pode ser negligenciada, por cumprir um importante papel de esclarecimento social, apresentando, às vezes, "uma interessante afinidade com as técnicas da psicanálise"[24], tendo, portanto, relação até com a felicidade ou infelicidade das pessoas, e não apenas com a revolução que as possa redimir ou o sistema que as possa oprimir.

O estudo da ideologia é, entre outras coisas, um exame das formas pelas quais as pessoas podem chegar a investir em sua própria infelicidade. A condição de ser oprimido tem algumas pequenas compensações, e é por isso que às vezes estamos dispostos a tolerá-la. O opressor mais eficiente é aquele que persuade seus subalternos a amar, a desejar e a identificar-se com seu poder; e qualquer prática de emancipação política envolve, portanto, a mais difícil de todas as formas de liberação: o libertar-nos de nós mesmos. Mas o outro lado da história é igualmente importante. Pois se tal dominação deixar, por muito tempo, de propiciar gratificação suficiente a suas vítimas, então estas com certeza acabarão por revoltar-se. Se é racional acomodar-se a uma mistura ambígua de sofrimento e prazer marginal, quando as alternativas políticas mostram-se perigosas e obscuras, é também racional rebelar-se quando o sofrimento ultrapassa em muito as gratificações, e quando tal ação parece encerrar mais ganhos do que perdas.[25]

O outro aspecto implícito nesse texto de Brandão é que sempre pode haver uma posição política por trás das palavras, por mais sedutoras e bem escritas que sejam. A seu modo, e coerentemente com o que julga ser um método materialista e dialético, ele chama a atenção para o que somente muito recentemente foi tratado (com maior requinte, mas no fundo a partir da mesma base). A maior ênfase à ideia de que "a única libertação efetiva desse controle [ideológico] começa com o reconhecimento de que nada existe que não seja social e histórico – na verdade, de que tudo é, 'em última análise', político"[26]. Em outras palavras, o que Octávio Brandão define como marxista, por não aceitar rigorosamente uma interpretação que não desvende o que foi cha-

---

[23] Ibidem, p. 13.
[24] Ibidem, p. 14.
[25] Ibidem, p. 13-4.
[26] Fredric Jameson, *O inconsciente político: a narrativa como ato socialmente simbólico* (trad. Valter Lellis Siqueira, São Paulo, Ática, 1992), p. 18.

mado de inconsciente político, ou fundamento ideológico, em uma obra, é rigorosamente o que faz Fredric Jameson. Em suma, o emocionado alagoano não estaria hoje sozinho em sua caminhada. Esta discussão ainda é atual nos limites – imensos – do universo marxista.

E agora um aspecto mais sutil no discurso de Octávio Brandão, que talvez realmente o contraponha a Astrojildo Pereira, ou talvez nem tanto, é o que se refere a uma retórica arrebatadora. Se a linguagem nos foi dada para que possamos esconder nossos pensamentos, como diz Talleyrand pela pena de Jameson[27] e com o filtro de Wittgenstein[28], Octávio Brandão nunca escondeu o que realmente pensava, nem em nome do que considerava ter vindo ao mundo:

Em nome de quem venho
Venho em nome dos pequenos,
    dos párias
    dos humildes...
Em nome do oprimido contra o opressor;
    do pobre contra o rico;
    do pequeno contra o grande.
Venho em nome daqueles que não têm pão
    daqueles que não têm lar;
    daqueles que não têm lençol;
    daqueles que têm sede de amor;
Daqueles que nunca tiveram uma benfazeja e
    carinhosa mãe a suavizar a agonia;
    daqueles que vivem no ódio perene.[29]

Em suma, a escola de Octávio Brandão não é realmente a mesma de Astrojildo Pereira. Se a deste é a urbana e moderna, fundamentada numa

---

[27] Ibidem, p. 55.
[28] "Se a boa ou má volição altera o mundo, só pode alterar os limites do mundo, não os fatos; não o que pode ser expresso pela linguagem. Em suma, o mundo deve então, com isso, tornar-se, a rigor, um outro mundo. Deve, por assim dizer, minguar ou crescer, como um todo. O mundo do feliz é um mundo diferente do mundo do infeliz." Ludwig Wittgenstein, *Tractatus logico-philosophicus* (trad. Luiz Henrique Lopes dos Santos, São Paulo, Edusp, 1993), p. 277.
[29] Octávio Brandão, "A anarquia", *A Plebe*, 2 out. 1920, em Luitgarde Oliveira Cavalcanti Barros (org.), *Octávio Brandão: centenário de um militante na memória do Rio de Janeiro* (Rio de Janeiro, UERJ, Cultural SR3: arquivo público, 1996).

postura de aceitação de uma literatura "burguesa" e realista do século XIX, a de Brandão é essencialmente romântica, que não esconde a emoção que sente no processo revolucionário e compreende sua vida como uma missão quase religiosa a favor dos necessitados e oprimidos; messiânica, enfim. Mas seu "romantismo revolucionário" não é de quem tem nostalgia de um passado sabidamente irrecuperável, mas é o anseio de um futuro criado pela revolução presente que dependeria mais da vontade do que das condições objetivas.

O *romantismo revolucionário* (e/ou utópico), que recusa ao mesmo tempo a ilusão de retorno às comunidades do passado e à reconciliação com o presente capitalista, procurando uma saída na esperança do futuro. Nessa corrente – na qual se encontram muitos pensadores socialistas, de Fourier a Gustav Landauer e Ernst Bloch – a nostalgia do passado não desaparece, mas se transmuda em tensão voltada para o futuro pós-capitalista.[30]

Não se trata, portanto, de uma *conservação*, mas de uma *renascença*. E o revolucionário romântico está mais para Thomas Carlyle (não no que se refere a sua ideologia, mas no método) e seu culto aos heróis – e no limite, na valorização das ações heroicas –, do que para o antirromântico Karl Marx. Sua relação é motivada pela presença de relações pré-capitalistas dominantes em uma formação, mas é exatamente aquela que define seu caráter e sua postura na forma como concebe sua missão e sua revolução. Mas Octávio Brandão não está sozinho na história, nem se trata de uma posição idiossincrática; caminha ao lado dele nessa luta desesperada contra a miséria, a opressão e a fome, até mesmo a estética, antepassados como o líder religioso Antonio Conselheiro e herdeiros como o cineasta Glauber Rocha[31]. Estes sim, talvez fossem considerados "intelectuais progressistas". E isso não deve ser visto como algo desprezível, motivo de chacota, antes pelo contrário. O revolucionário Octávio Brandão merece respeito, o que, é claro, não significa solenidade.

E, finalmente, na questão estética do discurso de Octávio Brandão, a defesa explícita do primado do conteúdo sobre a forma, significa, no limite, o

---

[30] Michel Löwy, *Romantismo e messianismo: ensaios sobre Lukács e Benjamin* (São Paulo, Perspectiva, 1990), p. 16.
[31] Sobre o romantismo revolucionário em Glauber Rocha, ver Martin Cezar Feijó, *Anabasis Glauber* (São Paulo, Anabasis, 1996).

primado da subordinação da estética aos princípios defendidos pelo partido ou pela organização revolucionária; em suma, da subordinação do campo da cultura ao campo da política, o que não deixa de ser uma questão pertinente à política cultural. E quando a disputa se dá entre duas propostas que se consideram revolucionárias, caso das vanguardas estéticas ou políticas, na difícil e tensa relação entre literatura e revolução, o acordo nem sempre é possível.

IX
Vanguardas estéticas e vanguardas políticas
Tensão entre poesia e revolução

A poesia moderna tem sido e é uma paixão revolucionária, mas essa paixão tem sido infeliz. Afinidade e ruptura: não foram os filósofos, mas os revolucionários que expulsaram os poetas de sua república. O motivo do rompimento foi o mesmo que o da afinidade: revolução e poesia são tentativas de destruir este tempo de agora, o tempo da história, que é o da história da desigualdade, para instaurar outro tempo. Mas o tempo da poesia não é o tempo da revolução, o tempo datado da razão crítica, o futuro das utopias: é o tempo de antes do tempo, o da "vida anterior", que reaparece no olhar da criança, o tempo sem datas.

Octavio Paz[1]

Mas a questão levantada por Octávio Brandão com relação à ideologia na arte também remete ao papel das vanguardas e o relacionamento entre elas na era dos extremos. E este debate envolve inevitavelmente uma discussão sobre um conceito-chave, de uma palavra básica: *vanguarda*.

A ideia de vanguarda é também vista, às vezes como ideologia, às vezes como religião, mas ninguém lhe nega fazer parte de um complexo (e fascinante) problema político e cultural de nosso tempo. Várias questões envolvem o conceito. A principal delas é que o conceito de vanguarda quase sempre é

---

[1] Octavio Paz, *Os filhos do barro* (trad. Olga Savary, Rio de Janeiro, Nova Fronteira, 1984), p. 66-7. A bem da verdade, este capítulo não é inédito, embora já tenha sido escrito como parte deste projeto. Ele foi apresentado no VII Congresso Nacional de Letras e Ciências Humanas da SUAM, Rio de Janeiro, em 26 de julho de 1986, com o título "Literatura e revolução: relações entre vanguardas estéticas e vanguardas políticas", tendo sido publicado na revista *Novos Rumos*, ano 1, n. 4, São Paulo, Novos Rumos/Instituto Astrojildo Pereira, out-dez. 1986, p. 95-116. É claro que o texto sofreu algumas adaptações para os objetivos deste estudo.

discutido unilateralmente, principalmente como manifestação estética em si, e poucas vezes em relação às manifestações políticas; e, quando isto ocorre, sempre em oposição. Mas não haveria um nexo maior do que a repulsa entre vanguardas políticas e estéticas em nosso século? E, sendo ambas filhas de um mesmo contexto histórico, por que suas atuações em conjunto foram mais em duelo do que em alianças? As "explicações" puramente emocionais apenas denunciam uma opção, consciente ou não, mas não apresentam um caminho, uma saída a um visível impasse.

A origem etimológica do conceito tem servido de base a um aspecto nada desprezível: o vocábulo "vanguarda" tem formação híbrida, do original *avant--garde*; sendo *avant* do latim e *garde* do germânico[2]. A origem germânica já aponta como "expectativa", mas seu uso mais comum, principalmente a partir do século XIV (inclusive em português), se difunde como termo militar: guarda-avançada, setor de combate que se antecipa ao exército tanto para o ataque como para o preparo do terreno.

Quem abordou as vantagens da vanguarda foi o mais importante teórico militar do século XIX, num livro publicado em 1832, Carl von Clausewitz[3]. Para o teórico prussiano, a vanguarda contém em si duas realidades, pois nela os encadeamentos táticos (assegurar a execução dos projetos) se confundem com os estratégicos (ganhar a guerra): "mas o que vale um homem se a sua mão não excede a extensão de seus braços? Os postos avançados são os olhos do exército"[4]. Embora Clausewitz diferenciasse "guardas-avançadas" de "postos avançados", não duvidava de que a vitória dependia da elite que iria à frente, à dianteira de seu exército.

Curiosa essa apropriação do conceito. Mais do que isso: sintomática. Até 1870 a palavra vanguarda era estranha à terminologia literária, no período em que o poeta Rimbaud começou a manifestar a necessidade de novas formas de expressão, já no sentido que irá adquirir no plano literário após a Primeira Guerra: "literatura de choque, de ruptura e abertura ao mesmo tempo"[5]. No plano político também não aparece, antes de 1870, como ideia de um grupo

---

[2] Gilberto Mendonça Teles, *Vanguarda europeia e modernismo brasileiro* (2. ed., Petrópolis, Vozes, 1973), p. 57.
[3] Carl von Clausewitz, *Da guerra* (trad. Teresa Barros Pinto Barroso, Lisboa/São Paulo, Martins Fontes, 1979), p. 361-72.
[4] Ibidem, p. 361.
[5] Ver Guilhermino de La Torre, citado em Gilberto Mendonça Teles, *Vanguarda europeia e modernismo brasileiro*, cit., p. 57.

de antecipadores, nem entre os revolucionários. No texto político mais importante do século XIX, o *Manifesto comunista* de Marx, não há menção dela. Entretanto, tanto os seguidores de Marx quanto os de Rimbaud a empregarão para fins diferentes, como veremos.

Mas, antes da exposição descritiva, um parêntese, uma antecipação a um caldo comum às vanguardas estéticas e políticas. Esse contexto histórico comum é, no plano socioeconômico, o do capitalismo em grande escala, já em fase de monopolização do capital, e, no plano cultural, o da "modernidade". É claro que um não se compreende sem o outro; ambos são marcados por uma mesma transformação que compreende os aspectos objetivos de um mercado capitalista em expansão e aspectos subjetivos de uma época de ampliações das experiências humanas, marcadas por agitações e turbulências de todo o tipo: as cidades europeias se remodelam (principalmente Paris)[6], o movimento operário surge com força e uma nova sensibilidade se firma nessa atmosfera[7]. No plano político, novas possibilidades, principalmente as intervenções dos setores populares; no plano cultural, o reforço de uma "tradição de ruptura" iniciada no Romantismo[8]. Portanto, não se pode entender o contexto do surgimento das vanguardas dissociando-as da modernidade. Na verdade, é a ela que se opõem ou dela se alimentam: esse é um importante ponto em comum entre as vanguardas estéticas e políticas. O aspecto etimológico fica assim em segundo plano, o militar dá origem ao militante; embora na luta contra a modernidade ou pela modernidade, as armas serão diferentes, os exércitos, heterogêneos. O que fica dessa origem é o aspecto heroico de quem vai à frente para matar ou morrer. Mesmo quando contra a modernidade e pagando o tributo de ser parte dela, há a crença no herói. Para Baudelaire, o herói é o poeta. Para Marx, a classe operária.

Mudar de vida, transformar o mundo: palavras de ordem ainda comuns, que as guerras não simbólicas do século XX irão pôr uma cunha na ilusão de unidade entre tensões distintas com a realidade. O aspecto militar é apenas uma metáfora de uma origem comum na palavra e na história. A guerra verdadeira abriu o flanco das possibilidades que apenas emergiam para explodir num dos períodos talvez mais férteis de toda a história: o período que compreende a

---

[6] Analisado por Walter Benjamin, no texto "Paris, capital do século XIX", em *Walter Benjamin* (trad. e org. Flávio R. Kothe, São Paulo, Ática, 1985).
[7] Ver Perry Anderson, "Modernidade e revolução", em *Novos Estudos*, trad. Maria Lúcia Montes, São Paulo, Cebrap, n. 14, fev. 1986, p. 2-15
[8] Octavio Paz, *Os filhos do barro*, cit.

Primeira Guerra (1914-1918) e a Segunda (1939-1945). Período em que Astrojildo Pereira foi da militância política à militância cultural, e desta para a militância político-cultural; em que Ludwig Wittgenstein elaborou suas duas obras decisivas e não complementares: *Tractatus logico-philosophicus* (1918) e *Investigações filosóficas* (1945)[9]; e que foi denominado pelo historiador Eric J. Hobsbawm de "era da catástrofe"[10]. E é nessa época que esta história se passa, na qual a modernidade, ainda não demonstrando sinais de crise, embora já sendo questionada, já apresentava toda a sua potencialidade de barbárie e libertação. Um dos maiores poetas do século, Bertolt Brecht, assim se expressou sobre as consequências dela: "quando foi que os clássicos morreram? A verdade é esta: morreram na guerra. Se é certo que houve soldados que marcharam ao fronte levando o *Fausto* na mochila, também é certo que os que voltaram da guerra já não os traziam". Começava a fase heroica das vanguardas.

Vanguardas estéticas

O movimento modernista, manifestado pelas vanguardas, reflete uma dupla origem: fruto de um contexto de capitalismo concorrencial em fase de monopolização, é também o período em que a arte perde sua aura, tanto por sua transformação em mercadoria pelo capitalismo, como por sua reprodutibilidade técnica em grande escala nos primórdios da indústria cultural. Mas são as vanguardas também herdeiras de uma tradição que teve no Romantismo seu maior momento, e que o poeta Octavio Paz chamou de "tradição de ruptura". Não fica difícil identificar seus principais nomes: no século XIX reforçam essa marca os poetas Baudelaire, Rimbaud e Mallarmé. O primeiro, ao desvendar e desnudar desejos numa Paris em mudanças, na obra *As flores do mal*, de 1857; o segundo, pelos delírios em forma de letras em duas pequenas obras-primas: *Iluminações* e *Uma temporada no inferno*, ambas de 1873; e finalmente Mallarmé com *Um lance de dados jamais abolirá o acaso*, de 1897, buscando a arte total, o "livro", associando-o a todas as conquistas culturais – jornal, teatro, dança e principalmente a música – ao concluir: "tudo, no mundo, existe para conduzir a um livro". Mais do que isso, Mallarmé sintetiza uma descoberta,

---

[9] As datas são dos momentos em que Wittgenstein escreveu a principal parte de seus trabalhos mais importantes e não de suas publicações. Como se sabe, a primeira edição do *Tractatus logico-philosophicus* se deu em 1922, e *Investigações filosóficas* teve edição póstuma, em 1953.

[10] Eric J. Hobsbawm, *Era dos extremos: o breve século XX. 1914-1991*. (trad. Marcos Santarrita, São Paulo, Companhia das Letras, 1995).

que os dois anteriores sugeriram: "rendo meu culto e atribuo o império da paixão e dos sonhos"[11]. Ou seja, procurando algo que ultrapasse o meramente artístico e atinja a totalidade da vida.

A boemia, a ênfase nos signos, os desejos à flor da pele, mesmo o terror das grandes cidades estarão presentes também na chamada *belle époque*, no final do século XIX e começo do XX. O imperialismo nunca tinha sido tão agressivo, e a guerra se anunciava na "paz armada" entre as potências capitalistas. Grandes monopólios, linhas de montagem, os automóveis tomam conta das ruas e os dirigíveis e aeroplanos, dos ares.

Em 1909, um escritor de origem italiana nascido no Egito (durante a construção do canal de Suez, que é um dado nada desprezível), com formação cultural francesa, dá o primeiro grito: Filippo Tommaso Marinetti publica o *Manifesto futurista*, primeiro brado das vanguardas (pretensamente) conscientes de seu papel histórico. Publicado em um grande jornal (outro aspecto a não ser desprezado), *Le Figaro*, o manifesto canta "o amor ao perigo, o hábito à energia e à temeridade"; conclama que os elementos essenciais de sua poesia serão "a audácia e a revolta", destacando "a beleza da velocidade" e que o automóvel "é mais belo que a Vitória de Samotrácia". Sua conclusão é terrível e decisiva para as vanguardas que se instauram, apesar das diferenças:

> Nada de obra-prima sem um caráter agressivo [...] Nós queremos glorificar a guerra – única higiene do mundo –, o militarismo, o patriotismo, o gesto destrutor dos anarquistas, as belas ideias que matam, e o menosprezo da mulher [...] Nós queremos destruir os museus, as bibliotecas, combater o moralismo, o feminismo e todas as covardias oportunistas e utilitárias.[12]

Em 1912, no *Manifesto técnico da literatura futurista*, Marinetti expõe aspectos mais relacionados à linguagem, como a destruição da sintaxe, a liberação das palavras, a exaltação da mecânica, associando a carne humana ao metal do motor[13].

O movimento futurista não ficou restrito aos intelectuais, antes da guerra teve penetração inclusive entre operários. Foi Gramsci, fundador do Partido Comunista Italiano, quem disse:

---

[11] Citado em Gilberto Mendonça Teles, *Vanguarda europeia e modernismo brasileiro*, cit., p. 49.
[12] Ibidem, p. 67.
[13] Ibidem, p. 74.

O futurismo, antes da guerra, era muito popular entre os operários. A revista *L'Acerbo* tinha uma tiragem que atingia 20 mil exemplares, dos quais quatro quintos circulavam entre operários. Quando das numerosas manifestações de arte futurista, nos teatros das maiores cidades italianas, os operários defendiam os futuristas contra os jovens – semiaristocratas e burgueses – que os atacavam.[14]

Mas o futurismo apenas deu a largada. Com o expressionismo na Alemanha, tendo a revista *Der Sturm* [*A tempestade*] como porta-voz, em 1910; e o cubo-futurismo na Rússia, tendo um manifesto intitulado *Bofetada no gosto do público* (1913) e representantes como Maiakóvski; as vanguardas atingem, durante a guerra, sua manifestação mais radical: o dadaísmo, cujo "ismo" é descartável como todo o resto. Dadá. Em 1916, em plena guerra, Zurique era uma das poucas cidades tranquilas. Dois alemães (Hugo Ball e Richard Huelsembeck), um alsaciano (Hans Arp), dois romenos (Marcel Janco e Tristan Tzara), um francês (Francis Picabia) e um chileno (Vicente Huidobro) dão origem ao movimento mais extremo. Seu líder: o romeno Tristan Tzara. Ponto de encontro: o *Cabaret Voltaire*, onde bebiam, discutiam o futurismo, declamavam Rimbaud e, ao "acaso", descobriram a palavra "dadá":

> Sabe-se pelos jornais que os negros Krau denominavam a cauda de uma vaca sagrada: Dadá. O cubo é a mãe em certas regiões da Itália: Dadá. Um cavalo de madeira, a ama de leite, dupla afirmação em russo e romeno: Dadá.[15]

Mas o que é dadá? Dadá é nada. Dadá é contra o futuro. "Dadá é morte. Dadá é idiota. Dadá não é uma escola literária"[16]. Dadá é *Planeta & Casseta* de seu tempo. O artista moderno começava a mostrar sua outra, e mais nova, face[17]. O dadaísmo encantou Marcel Duchamp, que o levou às últimas

---

[14] Carta de Gramsci a Trótski, de 8 de setembro de 1922 e escrita em Moscou, em Liev Trótski, *Literatura e revolução* (trad. e apresentação Moniz Bandeira, Rio de Janeiro, Zahar Editores, 1969), p. 140.
[15] Gilberto Mendonça Teles, *Vanguarda europeia e modernismo brasileiro*, cit., p. 109.
[16] Citado em Joan Dassin, *Política e poesia em Mário de Andrade* (trad. Antonio Dimas, São Paulo, Duas Cidades, 1978), p. 49.
[17] Sobre as metamorfoses do artista moderno existe um pequeno ensaio bastante instigante de Nicolau Sevcenko, "Do cisne ao arlequim: as metamorfoses do artista moderno", em *Presença: revista de política e cultura*, n. 5, jan. 1985, p. 111-20. Demonstra como as metáforas se transformam nas poesias, com a síntese final do artista moderno, que tem em Marcel Duchamp seu momento principal, apresentando-o na imagem do *clown*. Sobre

consequências, instalando o humor, criando os *ready-mades*, radicalizando a "destruição" (recriação) da arte, e o poeta André Breton, que buscou conciliar opostos: a destruição e a tradição. Deu no que deu: o surrealismo.

Para Walter Benjamin, o surrealismo foi o último instantâneo da inteligência europeia[18]. Foi também o primeiro momento em que a vanguarda estética procurou explicitar seu componente político. Por meio de uma "dialética da embriaguez", conceito de Benjamin, tinha ou adquiriu como proposta "mobilizar para a revolução as energias da embriaguez"[19]. Com um conceito radical de liberdade, o surrealismo em seus vários manifestos defende a escrita automática, a liberação dos desejos, o desvendamento das repressões e a defesa de que "o conhecimento dispensa a razão, a ação o ultrapassa. A beleza e a arte foram conquistas onde a lógica teve parte importante; mas agora é preciso destruí-las... E iluminar a todo instante 'as cavernas do ser'. Um único meio: deixar que se exprima o 'hóspede desconhecido' em sua profundeza, em sua totalidade, automaticamente. Uma única precaução: não intervir"[20]. No *Manifesto* de 1924 são considerados surrealistas: Dante, Shakespeare, Sade, Chateaubriand, Constant (na política), Hugo ("quando não é tolo"), Poe (na aventura), Baudelaire (na moral), Rimbaud ("na prática de vida e alhures"), Mallarmé (na confidência), Jarry (no abismo) etc.[21]

Como se vê, a pretensão é do tamanho da história. E o surrealismo se colocou a serviço dela, da revolução. Breton se aproxima do PC, declara-se comunista, afasta-se do PC, continua comunista e rompe com os dadaístas, com Artaud e com os poetas surrealistas que ficam com o PC ou aderem ao fascismo (como Dalí). Mas o que é mais importante: o movimento surrealista se aproxima como nenhum outro da vanguarda política. E, nesse ponto, considerado o "essencial", fracassou. Quem diz isso é o cineasta Luís Buñuel:

Marcel Duchamp ver o excelente ensaio de Octavio Paz, *Marcel Duchamp ou o castelo da pureza* (trad. Sebastião Uchôa Leite, São Paulo, Perspectiva, 1977).

[18] Ver Walter Benjamin, *Obras escolhidas*, v. 1 (trad. Sérgio Paulo Rouanet, São Paulo, Brasiliense, 1985), p. 21-35.

[19] Ibidem, p. 32.

[20] Maurice Nadeau, *História do surrealismo* (trad. Geraldo Gerson de Sousa, São Paulo, Perspectiva, 1985). Para uma introdução a Breton também se pode consultar o delicioso texto de José Geraldo Couto, *André Breton: a transparência do sonho* (São Paulo, Brasiliense, 1984, coleção Encanto Radical, v. 55) e o próprio Breton, *Manifesto do surrealismo* (trad. Luís Forbes, São Paulo, Brasiliense, 1985).

[21] André Breton, ibidem, p. 58-9.

O surrealismo triunfou no acessório e fracassou no essencial. Breton, Éluard, Aragon situam-se entre os melhores escritores franceses do século XX, ocupando bons lugares em todas as bibliotecas. Marx Ernst, Magritte, Dalí situam-se entre os pintores mais caros, mais reconhecidos, ocupando bons lugares em todos os museus. Êxito artístico, sucesso cultural, que foram precisamente as coisas que menos importavam à maioria de nós. O movimento preocupava-se pouco em entrar gloriosamente nas histórias da literatura e da pintura. O que desejava, sobretudo, desejo imperioso e irrealizável, era transformar o mundo e mudar a vida. Nesse ponto – o essencial – um rápido olhar em torno de nós mostra claramente nosso fracasso.[22]

Transformar o mundo é assunto da vanguarda política.

Vanguardas políticas

Desde o *Manifesto comunista* de 1848, a vanguarda política tem um meio e um fim: a classe operária organizada para destruir o capitalismo e instaurar o socialismo em direção a uma sociedade sem classes, comunista. O meio é o partido político, que reúne indivíduos singulares em torno de um objetivo comum. O partido político na modernidade não foi criação exclusiva dos marxistas, mas sem dúvida foram eles que deram o melhor acabamento teórico e prático. Em Marx, a questão do partido político ainda não é enfrentada sistematicamente, mas seus sucessores e herdeiros procurarão estabelecer critérios. O próprio Engels manifestou-se sobre os partidos operários e sua participação no Estado burguês. Do fracasso da I Internacional dos Trabalhadores surgem partidos nacionais herdeiros do marxismo: os partidos sociais-democratas, que chegam a fundar a II Internacional.

Mas o conceito do partido como vanguarda tem um autor muito bem definido: Lênin. Considerado por historiadores, até mesmo aqueles não marxistas como E. H. Carr, como "talvez o maior revolucionário de todos os tempos", sua principal criação a partir do marxismo não foi apenas o partido de vanguarda, mas também as bases do Estado soviético surgido com a Revolução Russa de 1917[23].

---

[22] Luís Buñuel, *Meu último suspiro* (trad. Rita Braga, Rio de Janeiro, Nova Fronteira, 1983), p. 169-70.
[23] Estas considerações são baseadas em dois textos de Monty Johnstone: 1. "Lênin e a revolução", em *História do marxismo*, v. 5 (trad. Carlos Nelson Coutinho, Luis Sérgio N. Henriques e Amélia Rosa Coutinho, Rio de Janeiro, Paz e Terra, 1985), p. 113-42;

Lênin, em seus primeiros anos de atuação política junto aos socialistas russos, critica os populistas e defende a necessidade dos intelectuais revolucionários dedicarem-se ao estudo da realidade histórica da Rússia, exaltando a importância do alto nível teórico exigido pelas transformações sociais. Em 1899, publica um estudo que demonstra que suas propostas não eram apenas retóricas, mas práticas: *O desenvolvimento do capitalismo na Rússia* é um livro que – profundamente embasado em Marx, de forma criadora – desvenda potencialidades da revolução socialista mesmo num país "atrasado" e rural como a Rússia tzarista.

O partido como vanguarda é o caminho "natural" para a implementação das mudanças. Na verdade, desde 1883, o grupo "Emancipação do trabalho" do introdutor do marxismo na Rússia, Plekhanov, discute a necessidade do partido político vinculado ao movimento operário. Em 1898, é fundado oficialmente o Partido Operário Social-Democrata Russo. No segundo congresso do partido, por meio do órgão Iskra [Faísca], Lênin começa a desenvolver sua teoria e, em 1902, pelo opúsculo *Que fazer?*, lança as bases do partido como vanguarda, em polêmica com os "economicistas": ele defende a teoria socialista como externa ao movimento operário. Mesmo que tenha nascido de sua necessidade histórica, não é algo que surge espontaneamente. Daí a necessidade de um partido de quadros, de "homens que tenham como profissão a atividade revolucionária". A favor de critérios rígidos de filiação, torna bem claro que não se deve "confundir o partido, como destacamento de vanguarda da classe operária, com toda a classe". No entanto, para a "falange de combate" se exige disciplina férrea e vontade unitária.

Com as discussões que se abrem, o Partido Social-Democrata divide-se em dois: mencheviques e bolcheviques. As diferenças estiveram nos métodos e nos resultados. Quando o Estado autocrático do Império russo desabar sob os escombros da Primeira Guerra, os bolchevistas estarão preparados para o "assalto ao Palácio de Inverno". A organização quase militar – que rapidamente assumiu esse papel por meio do Exército Vermelho, comandado por Trótski – foi decisiva para a vitória.

Com a revolução, os bolcheviques adotaram para o partido o nome de comunista e, em 1920, a Internacional Comunista estabelecia as vinte e uma condições para a admissão de novos partidos que iam surgindo no mundo todo (França, Itália, Argentina, Brasil etc.). O segundo congresso da IC aprovou

---

e 2. "Um instrumento político de tipo novo: o partido leninista de vanguarda", em *História do marxismo*, v. 6, cit., p. 13-44.

a *tese sobre o papel do partido comunista na revolução proletária*: "compacta organização da elite da classe operária", organização em células e o estabelecimento do princípio mais polêmico: o "centralismo democrático". Mas não há, em Lênin, dado o caráter de suas intervenções (sempre diante de situações concretas), uma teoria acabada de partido, embora sendo comum a todas elas a necessidade da vanguarda centralizada.

Entre os revolucionários, as principais críticas foram de Trótski e de Rosa de Luxemburgo: ambos apontaram os riscos de a centralização se manter após a revolução. Com a morte de Lênin, em 1924, assume o comando da máquina partidária, que tem o controle dos Sovietes, Stálin. Com o apoio do partido, consolida seu poder acelerando transformações na Rússia soviética e isolando qualquer forma de oposição: política e cultural. A pressão imperialista sobre o primeiro país socialista na história é total e de todas as formas: bloqueios econômicos, sabotagens e ataques terroristas. A situação interna se enrijece: expurgos, prisões, exílios e mortes. A história chega a ser reescrita para apagar da memória os que "caíram em desgraça". O relacionamento com as vanguardas estéticas, que foram entusiastas da revolução, foi colocá-las sob controle. Maiakóvski mata-se em 1930, e a Secretaria Geral (isto é, Stálin) apressa-se em manifestar que a morte do maior poeta revolucionário russo – e talvez do mundo – nada tinha que ver "com suas atividades sociais e literárias". Pode ser. De qualquer forma, serviu como metáfora de um relacionamento crítico. Na pátria da revolução, as conquistas arrojadas das vanguardas artísticas foram abolidas como "arte decadente". O namoro idílico dava origem a um impasse. A vanguarda política no poder também fracassava parcialmente.

Tensões entre vanguardas

As vanguardas estéticas se propuseram ir além do meramente artístico e a vanguarda política se impôs, vitoriosa, sobre o cultural. Os objetivos sociais e políticos das vanguardas estéticas não foram atingidos: o reino da liberdade não foi alcançado. Mas também não se pode dizer que a vanguarda política tenha dado a resposta às necessidades culturais; pelo contrário, a revolução socialista pode ter resolvido temporariamente alguns problemas materiais (sabendo-se hoje a que preço)[24], mas fracassou (no sentido de

---

[24] Sobre a crise no socialismo real que levou ao desmoronamento do processo inaugurado em 1917, ver Robert Kurz, *O colapso da modernização* (Rio de Janeiro, Paz e Terra, 1991).

convencer, de atingir um consenso democrático sobre a questão cultural) ao não conseguir incorporar as conquistas culturais da modernidade ao seu processo; a principal delas, uma radical liberdade de expressão. Várias justificativas foram dadas: o "vanguardismo" é uma forma de barbárie (e sumir com pessoas por "delito" de opinião não é?), as vanguardas se aprimoram no mercado capitalista (o surrealismo é consumível? E os *ready-mades* de Duchamp são? As obras engajadas também não foram apropriadas no mercado capitalista?), as vanguardas têm como fundamento subjacente o idealismo burguês e decadente (e qual manifestação do "espírito" que não seja idealista?) etc. A questão principal é como resgatar as esperanças passadas sem se conservar o passado[25].

Até agora as análises que aproximam as vanguardas estéticas e políticas são principalmente as de um viés que pode ser considerado conservador, procurando sob o manto da "imparcialidade" recusar no fundo qualquer proposta de mudança. Um exemplo bastante representativo dessa tendência é a análise que faz das vanguardas o famoso poeta e crítico da Alemanha Ocidental, Hans Magnus Enzensberger, principalmente num ensaio intitulado "As aporias da vanguarda"[26]. Para ele, o que há de comum entre as vanguardas é o fato de se moverem no terreno da história, antecipando-se ao curso da mesma. A vanguarda (assim, no singular) faz parte do desenvolvimento da consciência histórica, numa época em que o fato de o capitalismo transformar a arte em mercadoria provoca uma perda de sua vigência, o fim da crença na posteridade. Até aí a análise de Enzensberger é bastante sedutora. Afinal, o terreno em comum das vanguardas é realmente o histórico. O problema consiste em identificá-las apenas por um dado exterior: o que se destaca não é o produto, mas o combate, a disciplina comum a todos por meio da organização. A razão de ser da vanguarda não seria a criação, mas o debate, a militância. Lênin e Breton se aproximariam pelo lado perverso, pela visão "totalitária" de uma metáfora que não contém em si mesma nenhuma referência à revolução ou ao espírito revolucionário, mas à sua permanência, à sua repetição. Conclui Enzensberger: "A vanguarda histórica morreu vítima de suas aporias. Ela é

---

[25] É de Horkheimer e Adorno a frase: "Não é o caso de se conservar o passado, mas sim de resgatar as esperanças passadas". O curioso é que o pessimismo crítico da Escola de Frankfurt, desconfiando de qualquer "utopia", não contribua muito para essa pretensão, diferentemente da produção – mais tensa e menos acadêmica – de Walter Benjamin.

[26] Sobre Hans Magnus Enzensberger, "Vanguarda e modernidade", ver *Tempo Brasileiro*, n. 26-27, jan-mar. 1971, Rio de Janeiro, p. 85-112.

discutível, mas não é desprovida de coragem... A vanguarda se transformou no seu oposto, ela se tornou um anacronismo"[27].

Outra possibilidade de relacionar as vanguardas é concebê-las igualmente positivas, não havendo contradição em seus cursos. Seria como tentar descobrir um método comum no procedimento das vanguardas, encaixando-o num esquema que também não fosse considerado inconsistente[28], no sentido de não contribuir na superação do impasse. Embora historicamente essa aproximação tivesse sido tentada; o que poderia ser "uma prova" de sua possibilidade.

Esta "prova" poderia ter sido o histórico encontro entre Trótski e Breton no México, em 1938, quando firmaram um documento – na verdade assinado, por razões de ordem legal, por André Breton e Diego Rivera, mas com a participação de Trótski – intitulado *Por uma arte revolucionária independente*[29]. O documento, bastante instrutivo para nossa análise, foi a base para a criação da Federação Internacional de Arte Revolucionária Independente (Fiari). O texto original era de Breton, mas sofreu algumas mudanças por Trótski. A base do mesmo não contradizia nem o pensamento Trótski, desde *Literatura e revolução* (projeto original de 1922, com Lênin ainda vivo e com seu apoio para que escrevesse este livro, hoje já um clássico do século XX), nem os manifestos de Breton: a arte tem leis próprias; mesmo que esta tenha de ser revolucionária para atender necessidades históricas, ela não pode ser oficial. O escritor, o artista, não deve considerar seu trabalho como um meio. Um aspecto curioso na história do documento: no texto original de Breton havia uma afirmação bastante problemática: "toda licença em arte, exceto contra a revolução proletária". Trótski cortou o "exceto contra a revolução proletária", ficando apenas e enfaticamente "toda licença em arte"[30]. Finalizam, após criticarem a arte no capitalismo e na URSS, declarando uma intenção: "a independência da arte – para a revolução, a revolução – para a libertação definitiva da arte".

---

[27] Ibidem, p. 112.
[28] Isso não exclui a possibilidade de se procurar métodos em casos específicos, como o da linguagem, por exemplo. Foi o que fez Silvano Santiago ao procurar "tirar o *s* das vanguardas [estéticas]" no texto "Vanguarda: um conceito e possivelmente um método", em Affonso Ávila (org), *O modernismo* (São Paulo, Perspectiva, 1975), p. 111-20.
[29] Ver André Breton e Liev Trótski, *Por uma arte revolucionária independente* (org. Valentin Facioli, trad. Carmem Silva Guedes e Rosa Maria Boaventura, Rio de Janeiro, Paz e Terra/ Centro de Estudos Mário Pedrosa, 1985).
[30] Ibidem, p.42.

Pronto. Resolvida a questão: as vanguardas se encontraram e agora todo o mundo moderno e avançado pode dormir em paz. Só que houve um porém – e sempre há um porém, como dizia o dramaturgo e cronista Plínio Marcos: na prática isso deu em nada, ou quase nada, mesmo que admiremos seus autores. Culturalmente, não acrescentou nada ao surrealismo; pelo contrário, o empobreceu. Politicamente, não houve repercussão quase nenhuma, a não ser nos restritos círculos da IV Internacional, por razões estranhas ao manifesto. E, finalmente, as tropas de Hitler se preparavam para invadir a Polônia. A guerra estava próxima. O epílogo também.

Trótski, derrotado politicamente na URSS[31], foi assassinado barbaramente em 1940[32]. Breton ainda tentou manter um fio daquela esperança, inutilmente. Para a história, infelizmente, intenções que não tenham base não ficam. O que fica, quando muito, é o registro de destinos trágicos.

A pergunta que se pode fazer sobre isso é a seguinte: mas o que possibilitou essa aproximação? Se as vanguardas, mesmo caminhando terreno comum, mais se conflitavam, o que possibilitou, então, o encontro com fios lógicos, ainda que na prática fadados ao fracasso? Talvez a explicação esteja mais em Trótski

---

[31] Entre os documentos inéditos de Astrojildo Pereira no ASMOB, hoje preservados pelo Cedem/Unesp, encontra-se uma carta de sua autoria, datilografada de Moscou, com data de 1º de maio de 1929. Até aí nada de mais. Realmente, Astrojildo esteve em Moscou no período e mantinha correspondências. O que chega até a ser assustador é o comentário que faz sobre a desgraça de Trótski durante a comemoração do 1º de maio; ele, que também foi acusado de "trotskista" e "renegado" poucos anos depois: "uma das notas mais constantes do cortejo operário foram as sátiras e caricaturas contra Trótski. Centenas delas, cada qual mais contundente e mordaz, demonstrando ao mesmo tempo o espírito espontâneo (sic), a fantasista da massa e o repúdio completo, absoluto, unânime do proletariado àquele que renegou a revolução para pôr-se a serviço da burguesia mundial. Trótski é um homem politicamente morto e derrotado...". Seguramente, algum tempo depois, Astrojildo deve ter descoberto quanta manipulação havia naquelas "espontâneas" manifestações da massa, só confirmando que Trótski seria realmente "um homem morto". Sobre Trótski, é bem possível que Astrojildo Pereira nem tenha tido tempo de tomar conhecimento da fundamental biografia escrita por Isaac Deutscher, entre os anos 1950 e 1960, e publicada no Brasil nos anos 1960 pela Civilização Brasileira em 3 volumes: *O profeta armado: 1879-1921, O profeta desarmado: 1921-1929* e *O profeta banido: 1929-1940.*

[32] Sobre os intelectuais trotskistas no Brasil, principalmente Mário Pedrosa, ver o importante trabalho de José Castilho Marques Neto, *Solidão revolucionária: Mário Pedrosa e as origens do trotskismo no Brasil* (Rio de Janeiro, Paz e Terra, 1993), em que as tensas relações com o núcleo dirigente do PCB, no fim dos anos 1920 e início de 1930, *são analisadas. E sobre a relação entre estética e política em Mário Pedrosa*, ver Otília Arantes (org.), *Mário Pedrosa: política das artes*, v. 1 (São Paulo, Edusp, 1995).

do que em Breton. Ou seja: as perspectivas políticas se encaixaram porque não eram incompatíveis com a teoria da *revolução permanente* ou *revolução em escala mundial*, defendida e derrotada no plano real, mas tão atraente no plano simbólico. "Revolução permanente", em que pese seu caráter atrativo, é um contrassenso histórico: todo processo revolucionário é um processo pontual, que busca rapidamente um ponto de pouso, de repouso, de consolidação. E não é porque os dirigentes revolucionários querem. Isto é imposto pela própria complexidade de como as relações sociais se formam. A mudança de uma forma para outra implica necessariamente momentos de estabilidade política, sem a qual o processo tende a se confundir com a volta de um parafuso sem rosca, voltando ao ponto de partida. Já no plano simbólico, isso não é apenas possível como necessário. A meu ver, isso explica a capacidade de Trótski em compreender os movimentos de vanguarda estética, mas infelizmente dá uma pista para a compreensão de seu destino trágico.

Não cabe aqui o comentário da funesta instrumentalização da cultura pela política[33], mas a constatação de que a compreensão da política pelo viés estético só pode levar à derrota ou a uma vitória contrária à transformação social. A estetização da política só é compatível com o fascismo, como bem analisou Walter Benjamin num ensaio clássico[34]. E foi justamente uma das manifestações da vanguarda estética (a primeira, o futurismo) que se encaixou perfeitamente no quadro da barbárie fascista. A estética da guerra defendida por Marinetti, e assimilada com facilidade pelo governo de Mussolini, se compatibilizou com o regime político que procurava dar "um objetivo aos grandes movimentos de massa preservando as relações de produção existentes"[35], do ponto de vista político. Do ponto de vista técnico, mobilizava os meios existentes sem alterar o quadro da propriedade. Estetizar a política é convergir para a guerra. Nada mais claro do que o próprio Marinetti exaltando a ocupação da Etiópia pelas tropas italianas:

> Há vinte e sete anos, nós futuristas contestamos a afirmação de que a guerra é antiestética [...] Por isso, dizemos [...] a guerra é bela, porque graças às máscaras de gás, aos megafones assustadores, aos lança-chamas e aos tanques, funda a

---

[33] Isto está feito despretensiosamente em outro estudo de minha autoria: *O que é política cultural* (2. ed., São Paulo, Brasiliense, 1985, coleção Primeiros Passos, v. 107).
[34] Walter Benjamin, "A obra de arte na era de sua reprodutibilidade técnica", em *Obras escolhidas*, cit., p. 165-96.
[35] Ibidem, p. 195-6.

supremacia do homem sobre a máquina subjugada. A guerra é bela porque inaugura a metalização onírica do corpo humano. A guerra é bela porque enriquece um prado florido com as orquídeas de fogo das metralhadoras. A guerra é bela porque conjuga, numa sinfonia de tiros de fuzil, os canhoneios, as pausas entre duas batalhas, os perfumes e os odores de decomposição. A guerra é bela porque cria novas arquiteturas, como a dos grandes tanques, dos esquadrões aéreos em formação geométrica, das espirais de fumaça pairando sobre aldeias incendiadas e muitas outras [...] Poetas e artistas do futurismo [...] lembramos desses princípios de uma estética da guerra, para que eles iluminem vossa luta por uma nova poesia e uma nova escultura.[36]

Para Benjamin, esta é a forma mais perfeita de arte pela arte.

E aqui chegamos aparentemente a um impasse: a política revolucionária vitoriosa não conseguiu incorporar as conquistas libertárias das vanguardas estéticas, ao passo que à política revolucionária derrotada soube incorporar sem levar: ambas perderam com isso. O estopim das vanguardas estéticas (o futurismo) se viu politicamente vitorioso numa das maiores regressões históricas do século XX: o fascismo. Uma conclusão cômoda e confortável seria abjurar as vanguardas como um todo, ou unilateralmente. Culpam-se os revolucionários políticos e salva-se a "cultura". Culpam-se os "vanguardistas" e salva-se o sectarismo político.

Alguns pontos podem ser levantados aqui para uma reflexão em torno dos mitos mais caros à modernidade. Um deles é o da "cultura". Nossa formação histórica, desde o Renascimento, tem apontado como a maior conquista humana o uso de sua razão crítica. Foi o que nos possibilitou a descoberta de nossa historicidade. Se o homem é um ser histórico, ele pode transformar a história, fazê-la. Desde Maquiavel, discutimos isso e até já sabemos como transformar a sociedade cientificamente: basta consciência, vontade política, bom-senso e, principalmente, organização. A destruição das relações feudais "liberou" os homens para duas aventuras: ser livre (porque proprietário) e ser livre (quando não proprietário) para ser explorado onde quiser. O que chamamos de "modernidade" (da qual se teve tanto orgulho e que se temeu não alcançá-la[37]) são

---

[36] Ibidem, p. 196.
[37] "Somos bons revolucionários, mas não sei por que nos sentimos obrigados a provar que estamos à altura da cultura moderna. Eu me atrevo a declarar-me um bárbaro"; Lênin, citado por Flávio R. Kothe no instigante e polêmico artigo: "Lênin e a modernidade", *Voz da Unidade*, n. 305, 4-10 de jul. 1986, p. 17.

as condições objetivas e subjetivas impostas pelo desenvolvimento do capitalismo. Fruto da modernidade, porém, como relações sociais dominadas por um mercado em constante expansão e sociedade em mudança, foram teorias criadas com base em análises de certos processos históricos, com o marxismo, e a descoberta da subjetividade humana, com a psicanálise. (Embora Marx e Freud tenham dado o chute decisivo, a bola ainda está em campo[38]. Não é casual que os ideólogos do conservadorismo liberal apontem o marxismo, a psicanálise e o modernismo como as três principais "pragas" da modernidade.) Esse processo todo, porém, permitiu maior consciência de nós mesmos, em vários níveis. Mas, ao mesmo tempo em que isso ocorre, maior tem sido nossa angústia como seres singulares desprovidos de segurança. E os poetas que são "antenas da raça", numa feliz definição de Ezra Pound, captam isso. A ironia tem sido nossa arma para afastar a angústia, como bem aponta Octavio Paz em *Os filhos do barro*[39]. "Se Deus não existe, tudo é permitido" – está nas páginas de Dostoiévski analisadas por Albert Camus em *O homem revoltado*[40], e que aponta, apesar de seu explícito viés conservador, dois caminhos distintos aos homens na modernidade: a revolta metafísica e a revolta histórica. Na primeira, a orfandade, a perda de uma segurança; na segunda, a possibilidade da mudança. O que na verdade ambos indicam é que poesia e política são realmente coisas distintas, incompatíveis. Quando o cineasta Glauber Rocha coloca na boca de uma personagem de *Terra em transe* que "poesia e política é demais para um homem só", ele aponta o dedo e toca na ferida. Não existe impasse entre as vanguardas estéticas e as vanguardas políticas, apesar da atração mútua e da repulsa comum; o que existe é incompatibilidade mesmo!

Num texto primoroso de Freud, datado de 1930, existe uma indicação de que o que chamamos de "cultura" são as manifestações que buscam controlar um complexo de culpa de um conflito de ambivalência: a eterna querela entre a tendência humana de amor e de morte, do sentimento da vida e do instinto de destruição[41]. Se esse conflito está em nós, de alguma forma ele deve vir à

---

[38] Desejo deixar bem claro, como se verá adiante, que nem implicitamente proponho uma análise eclética, tentando fundir coisas distintas. Mesmo porque um nome está faltando aqui: Nietzsche.
[39] Octavio Paz, *Os filhos do barro*, cit., p. 63.
[40] Albert Camus, *O homem revoltado* (trad. Virgínia Motta, Lisboa, Edições Livros do Brasil, s.d).
[41] Sigmund Freud, *El malestar en la cultura*, tomo III (trad. Luis López Ballesteros y de Torres, Madrid, Editorial Biblioteca Nueva, 1981), p. 3017-67. Nesse texto, Freud desvenda como as "ilusões" permeiam nosso cotidiano; sendo uma delas a da bondade dos poetas. Cita

tona, para que o complexo de culpa origine a consciência da culpabilidade, condição para a ação coletiva, para a vida em sociedade. A estética da embriaguez que queriam os surrealistas, adeptos de Freud, fazia parte de uma correta avaliação do caráter transgressivo que deve ter a poesia para o próprio bem da sociedade. A violência simbólica (por mais assustadora que seja) não libera nada que já não exista na sociedade. Em outras palavras: à poesia compete desvendar ou sublimar o oculto, ao passo que à política cabe, mais na prática do discurso do que no discurso da prática, procurar alcançar o bem-estar da maioria, em busca do consenso; enquanto uma dá conta do "mal-estar", a outra promete atingir o oposto num mesmo contexto histórico.

Embora o rebelde – e todo poeta é rebelde e manifesta sempre uma forma de protesto: religioso, amoroso, político, social, sexual etc.; assim como todo intelectual que não seja "cão de guarda" deveria sê-lo – e o revolucionário possam conviver na mesma pessoa, em luta constante – como o "escorpião encalacrado" de Júlio Cortázar[42] –, são pessoas completamente distintas, até antagônicas. A diferença é que um vive no terreno dos signos e o outro, no da realidade, daí ser um absurdo (no sentido da lógica) a perseguição física de um sobre o outro. A distinção é bem clara: o rebelde é sempre um espírito insatisfeito, intrigante, semeador de confusão; ao passo que o revolucionário procura a mudança por meios pacíficos ou não, mas em benefício de uma maioria. Mais uma vez, a lucidez de Octavio Paz: "as minorias são rebeldes; as maiorias, revolucionárias"[43] ou "o rebelde ataca o tirano; o revolucionário, a tirania"[44]. Somente a liberdade de expressão, em qualquer circunstância,

---

até um exemplo magnífico de um poeta alemão romântico e revolucionário, Heine, num momento particularmente sincero, assustadoramente verdadeiro, no qual confessa, em *Pensamento e ocorrências* (p. 3045, nota de rodapé), um desejo bastante profundo: "Tenho a disposição mais pacífica que se possa imaginar. Meus desejos são: uma modesta cabana, um teto de palha; porém boa cama, boa mesa, manteiga e leite bem frescos, umas flores na janela, algumas árvores formosas em frente à porta e, se o bom Deus quiser me fazer completamente feliz, me concederá a alegria de ver pendurados nessas árvores uns seis ou sete de meus inimigos. Com coração compadecido lhes perdoarei antes de sua morte todas as iniquidades que me fizeram sofrer em vida. É certo: se deve perdoar aos inimigos, porém não antes de sua execução".

[42] O que foi percebido com agudeza por Davi Arrigucci Jr., *O escorpião encalacrado: a poética da destruição em Júlio Cortázar* (São Paulo, Perspectiva, 1973).
[43] Octavio Paz, "Revolta, revolução, rebelião", em *Signos em rotação* (2. ed., trad. Sebastião Uchôa Leite, São Paulo, Perspectiva, 1976), p. 262.
[44] Ibidem, p. 264.

permite o "mal-estar" vir à tona e o instinto de destruição ser controlado, conscientemente e não administrativamente. O tempo dos rebeldes – dos quais as vanguardas estéticas do entreguerras são um grande e encantador exemplo – não é o tempo dos revolucionários:

> O rebelde, anjo caído ou titã em desgraça, é o eterno inconformado. Sua ação não se inscreve no tempo retilíneo da história, domínio do revolucionário ou do reformista, mas no tempo circular do mito: Júpiter será destronado, Quetzalcoatl voltará, Luzbel regressará ao céu. Durante todo o século XIX o rebelde vive à margem. Os revolucionários e os reformistas o veem com a mesma desconfiança com que Platão vira o poeta e pela mesma razão: o rebelde prolonga os prestígios nefastos do mito.[45]

Toda tentativa de conciliar o mito e a história fracassa ou gera violência do terror (seja do Estado ou não); logo, a barbárie não está nas legítimas manifestações, mas na imposição de uma sobre a outra: conceber a política com critérios que pertencem à estética é tão grave, ou inócua, quanto conceber a poesia a partir de pressupostos políticos, por mais justos que sejam. Mas, mesmo assim, as vanguardas puderam se encontrar na política cultural. E foi o que fizeram no contexto do fim da guerra (1944-1945), exatamente no período em que Astrojildo Pereira publicou seu *Interpretações*, período em que a intelectualidade unida contra o fascismo buscava tarefas específicas diante das perspectivas históricas que se abriam para o período do imediato pós-guerra. E, no qual, pode-se dizer, houve consciência do que viria a ser uma política cultural compatível com as novas necessidades nacionais e mundiais.

---

[45] Ibidem, p. 265.

X
Origens de uma política cultural
Tarefas da inteligência

> *Uma das principais fontes de nossa falta de compreensão é que não dominamos com uma clara visão de mundo o uso de nossas palavras. Falta à nossa gramática uma disposição clara. Uma exposição de conjunto transmite a compreensão, que consiste exatamente em "ver conexões". Daí a importância de se achar e de se inventar conectivos. O conceito de exposição de conjunto tem para nós um significado fundamental. Ele designa nossa forma de exposição, a maneira de vermos as coisas. (É isto uma "visão de mundo"?)*
>
> Ludwig Wittgenstein[1]

> *Na maioria dos casos, o rompimento com o partido leva ao silêncio ou a Hollywood.*
>
> George Steiner[2]

Finalmente, estamos chegando ao fim de uma odisseia, na qual não faltaram cantos da sereia e atos de bravura. É uma trajetória que apresenta o intelectual no centro de uma tormenta, dividido entre a ação e a reflexão. O caminho encontrado por Astrojildo Pereira, depois de ter sido expulso da militância, foi buscar na *práxis* da escrita (no sentido bakhtiniano) e da formulação de uma política cultural, o trabalho específico sobre, e para, os intelectuais. Seu

---

[1] Ludwig Wittgenstein, *Investigações filosóficas* (trad. do alemão e do inglês Marcos G. Montagnoli, Petrópolis, Vozes, 1994), p. 74.
[2] George Steiner, "O escritor e o comunismo", em *Linguagem e silêncio: ensaios sobre a crise da palavra* (trad. Gilda Stuart e Felipe Rajabally, São Paulo, Companhia das Letras, 1988), p. 307.

texto "Posição e tarefas da inteligência", de 1944, apresenta uma proposta de política cultural que encontrou sua validade menos nos anos 1950 e mais nos anos 1960, ainda sob hegemonia do PCB, momento em que o partido deixou de ser uma referência concreta na realidade política brasileira para se tornar uma referência teórica, nem sempre vista com simpatia pelos próprios setores de esquerda, agora radicalizados. Embora esta seja outra história, é de fundamental importância situar o contexto do texto de Astrojildo como uma tentativa de dialogar com outras forças, que ainda que sem negar sua origem bolchevique favorável à "ditadura do proletariado", o que, portanto, se aproxima do debate que os comunistas italianos estavam fazendo no contexto do pós-guerra, que os levou à importante independência em relação à União Soviética, coisa que nunca aconteceu com o PCB nem, infelizmente, com o "nosso" Astrojildo.

O livro *Interpretações*, principal base deste estudo, foi bem recebido desde seu lançamento, em 1944, tanto pela crítica quanto pelas instituições culturais oficiais. Chegou a ser incluído no *Summary of the History of Brazilian Literature*, que era um programa de divulgação cultural do Ministério das Relações Exteriores, que colocava Astrojildo ao lado de autores consagrados como Mário de Andrade, Carlos Drummond de Andrade, Gilberto Freyre, Sérgio Buarque de Holanda etc.[3] *Interpretações* está dividido em três partes: "Romances brasileiros", abordando livros e autores como Machado de Assis, Manuel Antônio de Almeida, Joaquim Manuel de Macedo, Lima Barreto e Graciliano Ramos; "História política e social", abordando autores como Oliveira Vianna, Rui Barbosa e Padre Feijó; e, finalmente, "Guerra e após-guerra", com dois ensaios magníficos sobre o contexto: "A guerra, a bíblia e Hiler"[4] e "Posição e tarefas

---

[3] Ver Wilson Martins, *História da inteligência brasileira*, v. 7: *1933-1960* (São Paulo, T. A. Queiroz, 1996), p. 216.

[4] Como foi dito repetidas vezes, este estudo não pretende esgotar os assuntos que o livro *Interpretações* permite explorar, e sim concentra-se no que seria específico ao campo da comunicação e da política cultural. Não é casual ele ser considerado o melhor trabalho intelectual de Astrojildo Pereira, o que ainda vai permitir muitas abordagens originais e mais profundas do que esta modesta tentativa. Um exemplo é o ensaio escrito em 1940 sobre as relações entre a guerra, a bíblia e Hitler. Num texto saboroso, próprio de quem leu sobre o que escreve, Astrojildo faz um levantamento das guerras incluídas no Antigo Testamento, suas motivações e consequências e chega a uma terrível conclusão: Hitler deveria ser um leitor atento dos textos bíblicos, pois já se encontrava nos relatos, de Moisés a Josué (baseando-se em uma obra francesa, Astrojildo concentra-se no *Pentateuco*), guerras por "espaços vitais" e de "extermínio". O importante a se destacar é que o texto, datado de 1940, não tem como

da inteligência"[5]. Edição esgotadíssima há mais de cinquenta anos, pode-se dizer que está a merecer uma nova oportunidade fora das bibliotecas ou da companhia de alfarrábios*.

Escrito entre janeiro e abril de 1944, "Posição e tarefas da inteligência" já tem como certa uma mudança no cenário mundial, com a derrota do Eixo e o início de uma nova era, mais positiva, marcada pela necessidade de maior democratização em qualquer parte do mundo, o que era destacado pelas principais lideranças das Nações Unidas (ainda não havia a ONU, mas o texto já aponta nessa direção). A preocupação de Astrojildo é que não se fique apenas na democratização política, pois isso deixaria incompleta e falsificada a mudança geral necessária, mas que deva contar também com mudanças econômicas significativas e abranger o campo da cultura.

> Parafraseando a célebre fórmula positivista, poder-se-ia adotar o seguinte lema para a reorganização do mundo de após-guerra: a democracia política por princípio e a democracia econômica por base; a democracia cultural por fim.[6]

O bolchevique, embora já sem a carteirinha que vai ter de volta posteriormente, reconhece a democracia política como o estabelecimento de igualdades na participação e, principalmente, o direito a escolha dos governantes pelos governados (aqui sem especificar se por meio do sufrágio universal, secreto

---

alvo ironizar a comunidade judaica, mas ridicularizar o próprio discurso racista de Hitler, ao colocá-lo como inspirado em texto hebraico. Mas também não é condescendente com a narrativa bíblica, que não é lida como texto religioso, mas como texto histórico. Nesse sentido, lembra um pouco – e poderia até ser comparado com –, *Moisés e o monoteísmo*, último livro de Freud (1938), assim como os estudos posteriores feitos pelo grande crítico canadense Northrop Frye.

[5] Este texto foi reeditado separadamente na revista *Temas de Ciências Humanas*, São Paulo, Livraria Editora Ciências Humanas, n. 4, 1978, p. 41-68. A revista era editada, nesta primeira fase, por Marco Aurélio Nogueira, Gildo Marçal Brandão, José Chasin e Nelson Werneck Sodré, e este volume contava com ensaios de György Lukács, Luiz Sérgio Henriques, Renato Guimarães, Denis Antonio de Mendonça Bernardes, Ivan de Otero Ribeiro, Alberto Passos Guimarães c o próprio Nelson Werneck Sodré. E foi por meio desta revista e deste grupo que tomei contato com Astrojildo Pereira, que se tornou minha "ideia fixa".

* Em comemoração aos 100 anos de formação do PCB, uma nova edição da obra foi publicada pela Boitempo. Astrojildo Pereira, *Interpretações* (São Paulo/Brasília, Boitempo/Fund. Astrojildo Pereira, 2022). (N. E.)

[6] Astrojildo Pereira, "Posição e tarefas da inteligência", em *Interpretações*, cit., p. 193.

e direto[7]). E, com mais vigor, o marxista, que se pretende também leninista, entende por democracia econômica o mesmo princípio de igualdade em que todos, sem exceção, devem ter o "dever de trabalhar e produzir para a comunidade, e por outro lado o direito de participar da riqueza criada pelo esforço comum"[8]. Mas o objetivo central do texto, como indica o título, é a democracia cultural.

> Democracia cultural vem a ser aquela que torna possível a todos os homens e mulheres sem exceção gozar livremente dos benefícios da cultura, por meio da instrução integral – científica, literária, artística, técnica, profissional – facultada a todas as capacidades. Para nós, brasileiros, democracia cultural quer dizer o seguinte, concretamente: liquidação do analfabetismo; instrução gratuita desde a escola primária até as escolas superiores; livre acesso ao ensino superior, segundo a vocação de cada qual; em suma, abolição de todo e qualquer privilégio ou monopólio em matéria de instrução.[9]

Mais claro é praticamente impossível. Aqui se encontra claramente delimitado o campo da política cultural, proposta neste que é praticamente um manifesto e, portanto, como qual deve ser analisado. O fato de estar incluído num livro de ensaios (que foram até aqui tratados como tal) não obriga este discurso, que encerra um livro que tem no título suas diversas possibilidades de leituras, a manter-se rigorosamente com as premissas de um ensaio crítico, se não literário, pelo menos cultural. Mas também não pode ser considerado apenas apresentação de uma plataforma política – o que também é –, mas na tradição dos manifestos, desde o *Manifesto comunista* de 1848, redigido por Marx e Engels, passando pelo *Manifesto* dos intelectuais franceses pela libertação de Dreyfus, escrito por Zola, ele também se pretende como fonte e como princípio. Fonte porque propõe no contexto histórico em que é escrito um plano de ação datado e circunscrito às necessidades históricas do momento.

---

[7] Aqui pode não estar ainda definido o sistema político com precisão, mas na "Declaração de Princípios", aprovada pelo I Congresso Brasileiro de Escritores, em 27 de janeiro de 1945, e, pelo que consta, redigida por Astrojildo, a questão é muito clara em seu artigo segundo: "o sistema de governo eleito pelo povo mediante sufrágio universal, direto e secreto". Manuscrito original, com letra de Astrojildo Pereira, presente no ASMOB, Cedem/Unesp.

[8] Astrojildo Pereira, "Posição e tarefas da inteligência", cit., p. 193. Bons tempos aqueles em que o trabalho era considerado um dever, não um direito!

[9] Ibidem, p. 193-4.

Astrojildo Pereira não pode ser responsabilizado pelo fato de seus diagnósticos perdurarem no país por mais de cinquenta anos depois de escritos, como o analfabetismo e as dificuldades de acesso à instrução em todos os níveis. Não seria um clássico, nesse sentido, por suas virtudes, mas pelos defeitos e impasses da vida nacional[10]. Mas pode ser considerado um texto fundamental pela clareza com que trata a questão da política cultural como método válido para qualquer época, país e situação específica. Nesse sentido, o manifesto vira um discurso que propicia outras leituras e interpretações, tornando-se a base para a origem de uma política cultural que teve um resultado significativo e ainda não esgotou suas possibilidades, apesar de incompreendida muitas vezes exatamente pelos órgãos oficiais responsáveis por sua aplicação, sem falar do discurso acadêmico sobre o assunto[11].

[10] Aqui mais uma vez me aproprio da ideia do poeta, cronista e dramaturgo Plínio Marcos, para quem não são suas peças que podem ser consideradas já como clássicas, mas sim a realidade do país que não se transforma. Só que, neste caso, o irônico dramaturgo está felizmente equivocado: suas peças são consideradas clássicas não porque tratam de uma realidade que já deveria ter-se transformado, mas sim porque dramática e esteticamente são muito fortes, e por isso são compreendidas em países que nada têm a ver com a realidade de que elas tratam. O autor sabia disso, mas a motivação de seus comentários também é justa e motivada pelo que Lima Barreto dizia sobre a ironia, que ela viria da dor.

[11] Na chamada pós-modernidade, ocorreu um processo de despolitização da cultura tão radical quanto a politização da cultura no período entre guerras, período das vanguardas modernistas e revolucionárias. O surpreendente é, no campo acadêmico, na justificativa de "desideologizar" a discussão sobre políticas culturais para se atingir, assim, um conceito mais consistente (o que é, sem dúvida, legítimo e necessário), acaba-se por despolitizar também o que é denominado "política cultural". Wittgenstein adoraria isso, mas como exemplo de conceito mal empregado. Refiro-me aqui a um trabalho que merece ser lido, mas que também merece ser discutido nestes termos: *Dicionário crítico de política cultural*, de autoria do professor da Escola de Comunicações e Artes da Universidade de São Paulo, Teixeira Coelho (São Paulo, Iluminuras/Fapesp, 1997). A obra não apresenta, por exemplo, como historicamente no Brasil e no mundo esta questão passou a ser vista e qual sua relevância para merecer um "tratado" (assim a obra foi apresentada pela imprensa), mas isso não quer dizer que não tenha méritos nem um aspecto pioneiro inegável, mesmo que não reconheça – ou desconheça – outros pioneirismos, como o de Astrojildo Pereira, até o do próprio PCB, mesmo com todos os problemas conhecidos, ou outras poucas publicações anteriores que tenham o conceito no título, por exemplo. É claro que me refiro a minha modesta contribuição, *O que é política cultural*, obra didática que integra uma coleção destinada a adolescentes, a Primeiros Passos, da editora Brasiliense. A coleção, criada por Caio Graco Prado e que conta com a importante colaboração do próprio Teixeira Coelho (*O que é ação cultural*), possui ela mesma um projeto ao mesmo tempo de mercado (foi um sucesso de vendas) e de política cultural. E uma pergunta fica no ar: é possível política sem ideologia? É

Estabelecido o conceito, Astrojildo desenvolve seu texto em torno de três eixos fundamentais: a herança cultural a ser preservada e difundida, a relação entre intelectuais de bases diferenciadas e o papel propriamente dito dos intelectuais no contexto de pós-guerra, tido como líquido e certo no início de 1944. E esclarece a ênfase na questão cultural por considerar que, sobre os assuntos políticos e econômicos, "nem todos se aprazem" e que os problemas culturais do pós-guerra interessam mais de perto, e de modo muito particular, à categoria de intelectuais, assim definidos: escritores, artistas, pensadores, homens de ciência. E se interessam, ou devem se interessar, tanto pelos direitos quanto pelos deveres, num quadro de transformações culturais significativas, principalmente as que se referem diretamente ao campo da comunicação:

> Aí estão os meios modernos de comunicação e divulgação conferindo à palavra escrita e falada, e bem assim à imagem e ao som, um poder de penetração e influência entre as massas populares como não se viu nunca em nenhum período anterior da história. Este fato só por si nos fornece a medida da imensa e iniludível responsabilidade que compete aos intelectuais na tarefa de reconstrução social do mundo, imposta pelas condições históricas da nossa época. Ao mesmo tempo, porém, que estabelece para os intelectuais tamanha soma de responsabilidade, esse enorme poder de penetração e influência lhes proporciona possibilidades de libertação e independência própria como jamais puderam eles prever no passado.[12]

---

claro, também, que reconheço a possibilidade de o autor ampliar as referências e aprofundar os conceitos em próximas edições. E que também fique bem claro que este comentário não é motivado por ressentimento de nenhuma espécie (não creio pertencer a nenhuma cultura do ressentimento ou reclamação), mas sim para gerar um debate acadêmico que não seja pautado pelo silêncio em torno de diferenças metodológicas ou mesmo, até quando não se reconheça sua existência, ideológicas. A universidade é hoje, ou deveria ser, o espaço para o debate cultural mais profundo e em bases mais democráticas.

[12] Astrojildo Pereira, "Posição e tarefas da inteligência", cit., p. 194. No campo da comunicação visual, que Astrojildo já reconhece como poderosa, existe registro de uma única experiência sua em cinema. Trata-se de um documentário produzido em 1945, intitulado "24 anos de luta", dirigido por Rui Santos e cujo roteiro e sugestão teria sido do próprio Astrojildo, que também colaborou como assistente na montagem. Em longa-metragem, com duração de 1h20, "o filme é narrado por Amarílio Vasconcelos, tem música de Gustav Mahler e depoimentos de Astrojildo, Prestes, Jorge Amado e outros. O som e algumas filmagens foram realizados nos estúdios da Cinédia, no Rio"; Antonio Albino Canelas Rubim, *Partido comunista, cultura e política cultural* (tese de doutorado, São Paulo, FFLCH-USP), p. 187. Chegou até a entrar em cartaz em cinemas do Rio e de São Paulo, onde no "Cine São João teve grande sucesso de público". Este precioso material se perdeu, segundo o mesmo autor,

O que Astrojildo ressalta aqui é a possibilidade de profissionalização do intelectual que os novos meios propiciariam, libertando-o das pressões políticas. E outra, é que aumentam as responsabilidades sociais exatamente pela capacidade do que chama poder de "influenciação das massas". Astrojildo ainda não vê riscos nesta emergente comunicação de massa, nem ainda tem condições, no Brasil, de perceber o grau de poder que alcançariam nos próximos anos (principalmente o rádio nos anos 1940-1950 e a televisão nos anos 1950-1960), mais preocupado estava em estabelecer princípios para uma luta em comum e não analisar o contexto cultural, que ainda parecia ser muito favorável graças às condições políticas internacionais que contribuíam com as nacionais.

Mas é numa herança cultural que Astrojildo vai buscar os "exemplos" para destacar que os intelectuais não fugiriam da luta: "Veremos, então, como no nosso passado literário, com toda a sua notória pobreza, nos oferece muitos e variados casos que podemos tomar como outras tantas lições para os dias de hoje"[13]. E Astrojildo estabelece um verdadeiro cânone dos intelectuais que tiveram importante participação nos acontecimentos históricos decisivos do país, ou pela obra ou pela ação: Gregório de Matos, por criar uma tradição de participação nas lutas populares, além de ridicularizar o poder em seu tempo; os poetas arcádicos, que participaram da Inconfidência Mineira, além da qualidade de suas obras; os poetas românticos que lutaram pela abolição, destacando-se entre tantos o "nosso grande poeta social" Castro Alves; Euclides da Cunha, nos primórdios da república, que "surge como um gigante, com o seu grande livro: interessado até a raiz dos cabelos com os problemas políticos e sociais, e tendendo francamente para o marxismo"[14]; o inevitável Machado de Assis, pela qualidade da obra e alguns exemplos sociais; concluindo com o movimento modernista de 1922, já contemporâneo seu. Com um até agressivo, e talvez injustificado no caso dos objetivos deste texto, senão, Astrojildo

---

pois, das únicas duas cópias, uma foi apreendida pelo Dops em 1947, quando houve solicitação de liberação para o resto do país, e a outra se "extraviou na então Tchecoslováquia, e os negativos foram queimados por Ademar Gonzaga após o golpe militar de 1964". (As informações aqui contidas foram extraídas de Paulo Roberto Ferreira, "PCB: da fundação em 22 ao retorno à legalidade, um filme conta tudo", *Jornal do País*, Rio de Janeiro, caderno especial, 28 mar.-3 abr. 1985, citado em Antonio Albino Canelas Rubim, cit., p. 187-8.)

[13] Astrojildo Pereira, "Posição e tarefas da inteligência", cit., p. 196-197.

[14] Ibidem, p. 205. Curiosamente aqui, Astrojildo Pereira cita em nota de rodapé o livro *Contrastes e confrontos*, não ficando claro se o grande livro mencionado é este, que faz alusão ao marxismo, ou se está se referindo ao grande mesmo que é *Os sertões*.

questiona o simbolismo como um movimento estético de fundo reacionário. Mas a questão principal é a da participação do intelectual:

> O intelectual participa como intelectual, como profissional, ou como cidadão, separadamente ou concomitantemente, pouco importa, mas participa. Participa até pela "abstenção", mesmo quando sincera e desprevenida, pois a "abstenção", bem feitas as contas, equivale a participação passiva ou por omissão. Em suma, todos participam, ainda que não pensem nisso ou não o desejem deliberadamente.[15]

Com isso, Astrojildo dá sua definição de intelectual como um indivíduo que se relaciona com a sociedade em que vive por sua comunicação e produção no plano simbólico. Não distingue assim o intelectual tradicional do orgânico, da perspectiva gramsciana, nem o intelectual que vive das ideias, com o intelectual de combate, que na palavra russa *intelligentsia* adquiriu universalidade, como o que torna sua pena ou seu meio de comunicação uma ferramenta de luta contra qualquer tipo de opressão[16]. Mas também não faz isso pelos objetivos do texto, que busca pelo convencimento e não pela análise, unir o maior número de intelectuais, inclusive os tradicionais e liberais, em torno de uma luta que julga ser comum.

Se o ano de 1944 foi de muito discurso em torno da necessidade de uma ação comum, pode-se dizer que 1945, com a situação no *front* praticamente definida, foi o do discurso da ação. Começou com dois grandes acontecimentos no mundo da cultura: a realização do I Congresso Brasileiro de Escritores em São Paulo e a morte de Mário de Andrade.

Mário de Andrade teve uma presença intelectual muito forte durante os anos 1930 e metade de 1940, mesmo com todos os problemas que enfrentou. Pode-se dizer que sua vida deu uma guinada nos anos 1930, principalmente

---

[15] Ibidem, p. 201.
[16] Uma diferenciação bem precisa e clara entre intelectual e *intelligentsia* foi dada por um estudioso dos pensadores russos: "Os intelectuais são pessoas que somente se interessam por ideias, desejam ideias que sejam tão interessantes quanto possíveis. Historicamente falando, a *intelligentsia* é constituída de individualidades unidas em torno de certas ideias sociais, que creem no progresso, na razão, que rejeitam o tradicionalismo, acreditam nos métodos científicos, na crítica livre, na liberdade intelectual; em resumo, se opõem à reação, ao obscurantismo, à Igreja, ao Estado autoritário e se veem como companheiros de combate por uma causa comum – em última análise, os direitos do homem e uma ordem social decente"; Isaiah Berlin, em entrevista para Ramin Jahanbegloo, *Isaiah Berlin: com toda liberdade* (trad. Fany Kon, São Paulo, Perspectiva,1996), p. 221-2.

após a derrota de São Paulo no movimento de 1932, que teve seu apoio entusiasmado. Em 1934, ajudou a criar, a partir de projeto de Paulo Duarte, o Departamento de Cultura de São Paulo, já com todas as suas subdivisões[17]. Mesmo ano em que surgia a Universidade de São Paulo como parte de uma política cultural dos setores aparentemente derrotados na guerra civil de dois anos antes, e que trazia vários intelectuais europeus para nela lecionar[18]. Mas a instauração do Estado Novo, se não prejudicou o prestígio de Mário de Andrade, alterou sua vida profissional e pessoal. Afastado do Departamento de Cultura por razões políticas, acabou se mudando para o Rio de Janeiro onde se considerou um exilado. Mas foi em 1942, exatamente a 30 de abril, no salão nobre do Itamarati, no Rio, que proferiu seu balanço do modernismo, que também era um manifesto para o futuro da arte e da cultura.

A famosa conferência foi lida no salão de conferências da biblioteca do Ministério de Relações Exteriores e publicada no mesmo ano pela Casa do Estudante do Brasil[19], mesma editora do livro de Astrojildo Pereira, que poderia estar entre os ouvintes atentos que admiravam o escritor modernista. Fazendo vinte anos que o movimento modernista havia ocorrido no Teatro Municipal de São Paulo, ele não é transformado em algo louvável pela

---

[17] O Departamento de Cultura foi criado com cinco divisões: expansão cultural, bibliotecas, educação e recreio, documentação histórica e social, turismo e divertimentos públicos. "Mário de Andrade foi nomeado chefe da Divisão de expansão cultural e diretor do departamento; Sérgio Milliet para a Divisão de documentação; e Rubens Borba de Moraes, para a de bibliotecas"; Moacir Werneck de Castro, *Mário de Andrade: exílio no Rio* (Rio de Janeiro, Rocco, 1989), p. 46. Destaca-se também nesta criação a figura de Paulo Duarte, que apresentou Mário de Andrade ao prefeito de São Paulo e o indicou para o cargo.

[18] A Universidade de São Paulo só passou a funcionar em 1935 e, entre os intelectuais que vieram para formar a Faculdade de Filosofia, se encontravam Claude Levi-Strauss, Fernand Braudel, Roger Bastide, Jean Maugüé e Georges Dumas. Antonio Candido classificou o grupo de intelectuais que, em torno de Armando Salles de Oliveira e com seu apoio, criou a USP e o Departamento de Cultura "como 'uma vanguarda político-cultural à sombra de uma situação oligárquica, que a aceitou e apoiou'". Estabelecia-se uma divisão de trabalho de certo modo antecipadora do fenômeno representado pela equipe de Capanema no plano federal. Segundo observação de Caio Prado Jr., citado por Antonio Candido, "o PD (Partido Democrático) julgava oligarcas empedernidos, reacionários em matéria política e social, a elementos radicais, precursores do populismo, aos quais competia a direção da política cultural"; Moacir Werneck de Castro, cit., p. 46.

[19] Mario de Andrade, "O movimento modernista: conferência lida no Salão de conferências da biblioteca do Ministério das Relações Exteriores do Brasil, no dia 30 de abril de 1942", incluído posteriormente no livro *Aspectos da literatura brasileira* (São Paulo, Martins, 1974), p. 231-58, do qual foram extraídas todas as citações do discurso.

palestra autocrítica de Mário de Andrade. Pergunta-se até como havia tido coragem em participar "daquela batalha!". Reconhecendo méritos, Mário não esconde, melancolicamente, o que considera um "movimento aristocrático", até por sua "gratuidade antipopular" e "dogmatismo prepotente", mas que também havia um golpe na "pureza de nosso aristocratismo espiritual". E que viveram, de 1922 até 1930, por oito anos, "na maior orgia intelectual da história do país". Arrebatados pela embriaguez dos ventos da destruição nem se davam conta de que não haviam contribuído em nada nas "mudanças político-sociais posteriores a ele [o movimento modernista] no Brasil, mesmo que tivesse sido um preparador, um criador de estado de espírito revolucionário e de um sentimento de arrebentação". Mas o "individualismo entorpecente", apesar de ter conseguido uma liberdade estética (só estética, destaca com ironia), não se lembra de encontrar em suas obras e na dos colegas "uma dor mais viril da vida". Não se lembra, diz. E não porque não compreendiam que se estava vivendo a idade política do homem porque vivem em festa e enredados numa cilada. E por isso não devem servir de exemplo a ninguém. Mário de Andrade recusava-se a acreditar "na inutilidade das tragédias contemporâneas", tendo certeza de que "o *Homo imbecilis* acabará entregando os pontos à grandeza de seu destino". E o destino seria caminhar com as multidões, e não ser apenas um espião "camuflado em técnicos da vida", vendo a multidão passar[20].

> Aos espiões nunca foi necessária essa "liberdade" pela qual tanto se grita. No período de maior escravização do indivíduo, Grécia, Egito, artes e ciências não deixaram de florescer. Será que a liberdade é uma bobagem?... Será que o direito é uma bobagem?... A vida humana é que é alguma coisa a mais que ciências, artes e profissões. E é nessa vida que a liberdade tem um sentido, e o direito dos homens. A liberdade não é um prêmio, é uma sanção. Que há de vir.[21]

Mas apesar do tom melancólico e da firmeza autocrítica com relação ao movimento que teve em Mário de Andrade uma das principais figuras, ele

---

[20] Curioso isso nestes tempos pós-modernos, do vale-tudo individualista e narcisista, em que se chama impunemente (não no sentido jurídico, mas cultural) de imbecil exatamente aquele intelectual que procura marchar com as multidões, mesmo num contexto desfavorável. Mário de Andrade, com muito orgulho, estaria hoje, entre os que formariam o que já foi chamado levianamente de "imbecil coletivo".

[21] Mario de Andrade, "O movimento modernista", cit., p. 255.

também destaca no texto as conquistas do modernismo que poderiam ser consideradas uma política cultural do movimento: ruptura com a tradição acadêmica, busca de identidade nacional e direito permanente à pesquisa estética. E Astrojildo Pereira, com seus recursos e suas ferramentas, não deve ter ficado indiferente a essas constatações quando elaborou seu manifesto.

Em 1945, Mário de Andrade participa, não faltando a nenhuma sessão, novamente no Teatro Municipal, do I Congresso Brasileiro de Escritores, que considerou formidável sob todos os aspectos, como um "coroamento" de sua vida e carreira, mas também preocupado com o fato de ter o escritor de se duplicar em profissional da política[22]. Mas sua alegria durou pouco: um mês depois da instalação do Congresso morria Mário de Andrade, aos 51 anos, de enfarte do miocárdio, em sua casa, na rua Lopes Chaves, 546, em São Paulo. Passava das 10 horas da noite de um domingo, dia 25 de fevereiro de 1945. O período modernista, que nasceu durante um evento no mesmo momento em que morria Lima Barreto, também encerrava seu ciclo nascido naqueles anos revolucionários de 1922. As vanguardas se encontravam num Congresso, mas o vanguardismo já não existia.

Astrojildo, por isso mesmo, destaca em seu texto, escrito um ano antes desses acontecimentos, a importância da Semana de Arte Moderna de 22, que para ele estava ligada a uma série de acontecimentos do mesmo ano, que seria "um divisor de águas em nossa história"[23]: ao primeiro centenário da Independência, à organização do primeiro partido proletário, ao levante dos militares que deu origem ao tenentismo e à própria Semana. Mas que, da mesma forma do paralelo feito, originou posições diferentes entre os participantes diante da evolução dos acontecimentos. O importante era destacar que tudo aquilo não seria por acaso. E o escritor não poderia ficar alheio ao seu tempo, mesmo porque estaria a seu modo, "pelo fato mesmo de publicar a sua obra e comunicá-la a outrem, está intervindo, está participando, tomando partido"[24]. Mas, se o intelectual participava de qualquer jeito, pergunta-se Astrojildo por que o texto se propõe a levantar a questão; e responde que é para se estabelecer, por meio de uma política cultural (não nomeada como tal), uma ação em comum unindo os que querem participar politicamente, mas nas competências que lhes cabem.

---

[22] Ver Moacir Werneck de Castro, *Mário de Andrade*, cit., p. 142.
[23] Astrojildo Pereira, "Posição e tarefas da inteligência", cit., p. 213.
[24] Ibidem, p. 216.

> Estou convencido de que os intelectuais brasileiros como tais – como escritores, como artistas, como pensadores, como homens de ciência – poderão desempenhar desde agora um papel de incalculável importância na solução dos problemas, que o após-guerra vai colocar em termos de absoluta urgência, relativos à democratização da cultura, ou seja, à difusão entre as massas populares dos instrumentos de cultura, visando à elevação progressiva do nível cultural do povo brasileiro. Devemos compreender que isso não poderá ser realizado em grande escala por nenhum governo sem a cooperação e a colaboração dos mais interessados no assunto, que são justamente os intelectuais. Não nos iludamos com as aparências: vivemos ainda, no que se refere aos meios de instrução e cultura das grandes massas populares, pouco menos que em pleno regime colonial e escravocrata. O que existe nas capitais e nos centros mais populosos é muito pouco em relação às necessidades mais elementares da população dessas capitais e desses centros, e equivale a zero, literalmente a zero, em relação às populações do interior. Quem conhece o interior do Brasil sabe que não estou exagerando nada; e quem tiver dúvidas, que examine os índices de analfabetismo assinalados em nossas estatísticas. Não é só confrangedor, é também vergonhoso.[25]

Astrojildo Pereira lembra Joaquim Nabuco, para quem Castro Alves, com seu exemplo, havia mostrado que "num país de escravos a missão dos poetas é combater a escravidão", considerando a questão do analfabetismo uma forma de escravidão – "a escravidão da inteligência". E o encontro da "causa nítida" seria como uma paráfrase de Nabuco: "num país de analfabetos a missão do escritor é combater o analfabetismo"[26]. E no chão novo, nascido dos soldados que tombaram contra o nazifascismo, não nascerá nada sem o esforço coletivo: "o mundo melhor não surgirá por milagre da terra ensopada com o sangue dos heróis"[27]; mas também da responsabilidade dos intelectuais "no sentido de semear, de popularizar, de democratizar os benefícios da cultura"[28]. E, após enumerar em itens tudo o que propôs anteriormente, Astrojildo conclui seu manifesto de política cultural lembrando que sabia não ser a todos que sua mensagem se dirigia:

> A uma campanha assim, movimentada por homens de fé ardente e ativa e nutrida de ilimitada confiança nas massas populares, poderíamos de boa vontade

---

[25] Ibidem, p. 219-20.
[26] Ibidem, p. 220.
[27] Ibidem, p. 222.
[28] Ibidem, p. 223.

chamar de luta pela democratização dos meios de instrução e cultura. Não faltará de certo quem sorria superiormente de tudo isso, alvejando com ironias ferinas o impenitente utopista... Peço desculpas mui respeitosas aos senhores céticos e pessimistas; mas não é a eles que eu me dirijo.

Janeiro-abril de 1944[29]

Um aspecto importante e explicitado neste texto de combate – por isto sendo considerado um manifesto – sobre a tarefa dos intelectuais no contexto do pós-guerra refere-se ao exemplo que Astrojildo foi buscar nos intelectuais do passado para justificar a luta presente. Aqui não se trata apenas de um recorte específico, mas uma proposição de defesa de uma memória. O que tem relação com a política cultural: *que herança cultural preservar?* Com que cânones se deve trabalhar no processo cultural e educacional? Ou mesmo político-pedagógico, como neste caso? É uma questão que remete a Lênin, com certeza, mesmo que pelo avesso (a questão leniniana referia-se a que herança renunciar), mas também tanto a Hegel quanto a, principalmente neste contexto, Lukács. Astrojildo defende aqui algo que parece contraditório com seu discurso sobre Machado de Assis, que é o de valorizar uma "herança progressista" em torno da luta cultural. Nesse texto taticamente elaborado em uma estratégia coerente, as alianças propostas incluem a esquerda e a direita de Astrojildo: à esquerda, aproxima-se do que mais tarde será chamado por Octávio Brandão de "intelectuais progressistas" (excluindo-se sempre, é claro, Machado de Assis); à direita, exatamente a partir de Machado de Assis, chega a destacar intelectuais caros aos liberais, como Rui Barbosa e Joaquim Nabuco. É uma herança pensada, pois. E não pertence ao cânone partidário, com certeza.

A questão do cânone literário e, no limite, cultural é algo mais do que uma opção didática para transmitir uma herança considerada socialmente válida. Ela implica um critério não destituído de razões de Estado ou de poder. Toda e qualquer tentativa em revisar um cânone estabelecido esbarra em muitas barreiras, nem sempre com eficácia. Mas o que estabelece um cânone? Para o crítico norte-americano Harold Bloom[30], as escolhas são sempre individuais e nascem da força da originalidade de uma obra. Mesmo que haja interesses

---

[29] Ibidem, p. 225.
[30] Ver Harold Bloom, "Uma elegia para o cânone", em *O cânone ocidental: os livros e a escola do tempo* (trad. Marcos Santarrita, Rio de Janeiro, Objetiva, 1995), p. 23-50.

do que ele chama de "classe governante", é da liberdade de escolha estética tanto do artista quanto do crítico. Mas essa "liberdade estética" nasce de um conflito social, não entre classes, mas sim entre o indivíduo, no caso, o artista, e o gosto do público. Uma obra canônica, para Bloom, é mais forte do que qualquer programa social. Para a questão "quem canonizou Milton?", a resposta é: "Em primeiro lugar, o próprio Milton", e, na sequência, os poetas e os críticos que compreenderam a força de *Paraíso perdido*.

O movimento de dentro da tradição não pode ser ideológico nem colocar-se a serviço de quaisquer objetivos sociais, por mais moralmente admiráveis que sejam. A gente só entra no cânone pela força poética, que se constitui basicamente de um amálgama: domínio de linguagem figurativa, originalidade, poder cognitivo, conhecimento, dicção exuberante. A injustiça final da injustiça histórica é que não dota necessariamente as vítimas de nada além do senso de sua própria vitimação. O Cânone Ocidental, seja lá o que for, não é um programa de salvação social.[31]

Mas uma pergunta continua sem resposta: por que algumas obras permanecem na memória histórica e coletiva, mesmo sem a ajuda das academias, dos críticos e dos artistas? Se é evidente, até no liberal Harold Bloom, as causas e consequências no que se refere às políticas culturais, o mesmo não é tão claro quando se refere a quem determina o que deve ser lembrado em detrimento do que deve ser esquecido. Para a crítica Leyla Perrone-Moisés, são os escritores-críticos que contribuem na criação do *paideuma*.

A palavra cânone vem do grego *kánon*, através do latim *canon*, e significava "regra". Com o passar do tempo, a palavra adquiriu o sentido específico de conjunto de

---

[31] Ibidem, p. 36. É claro que Harold Bloom se manifesta contra um contexto histórico específico, que é o da vida acadêmica norte-americana nos anos 1980 e 1990, no qual prevalece uma política cultural baseada no que foi chamado de "politicamente correto", que propõe um absurdo (do ponto de vista wittgensteiniano): eliminar o problema social pelo controle da linguagem, estabelecendo o que se pode ou não escrever ou comunicar diante de critérios étnicos, de gênero e até do que é chamado de "opções sexuais". Mas não é este o motivo de Bloom estar aqui, e sim na tentativa de demonstrar as aporias nas explicações do estabelecimento do cânone. O pior é que esta tendência "politicamente correta" é apresentada como "política cultural". E é, da pior forma, lembrando o zdanovismo, mas é. Sobre a questão especificamente norte-americana, ver o importante desabafo do crítico de arte Robert Hughes, *Cultura da reclamação: o desgaste americano* (trad. Marcos Santarrita, São Paulo, Companhia das Letras, 1993).

textos autorizados, exatos, modelares. No que se refere à Bíblia, o cânone é o conjunto de textos considerados autênticos pelas autoridades religiosas.[32]

A partir do século XVIII, com o estabelecimento do juízo estético, o cânone passou a representar aqueles clássicos que se tornaram um ideal de unanimidade no gosto refinado e aristocrático. Nas três classes de escritores estabelecidas por Ezra Pound em *ABC of Reading* (1934)[33] – inventores, mestres e diluidores – pertencem ao cânone aqueles primeiros, pois podem tornar-se parte de um *paideuma*. E *paideuma* é entendido aqui como "aquilo que deve ser ensinado, não meramente para se conhecer o passado, mas para o uso do presente e do futuro"[34].

O que Astrojildo Pereira faz com seus "exemplos" do passado de lutas dos intelectuais é a tentativa de criar, ou de reforçar, um cânone visando um *paideuma*, uma educação para o presente e o futuro a partir de um passado selecionado no interior de valores já reconhecidos. Mas reconhecidos em função do quê? Não de valores consagrados internacionalmente, como questiona Flávio Kothe[35], que afirma que fazem do próprio cânone nacional a possibilidade de ser mais uma ficção do que algo vivido, mais imposto de cima para baixo pela construção aristocrática de uma história literária do que criado a partir de uma identidade autóctone.

> A história literária é uma construção à base de (re)construções. Não só trata de ficção: ela mesma é ficção. A literatura brasileira não é toda a literatura do Brasil: o seu cânone pretende, porém, ser esta síntese, sem revelar o enigma nem o estigma de sua construção. Pretende ser o ideal da produção literária do país, aquilo que, em sua classicidade, deveria representar todas as classes sociais e ser lido por todas as classes escolares: por ser obrigatoriamente lido por todas as classes escolares, por todas as classes é que se torna, porém, a literatura clássica nacional, e isso tem mais a ver com a sua ideologia de classe. O pressuposto de que nesses textos está

---

[32] Leyla Perrone-Moisés, *Altas literaturas: escolhas e valor na obra crítica de escritores modernos* (São Paulo, Companhia das Letras, 1998), p. 61.
[33] Ibidem, p. 65.
[34] Idem.
[35] Ver Flávio R. Kothe, *O cânone colonial* (Brasília, UNB, 1997). O autor, que já fez trabalhos e traduções fundamentais em torno de autores da teoria crítica, particularmente Adorno e Benjamin, está se propondo em uma obra ambiciosa a rever o cânone nacional, sendo este o primeiro volume.

contido o maior valor artístico da produção literária nacional é uma ilusão, um engano e um engodo.³⁶

Nessas três posições – de Harold Bloom, Leyla Perrone-Moisés e Flávio R. Kothe –, com todas suas antinomias de método e ideologia, não se questiona o essencial aqui: a necessidade de um cânone. O que se questiona são os critérios para construí-lo ou "desconstruí-lo", mas não se nega a necessidade de estabelecer os valores que deverão nortear não apenas o ensino, mas a própria memória; em suma, a política cultural. A visão de mundo implícita no texto de Astrojildo Pereira implica não a aceitação de um cânone instituído, mas como utilizar-se dele – diria até instrumentalizar-se dele – em benefício de uma difícil luta na superação das desigualdades sociais (a partir das culturais). Isso explica o desequilíbrio no tratamento positivo dado aos "poetas sociais" e o aparentemente desnecessário tratamento dedicado ao texto do simbolismo.

No texto de Astrojildo, o simbolismo no Brasil é apresentado como um movimento importado que serviu a um setor "reacionário" do próprio movimento republicano. Vinculado a uma reação espiritualista, que teve em Farias Brito seu maior expoente, que fez escola dando origem a organizações direitistas como Centro Dom Vital e Ação Integralista Brasileira. Mas estranhamente os valores estéticos específicos dos poemas simbolistas não são sequer mencionados, o que compromete a análise, embora acredite justificar a exclusão.

Também é possível que essa aparente má vontade com os poetas simbolistas tenha origem na forma como o simbolismo russo foi tratado pelo regime soviético: ele simplesmente não se encaixava nas novas "regras", nos cânones da revolução. Se Maiakóvski, que não era simbolista, e ainda por cima era membro do Partido Comunista desde os 13 anos, era acusado de fazer uma poesia incompreensível para as massas, pode-se imaginar as dificuldades de sobrevivência para um poeta considerado hermético como Alexander Blok³⁷. Em suma, os simbolistas não eram bem vistos por uma revolução que acreditava tudo transformar, tudo explicar, tudo planejar. Não era o caso de Astrojildo, por certo, mas às vezes uma postura sectária deixava-se escapar

---

³⁶ Ibidem, p. 107.
³⁷ Sobre a relação entre o simbolismo russo e a Revolução Russa, veja um texto sugestivo, até por se deixar ser mais ou menos simbolista, de Nicolau Sevcenko, "Poesia e revolução: o simbolismo russo", em Osvaldo Coggiola (org.), *A revolução de outubro sob o olhar da história* (São Paulo, Edições Sociais, 1997), p. 191-202.

entre comentários mais flexíveis. Como se a máscara ou roupagem de uma linguagem deixasse o rei nu.

Mas o cânone está dado, não particularmente com relação às obras, isso está implícito, mas com relação às regras para o intelectual participante. O manifesto aqui tenta convencê-lo pelo discurso que, como intelectual engajado nas questões culturais de seu tempo, não ficará abandonado; seus antepassados queridos também tiveram causas por se baterem. E apanharem. E transformarem suas obras individuais ou a si mesmos.

O clima e o ambiente em 1944-1945, não apenas no Brasil, estava favorável à participação do intelectual. Até as vanguardas, antes combatendo isoladamente, puderam se encontrar naquela mesma trincheira. E a relação de Astrojildo Pereira com os modernistas é um capítulo à parte na relação entre vanguardistas de origem política e os de origem predominantemente estética. Se Mário de Andrade, como foi visto, acabou se tornando um modelo de intelectual modernista que se voltou para a política cultural, Oswald de Andrade se tornou efetivamente um misto de militante político com animador cultural que enfrentou problemas em todas as frentes. Mas foi com Sérgio Buarque de Holanda que o encontro se demonstrou mais compatível, como se verá adiante.

Em 1931, quando Astrojildo Pereira havia sido desligado da secretaria geral do partido e designado para atuar em São Paulo, não reclamou. Pode ter sido nesta cidade que teria resolvido fundar o partido em 1921, quando se encontrara com o "cometa de Manchester". Era também nesta cidade que habitava seu escritor vivo preferido: Mário de Andrade. E, conforme depoimento de Francisco de Assis Barbosa, uma das primeiras coisas que Astrojildo fez ao chegar em São Paulo foi procurar pelo escritor modernista em sua casa, na rua Lopes Chaves. Mas, para sua frustração, não foi recebido. Nem Mário de Andrade era um moribundo como Machado de Assis, nem Astrojildo Pereira era mais um adolescente. Nessa época, Mário de Andrade não queria nem ouvir falar de comunista, já chegavam as dores de cabeça que lhe dava um antigo amigo que agora dizia ser comunista e que, possivelmente, em nome do comunismo, vivesse azucrinando sua paciência. Seu nome: Oswald de Andrade.

Oswald de Andrade teve uma trajetória diversa da de Mário de Andrade após a Semana de 22, principalmente a partir dos anos 1930. Em 1931, fundou, juntamente com Patrícia Galvão, a Pagu, o jornal *O Homem do Povo*, no qual o próprio Astrojildo colaborou, mas foi censurado pelo partido, e dele se retirou concordando com as críticas partidárias. Nos objetivos deste estudo, pode-se ver Oswald em dois momentos, no contexto do fim da Primeira Guerra (1918) e no fim da Segunda (1945).

O perfeito cozinheiro das almas deste mundo

São Paulo, 1918 – A Europa ainda ardendo em chamas, Oswald de Andrade alugou um apartamento na rua Libero Badaró, 67, 3º andar, sala 2, para montar uma *garçonnière*. Nela frequentavam seus amigos literatos e pseudo-literatos. Mas também aparecia de vez em quando uma jovem de 18 anos que todos conheciam como Deisi. Seu nome verdadeiro era Maria de Lourdes Castro de Andrade. Era a Miss Tufão, Tufãozinho ou principalmente Miss Ciclone. Extrovertida e insubmissa, deixou o poeta Oswald, ainda bacharelando na Faculdade de Direito do Largo São Francisco, "maluco". Tornaram-se amantes. Deisi se transformou na musa de todos os frequentadores da *garçonnière*. Eles até escreveram um diário com pseudônimos: *O perfeito cozinheiro das almas deste mundo*[38]. O pseudônimo mais empregado por Oswald foi Miramar. Por causa de Deisi, os amigos o chamavam de "Miramár...tir" ou "Miramar...ido". Por seu comportamento ousado para a época (ela era do interior e viera estudar o curso Normal em São Paulo), Deisi foi expulsa da casa da tia. Teve de voltar para Cravinhos. Oswald sofreu a dor da separação. Corresponderam-se. Ela solicita que ele console a "pobre amiguinha" e despede-se numa das cartas, escrevendo: "beijo-te o olhar verde". Quando retornou a São Paulo, as coisas não foram mais as mesmas. O fim trágico se aproximava. Oswald, viajante e conquistador, moderno e arrojado, dândi e cosmopolita, era um macho latino-americano, ciumento, possessivo. Até a seguia pela cidade. Deisi nada dizia sobre seus amores; foi vista entrando numa pensão de rapazes na rua Anhangabaú. Oswald, desesperado, chegou a se nomear "Mirabismo". O urso do ciúme, que também atacaria mais tarde, no outro lado do planeta, o poeta Maiakóvski, corroía sua alma. Oswald de Andrade escreveu em seu diário: "Deisi é visgo puro. Não tenho a coragem de romper. Ela também não explica nada, não conta, não se defende. Em junho ela me diz que está grávida. De quem? Não pergunto. Ela não fala. Concordamos no aborto". O aborto provocou uma hemorragia que atingiu os pulmões. Como num melodrama,

---

[38] Oswald de Andrade, *O perfeito cozinheiro das almas deste mundo* (ed. fac-similar, São Paulo, Ex-libris, 1987).

a "dama das camélias" estava condenada. Oswald de Andrade casou-se com sua Deise, *in extremis*, em 11 de agosto de 1919. Ela morreu dias depois, em 24 de agosto, aos 19 anos de idade. Nasceu com o século, morreu antes que ele começasse. O poeta se culpou: "esfacela-me meu sonho... A que encontrei enfim, para ser toda minha, meu ciúme matou". Morreu Miss Ciclone, nasceu a personagem: a mulher despontava com alma própria[39].

São Paulo, 1945 – Depois de quatro casamentos, de muitos livros publicados, de mais filhos e netos, de menos dinheiro e de algumas prisões, o modernista participa com entusiasmo do I Congresso Brasileiro de Escritores, no Teatro Municipal. O clima é de união. O escritor que reclamava de que não era levado a sério, nem considerado como tal[40], foi exatamente o escolhido para, em nome da ABDE, fazer a saudação de despedida aos escritores de todo o país. Nesta saudação emocionada, ele praticamente faz um balanço da literatura que se praticava então: cita mais personagens que autores, mas também faz referências a São Paulo.

> Em São Paulo, como pudestes verificar, tudo é aljôfar, bulício, farra, lucro, capital, monopólio, euforia e triunfo. Em São Paulo, homens há que com o capital de um milhão de cruzeiros realizam nos seus balanços visíveis vinte e dois milhões num ano. E há lambaris assustados da indústria que fazem um milhão de cruzeiros por mês com o simples capital de dez milhões. O que significa que o lucro é mais de cem por cento ao ano. Outros, os bigues, dividem em dois bolsos a soma correspondente a toda produção anual da nova lavoura cafeeira. E por sobre tudo isso assistimos ao milagre da ressurreição de Lázaro... *Brothers!*[41]

---

[39] Este parágrafo foi baseado em várias fontes, a começar pela autobiografia de Oswald, *Um homem sem profissão*, e do próprio *O perfeito cozinheiro das almas deste mundo*. Deisi também inspirou a personagem da primeira parte de *Os condenados*, publicado em 1922, com o título *Alma*. Mas este parágrafo, que relutei em colocar aqui, embora também pressinta alguma pertinência nisto, foi escrito como material para uma aula sobre modernismo, em 27 de novembro de 1992, e assinado por "Miramar...tin". O que explicaria o estilo. Sobre o mesmo contexto e o romance inspirado nisto, pode-se ver Mário da Silva Brito, "O aluno de romance Oswald de Andrade", em Oswald de Andrade, "Alma", em *Os condenados* (São Paulo, Globo/Secretaria do Estado da Cultura, 1990).

[40] "Escritores não me levam a sério; nem sequer me consideram também escritor; nunca consegui ser capitalista; tampouco comerciante"; citado em Maria Eugenia Boaventura, *O salão e a selva: uma biografia ilustrada de Oswald de Andrade* (Campinas/São Paulo, Editora da Unicamp/Ex-Libris, 1995), p. 249.

[41] Oswald de Andrade, "Museu das nossas ternuras", em *Estética e política: obras completas de Oswald de Andrade* (pesquisa, organização, notas e estabelecimento de Maria Eugenia

A cidade de São Paulo apresentada no texto é uma cidade contraditória, dominada pelo capital, passando por profundas transformações, inclusive urbanísticas[42]. Mas também já marcada por diferenças sociais que se notam até nos trajes e hábitos: enquanto "os ricos despem-se desenvoltos nos terraços e piscinas", "os pobres andam de tanga"[43]. De 1922, quando os modernistas se proclamaram "como semáforos da insurreição mental"[44], até aquele Congresso, as transformações todas não apagavam uma mesma necessidade, que também era e continuaria sendo a de "exterminar a opressão e aniquilar os agressores do mundo civilizado"[45]. E Oswald lembra-se dos escritores que estavam na frente de combate, junto à FEB: Rubem Braga e Joel Silveira. E conclui conclamando, como legítimos representantes do povo brasileiro por meio de suas personagens, a manterem-se unidos na luta pela justiça e liberdade.

> Aqui, na mesma guerra pela democracia estamos hoje unidos e unindo o pensamento do Brasil. Por isso é importante esse Congresso. Porque está aqui o Brasil. Estão aqui João Ternura, Cobra Norato, o amanuense Belmiro, Ataxerxes e a filha nos seus desdobramentos lorqueanos. Aqui estão o presidiário João Miguel e os homens sem paisagem. Estão aqui o feiticeiro Jubiabá e o preto Balduíno, os mata-mosquitos e as estrelas que sobem para o mangue. Estão aqui o suicida do Edifício Império, o gato Sardanapalo e a cachorra Baleia. Estão tanto os sensacionais e os inquietos de José Geraldo Vieira como os corumbás, o alugado Ranulfo, os vencidos de Oswaldo Alves e todos os trabalhadores do Brasil. Estão aqui os sonhos castigados, as vidas tolhidas, as porteiras fechadas, os recalques seculares, as transferências, as moléstias e os vícios. Mas estão também as esperanças que não morrem. Está aqui, pessoalmente, o menino que beijou por nós todos a mão agonizante de Machado de Assis – Astrojildo Pereira. Está aqui a tradição do

---

Boaventura, São Paulo, Globo, 1992), p. 92. O título do discurso no I Congresso Brasileiro de Escritores foi atribuído pela organizadora do volume. Não creio corresponder profundamente a um texto de combate como este, o título pode sugerir uma visão antípoda àquela que o escritor modernista quis dar à sua fala, até romântica.

[42] Sobre as transformações culturais ocorridas em São Paulo a partir dos anos 1920, pode-se ver um trabalho fundamental de Nicolau Sevcenko, *Orfeu extático na metrópole* (São Paulo, Companhia das Letras, 1992). E sobre a vida boêmia na cidade a partir dos anos 1940: Lúcia Gama, *Nos bares da vida* (São Paulo, SENAC, 1999).

[43] Maria Eugenia Boaventura, *O salão e a selva*, cit., p. 93.

[44] Ibidem, p. 94.

[45] Ibidem, p. 96.

humor que é a flor cáustica da liberdade. E está também a fé na democracia, a fé no futuro, a fé nos teimosos destinos do Brasil.[46]

O Congresso da ABDE foi realmente uma festa que uniu a intelectualidade, as antigas vanguardas, os novos críticos. E pata Astrojildo talvez tenha sido o mais importante momento de sua vida. Nunca tinha conseguido tanto prestígio, nem depois. Quando da notícia do Congresso, o jornal *Folha Carioca*, em 29 de novembro de 1944[47], já destacava Astrojildo Pereira entre os maiores intelectuais do país, ao lado de Carlos Drummond de Andrade, ainda trabalhando como chefe de gabinete no Ministério da Educação, e Manuel Bandeira. Entrevistado pelo jornal, o poeta Drummond afirma que o Congresso permitirá a escritores de todo o país se conhecerem, fazerem um balanço de seus trabalhos, exigirem medidas do poder público favoráveis às atividades culturais e discutirem sobre o papel que a intelectualidade deverá ter no novo contexto. E sobre Astrojildo:

> Na livraria José Olympio, abordado pelo jornalista, o ensaísta Astrojildo Pereira, uma das mais brilhantes figuras da literatura brasileira, disse-nos que a ideia do Congresso surgiu num momento muito sério para a vida e o destino do escritor, e que por isso os intelectuais brasileiros não podiam fugir à sua missão. E acrescentou:
> – Sobre o plano e o programa traçados pela ABDE, suponho que não se poderia fazer melhor no momento atual: nos temas propostos ao debate estão previstos importantes assuntos que interessam não só aos direitos dos escritores – como tais: direitos autorais, literatura de rádio e cinema, a criação literária e a liberdade.[48]

Durante o Congresso, seu prestígio entre os intelectuais foi mantido. Seu documento, escrito com Dalcídio Jurandir, "Liquidação do analfabetismo" (obviamente extraído do "Posição e tarefas da inteligência") além de ser aprovado por aclamação, entre outros, pelos congressistas, também teve recomendada

---

[46] Idem.
[47] O recorte deste jornal encontra-se no ASMOB, Cedem/Unesp, com a seguinte anotação no alto da página, com letra de Astrojildo: "Balanço das forças militantes da Inteligência Brasileira".
[48] Carlos Drummond de Andrade para *Folha Carioca*, 29 nov. 1944.

sua publicação⁴⁹. Mas o maior momento de sua participação ainda estava reservado para o final, quando foi designado para redigir, com a ajuda de Caio Prado Jr. e Alberto Passos Guimarães, a Declaração de Princípios⁵⁰:

> Os escritores brasileiros, conscientes da sua responsabilidade na interpretação e defesa das aspirações do povo brasileiro e considerando necessária uma definição do seu pensamento e de sua atitude em relação às questões políticas básicas do Brasil, neste momento histórico, declaram e adotam os seguintes princípios:
> Primeiro – A legalidade democrática como garantia da completa liberdade de expressão do pensamento, da liberdade de culto, da segurança contra o temor da violência e do direito a uma existência digna.
> Segundo – O sistema de governo eleito pelo povo mediante sufrágio universal, direto e secreto.
> Terceiro – Só o pleno exercício da soberania popular em todas as nações torna possível a paz e a cooperação internacionais, assim como a independência econômica dos povos.
> CONCLUSÃO – O Congresso considera urgente a necessidade de ajustar-se a organização política do Brasil aos princípios aqui enunciados, que são aqueles pelos quais se batem as forças armadas do Brasil e das Nações Unidas.⁵¹

O documento era preciso e definia o ânimo geral não apenas da intelectualidade. Talvez o mundo ocidental nunca tenha encontrado um momento de tanta unidade e, ao mesmo tempo, de esperança de um mundo melhor. O fim da guerra seria como um fim de um período tenebroso e o início de uma era dourada⁵². O momento mais alto do Congresso era também o ápice do intelectual Astrojildo Pereira. "Era o fim do Estado Novo, mas era também, por inesperado, o fim do período modernista"⁵³, com todas as suas características,

---

⁴⁹ Ver Antonio Albino Canelas Rubim, *Partido comunista, cultura e política cultural*, cit., p. 215.
⁵⁰ Idem. A Declaração de Princípios foi lida pelo escritor Dionélio Machado, "ouvida de pé pelos congressistas por proposta de Astrojildo Pereira e aprovada por aclamação". Ver Wilson Martins, *História da inteligência brasileira*, v. 6: *1933-1960*, cit., p. 219.
⁵¹ Citado em Wilson Martins, cit., p. 219-20. Os originais manuscritos, com a letra de Astrojildo, encontram-se no ASMOB, Cedem/Unesp
⁵² Aliás, é exatamente esse o título que o historiador Eric J. Hobsbawm dá ao período que vai de 1945 a 1970: "era de ouro". O período posterior, de 1970 a 1990, é o "desmoronamento".
⁵³ Wilson Martins, *História da inteligência brasileira*, cit., p. 220. O momento era tão unitário que até a crítica de qualidade de diferentes escolas, métodos e perspectivas se encontram aqui. Esta citação é um exemplo.

do vanguardismo a ousadia, da inovação à revolução. Mas a festa unitária durou pouco e, fugindo dos limites deste trabalho, poucos anos depois, a situação era outra, apesar da derrota do nazifascismo e da redemocratização do país. O namoro entre intelectuais de várias escolas de pensamento não deu em casamento. Deu em divergências insuperáveis, o que pode ser demonstrado por um único poema ausente[54].

Um poema ausente

Falta um poema no *Mafuá do malungo*, de Manuel Bandeira. É um pequeno poema dedicado a Astrojildo Pereira. Ele faz parte de um livro raro, feito na imprensa manual de João Cabral de Mello Neto, numa tiragem de apenas 110 exemplares, na primeira edição da obra, feita em Barcelona, em 1948. Fruto de uma forte amizade entre Bandeira e Astrojildo, quando este esteve afastado do PCB (1931-1945) e dedicava-se ao comércio de bananas no Rio de Janeiro, o que foi registrado nos versos de circunstância de Bandeira:

> Bananeiras – Astrojildo esbofa-se –
> Plantai-a às centenas, às mil:
> Musa paradisíaca, a única
> Que dá dinheiro neste Brasil.

Ocorre que Manuel Bandeira, ao publicar *Mafuá do malungo* em edição comercial (Livraria São José, 1954), retirou o poema dedicado a Astrojildo. Infelizmente por motivos alheios à poesia e devido a uma amizade que se rompera em 1949, quando, nas eleições da ABDE, concorreram duas chapas. A apoiada pelos comunistas tinha o escritor Homero Pires como presidente, com a participação, entre outros, de Graciliano Ramos, Dalcídio Jurandir e Astrojildo Pereira. Mas a chapa vitoriosa foi a encabeçada por Afonso Arinos de Mello Franco, tendo como membros Barreto Filho, Carlos Drummond de Andrade, Otto Maria Carpeaux, Alceu de Amoroso Lima, Manuel Bandeira, Octavio Tarquínio de Sousa e Rodrigo M. F. Andrade.

---

[54] O texto que se segue a este parágrafo, narrando os episódios da crise da ABDE e da retirada do poema por Manuel Bandeira, foi publicado originalmente no semanário *Voz da Unidade*, n. 294, 18-24 abr. 1986, embora já fizesse parte deste estudo. Foi baseado em depoimento prestado por Francisco de Assis Barbosa, que me mostrou até mesmo a edição aqui comentada.

Durante a acirrada campanha o sectarismo imperou. Dos dois lados. A chapa de hegemonia liberal despolitizava a entidade ao dar exclusividade ao "caráter profissional" de uma associação voltada para questões limitadas à carreira dos escritores. A de orientação comunista, ao contrário, partidarizava o debate, agravando o isolamento político no qual foram lançados os comunistas após o cancelamento do registro do partido e das cassações dos mandatos, em 1947, pelo governo Dutra. Nesse clima tenso, o mais grave ocorreu durante a posse da diretoria eleita da ABDE, em que comunistas se atracaram com os membros da chapa vencedora num espetáculo mais que deprimente, embora reflexo de um contexto. Carlos Drummond de Andrade chegou a ser agredido. Graciliano Ramos ficou pouco à vontade naquela situação. Astrojildo, embaraçado, não esteve presente, embora disciplinadamente tivesse assumido o erro cometido em nome do partido. O resultado desse lamentável episódio foi a renúncia coletiva da chapa vitoriosa e a saída de centenas de associados da ABDE, marcando praticamente seu fim. E o fim da amizade entre o poeta e o militante, marca de um sectarismo político que caracterizou a era dos extremos como um todo, apesar de alguns momentos de descanso.

Mas isso já é outra história. Uma política cultural que já estava bem presente no texto "Posição e tarefas da inteligência" havia dado seu recado, mas seus desdobramentos só viriam mais de dez anos depois: no Cinema Novo, nos teatros de Arena, Oficina e Opinião, nas universidades mais ativas e criativas, nos centros populares de cultura, na educação popular criada por Paulo Freire na *Revista Civilização Brasileira*, no movimento tropicalista e num marxismo renovado e mais consistente[55].

Antes disso, no período que compreende o final da década de 1940 até o início da de 1960, Astrojildo Pereira editou duas importantes revistas, *Literatura*[56]

---

[55] Sobre o contexto cultural dos anos 1960, ver Roberto Schwarz, "Cultura e Política 1964--1969", em *O pai de família e outros estudos* (Rio de Janeiro, Paz e Terra, 1978), p. 61-92. E sobre o papel dos comunistas no período: Celso Frederico, "A política cultural dos comunistas", em João Quartim de Moraes, *História do marxismo no Brasil*, v. 1: *teorias, interpretações* (Campinas, Editora da Unicamp, 1998), p. 275-304.

[56] "*Literatura*, publicada por Astrojildo Pereira, entre setembro de 1946 e outubro de 1948. Secretariada por Jorge Medauar, contou com um conselho de redação estável: Álvaro Moreira, Aníbal Machado, Artur Ramos, Graciliano Ramos, Manuel Bandeira e Orígenes Lessa. Este último, contudo, admitiu sua presença no conselho a título meramente nominal. A revista publicou dez números de frequência regular"; Raul Antelo, *Literatura em revista* (São Paulo, Ática, 1984), p. 238.

e *Estudos Sociais*[57], também publicou mais três livros[58] e participou de outros congressos e organização de intelectuais, tendo até visitado a China antes do conflito sino-soviético.

Mas Astrojildo Pereira, como muitos intelectuais, sindicalistas e militantes, foi preso com o golpe de 1964. Solto meses depois, morreu em 1965. Assim como ele mesmo lembrou, em "Os romancistas da cidade", que Lima Barreto havia morrido enquanto se realizava a Semana de Arte Moderna, podemos resgatar o fato de que Mário de Andrade, como foi visto, morreu um mês após o término do I Congresso Brasileiro de Escritores da ABDE, também no Teatro Municipal de São Paulo. E Astrojildo, que fato culturalmente relevante ocorria quando de sua morte? Haveria mais alguma coincidência que não explica nada, mas que sempre atrai nossa curiosidade e pode não ser tão irrelevante assim? Houve. E sua importância não é pequena para os objetivos de uma política cultural. Quando Astrojildo Pereira morreu, era inaugurada, no mesmo ano de 1965, a TV Globo[59]. Um sistema industrial de comunicação se instalava no país[60]. E escolas de comunicação foram criadas para acompanhar esse novo processo cultural em que o país mergulhava, e no qual se pudessem refletir em cursos e teses acadêmicas sobre, entre muitas outras coisas, as origens de uma política cultural.

---

[57] A revista *Estudos Sociais*, que está a merecer um estudo mais sistemático, praticamente serviu de base para a mais importante revista cultural dos primeiros anos da ditadura militar inaugurada com o golpe de 1964: a *Revista Civilização Brasileira,* editada por Ênio Silveira e Moacir Félix, na qual, aliás, Astrojildo publicou seu último artigo, "Memórias de um escriba revolucionário", que deveria ser o primeiro capítulo de suas memórias, mas ele morreu antes.

[58] *Machado de Assis* (1959), *Formação do PCB* (1962) e *Crítica impura* (1963).

[59] "A TV Globo iniciou seu funcionamento, no Rio de Janeiro, quinze anos após a implementação da televisão no Brasil (o que acontecera em São Paulo, em 1950) e depois da instalação de emissoras em diferentes regiões do país: Sul (Porto Alegre), Centro (Brasília) e Nordeste (Salvador, Recife e Fortaleza). A concessão do canal foi feita pelo governo federal em 30 de dezembro de 1957 e a estruturação da emissora (importação de equipamento, construção do edifício, treinamento do pessoal etc.) durou oito anos. A primeira transmissão foi ao ar em 26 de abril de 1965, um ano depois do golpe militar de 1964"; José Marques de Melo, *As telenovelas da Globo: produção e exportação* (São Paulo, Summus, 1988), p. 13.

[60] Sobre o processo de implementação da indústria cultural no país, ver o importante trabalho de Renato Ortiz, *A moderna tradição brasileira: cultura brasileira e indústria cultural* (São Paulo, Brasiliense, 1988).

Astrojildo Pereira em sua residência no Rio de Janeiro, 1965. Arquivo ASMOB/IAP/CEDEM.

Conclusão
O revolucionário cordial

Creonte: O inimigo jamais se tornará amigo, nem mesmo depois de morto.
Antígona: Não nasci para odiar, mas sim para amar.

Sófocles[1]

Se alguém traçasse um limite preciso, eu não poderia reconhecê-lo então como o que também sempre quis traçar ou que tracei em espírito. Pois eu não queria traçar nenhum. Pode-se dizer então: seu conceito não é igual ao meu, mas tem parentesco com ele. E é o parentesco de duas imagens, das quais uma é constituída de manchas de tinta delimitadas imprecisamente, a outra de manchas de tinta modeladas e distribuídas por igual mas precisamente delimitadas. O parentesco é, neste caso, tão inegável quanto a diferença.

Ludwig Wittgenstein[2]

Berlim, 1929 – Sérgio Buarque de Holanda, um jovem brasileiro de 28 anos, está na cidade para estudar e mandar correspondência jornalística sobre a situação da Europa para seu país. Também escreve para uma revista alemã sobre o Brasil e traduz legendas de filmes da UFA, como o caso de *O anjo azul*, de Von Sternberg. A cidade de Berlim vive, naqueles anos 1920, uma agitação política e cultural que fascinam o jornalista e pesquisador, que sonhava em ser escritor, mas ainda não tinha claramente definido em que campo do conhecimento iria se especializar. Acompanhava de perto uma efervescência, mas também descobria por trás daquela euforia uma ordem e uma formalidade

---

[1] Sófocles, *Antígona* (introdução, versão do grego e notas de Maria Helena da Rocha Pereira, Brasília, Editora UNB, 1997), p. 47.
[2] Ludwig Wittgenstein, *Investigações filosóficas*, cit., p. 57.

que o fazia pensar sobre seu próprio país. Ele morava numa avenida bonita e espaçosa, numa esquina da Uhlandstrasse com a Kurfürstendamm; depois mudando-se para perto, em cima de um cabaré chamado Uhlandeck. Bem próximo a sua residência, o dramaturgo Erwin Piscator fazia seu teatro político. Um pouco mais longe, Bertolt Brecht encenava suas peças didáticas. O Correio, que cuidava também da radiodifusão, fazia sua primeira transmissão em televisão. O café Romanische estava sempre cheio: de artistas como Georg Grosz, dramaturgos como Bertolt Brecht, jornalistas como Billy Wilder (mais tarde cineasta em Hollywood), gente de rádio, boêmios e mulheres de todas as idades, num ambiente de fumaça e som de vozes múltiplas, um universo polifônico concreto. O jazz norte-americano e o tango argentino eram ouvidos em alguns cafés[3].

Logo que chegou a Berlim, Sérgio Buarque foi diversas vezes ao consulado soviético, pois necessitava de um visto. Queria viajar a Moscou para fazer uma matéria sobre as realizações, ou os problemas, do comunismo. Como nunca conseguia ser atendido, pediu solicitação a um deputado comunista alemão, que reclamou da burocracia soviética, mas prometeu ajudá-lo. "Dali a dois dias, com efeito, convidou-o para jantar e lhe deu o endereço em Moscou de um brasileiro chamado Américo Ledo, a quem deveria escrever para a orientação de que precisava."[4] E foi o que Sérgio Buarque fez. Tempos depois, obteve um retorno e conseguiu encontrar-se com o brasileiro que poderia ajudá-lo. Esperando encontrar um bolchevique inflexível, acabou conhecendo um

---

[3] Os dados sobre Berlim em 1929 foram extraídos de: Wolf von Eckardt e Sander L. Gilman, *A Berlin de Bertolt Brecht: um álbum dos anos 20* (trad. Alexandre Lissovsky, Rio de Janeiro, José Olympio, 1996); Antonio Candido, "Introdução a 'Sérgio em Berlim e depois'", em Francisco de Assis Barbosa (org.), *Raízes de Sérgio Buarque de Holanda* (Rio de Janeiro, Rocco,1989), p. 119-29. (O texto foi publicado originalmente na revista *Novos Estudos*, São Paulo, Cebrap, v. 1, n. 3, jul. 1982). Esse tempo de Berlim é "o tempo dos despachos de cultura para a revista *Duco*, das traduções do script do *Anjo Azul*, que celebrizou Marlene Dietrich, da conversa com Thomas Mann e da amizade com Henri Guilbeaux, amigo de Lênin e representante da revista *Sturm*. É também a fase dos contatos com o grupo de *Sturm*, da temporada acadêmica na Universidade de Berlim, onde frequentou as aulas de Friedrich Meinnecke no departamento de história e ciências sociais, numa época em que lia no original autores como Rilke, Kafka e Hofmannsthal e os discutia com alguns intelectuais brasileiros que circulavam pela Europa, entre eles Raul Bopp, Mário Pedrosa, Astrojildo Pereira, Antonio de Alcântara Machado"; Antonio Arnoni Prado, "Introdução", em Sérgio Buarque de Holanda, *O espírito e a letra: estudos de crítica literária I, 1920-1947* (São Paulo, Companhia das Letras, 1996).

[4] Antonio Candido, "Introdução a 'Sérgio em Berlim e depois'", cit., p. 119.

revolucionário cordial, não formalmente polido, mas extremamente afetuoso e sincero em seu entusiasmo pela União Soviética.

No consulado, Sérgio recebeu em tempo hábil a resposta de Américo Ledo, mas foi ficando, inclusive com medo do terrível inverno moscovita. E do consulado recebeu na véspera do Natal de 1929 um recado para ir lá encontrar o Sr. Duarte Silva. Foi, e este se identificou: era Américo Ledo. Mas na verdade se chamava Astrojildo Pereira Duarte Silva... Sérgio convidou-o para a ceia no seu apartamento, e ali nasceu uma boa amizade para toda a vida.[5]

Sérgio Buarque acabou não indo à União Soviética, porque não conseguiu o visto desejado. Mas ao voltar ao Brasil no final do ano posterior trouxe na bagagem algumas reflexões que iriam dar origem a uma das obras brasileiras mais importantes do século XX[6], *Raízes do Brasil*, pequeno livro publicado em 1936 que contava, entre seus densos, mas palatáveis capítulos, um que gerou uma polêmica que ainda não se esgotou: "O homem cordial". Foi criada uma confusão entre a cordialidade a que o autor se referia e certa "técnica de bondade". A "explicação" do autor sobre o homem brasileiro foi vista como algo conservador, quando, para o autor, ele próprio um homem cordial, não se tratava disso[7]. Sérgio Buarque não a entendia nem sequer como polidez, pela formalidade que isto envolve, eliminando-se "deliberadamente os juízos éticos e as intenções apologéticas"[8].

Já se disse, numa expressão feliz, que a contribuição brasileira para a civilização será da cordialidade – daremos ao mundo o "homem cordial"[9]. A lhaneza no

---

[5] Ibidem, p. 120.
[6] "Só quando você está no exterior é que consegue ver o seu próprio país como um todo. Você o encara sob uma perspectiva diferente. E o Brasil não é fácil de entender, é difícil"; entrevista de Sérgio Buarque de Holanda para *The Hispanic American Historical Review*, v. 62, n. 1, 1982, p. 3-17, citada em Francisco de Assis Barbosa, "Verdes anos de Sérgio Buarque de Holanda: ensaio sobre sua formação intelectual até Raízes do Brasil", em Arlinda Rocha Nogueira et. al, *Sérgio Buarque de Holanda: vida e obra* (São Paulo, Secretaria de Estado da Cultura/Arquivo do Estado/IEB-USP, 1988), p. 44.
[7] O que foi percebido pelo historiador Paulo Sérgio Pinheiro quando da morte de Sérgio Buarque, em 24 de abril de 1982: "Um sábio cordial: o antiacadêmico que amava a erudição", *Istoé*, 5 maio 1982, p. 50-2.
[8] Sérgio Buarque de Holanda, *Raízes do Brasil* (Rio de Janeiro, José Olympio, 1973), p. 107.
[9] A expressão que Sérgio Buarque desenvolve é do escritor Ribeiro Couto.

trato, a hospitalidade, a generosidade, virtudes tão gabadas por estrangeiros que nos visitam, representam, com efeito, um traço definido do caráter brasileiro, na medida ao menos em que permanece ativa e fecunda a influência ancestral de padrões de convívio humano, informados no meio rural e patriarcal. Seria engano supor que essas virtudes possam significar "boas maneiras", civilidade. São antes de tudo expressões legítimas de um fundo emotivo extremamente rico e transbordante.[10]

Entre os exemplos dados para esta específica cordialidade está a omissão do nome da família nas relações interpessoais. O sobrenome parece ser considerado no Brasil um distanciamento e uma impessoalidade no trato, por se repelir um pensamento abstrato. Como Antígona diante de Creonte, o afeto concreto enfrentando a razão abstrata do Estado. Outro exemplo está na irreverência até desrespeitosa com os santos. A cordialidade, neste sentido, é vista como em oposição ou diferença com relação às virtudes modernas, tais como civilidade e urbanidade. Como se sobrevivessem, na metrópole, as bases de uma comunidade rural e primitiva. As normas de convívio são ditadas "por uma ética de fundo emotivo" e, até no domínio da linguística, esse modo de ser transparece no "pendor acentuado para o emprego de diminutivos"[11]. Domínio este, que por meio de um estudo de nossas formas sintáxicas, poderia trazer revelações importantes. A aversão ao ritualismo levou até um visitante do século XIX a afirmar que aqui nenhum culto mais rigoroso se instalaria: "é que o clima não favorece a severidade das seitas nórdicas. O austero metodismo ou o puritanismo jamais florescerão nos trópicos"[12].

A exaltação dos valores cordiais e das formas concretas e sensíveis da religião, que no catolicismo tridentino parecem representar uma exigência do esforço

---

[10] Sérgio Buarque de Holanda, *Raízes do Brasil*, cit., p. 106-7. Sobre esta questão, Antonio Candido esclarece: "O 'homem cordial' não pressupõe bondade, mas somente o predomínio dos comportamentos de aparência afetiva, inclusive suas manifestações externas, não necessariamente sinceras nem profundas, que se opõem aos ritualismos da polidez. O 'homem cordial' é visceralmente inadequado às relações impessoais que decorrem da posição e da função do indivíduo, e não da sua marca pessoal e familiar, das afinidades nascidas na intimidade dos grupos primários"; Antonio Candido, "O significado de Raízes do Brasil", em ibidem, p. XVIII.

[11] Ibidem, p. 198.

[12] Thomas Ewbank, *Life in Brazil or a Journal of a visit to the land of the Cocoa and the Palm* (Nova York, 1856), p. 239, citado em ibidem, p. 112.

de reconquista espiritual e da propaganda da fé perante a ofensiva da Reforma, encontraram entre nós um terreno de eleição e acomodaram-se bem a outros aspectos típicos de nosso comportamento social. Em particular a nossa aversão ao ritualismo é explicável, até certo ponto, nesta "terra remissa e algo melancólico", de que falavam os primeiros observadores europeus, por isto que, no fundo, o ritualismo não nos é necessário. Normalmente nossa reação ao meio em que vivemos não é uma reação de defesa. A vida íntima do brasileiro nem é bastante coesa, nem bastante disciplinada, para envolver e dominar toda a sua personalidade, integrando-a, como peça consciente, no conjunto social. Ele é livre, pois, para se abandonar a todo o repertório de ideias, gestos e formas que encontre em seu caminho, assimilando-os frequentemente sem maiores dificuldades.[13]

E quando este homem se transforma num revolucionário, ele carrega essa marca? Pois a crítica à tese do "homem cordial" apontava exatamente para a ideia de que assim nunca se faria uma revolução social, mas o exemplo de Astrojildo Pereira demonstra ser isso possível, apesar da pouca cordialidade (nestes termos) com que foi tratado, em várias vezes, pelo partido que nunca traiu e, principalmente, pelo Estado que combateu, em vários momentos de sua vida. Mas não fica apenas nele essa possibilidade. O estudo linguístico que Sérgio Buarque de Holanda, que não conhecia Bakhtin, propõe, permite uma constatação na maneira como os revolucionários de maior poder (mesmo que no âmbito restrito do partido) e prestígio (ante as multidões de seus respectivos países) no século XX foram denominados. Na Rússia, Iossif Vissarionovitch Djugachvíli ficou conhecido como Stálin, o que significa "o homem de aço". No Brasil, Luís Carlos Prestes ficou conhecido como "o cavaleiro da esperança"[14]. E isso pode ser entendido como reflexo de uma base cultural detectada em *Raízes do Brasil*.

Outro exemplo de cordialidade – que gerou um enorme mal-entendido – poderia ser dado num rápido comentário sobre a composição de uma canção de autoria de Ataulfo Alves e Mário Lago, de 1942:

---

[13] Ibidem, p. 112.
[14] Quero deixar bem claro que não se quer fazer aqui nenhuma comparação de valor entre os dois nomes internacionais do comunismo – as devidas proporções devem ser salvaguardadas quanto a realizar um juízo de valor sobre eles. Mesmo porque creio, nesta altura da obra, ser desnecessário reafirmar minha visão crítica sobre o stalinismo, mas sim apenas chamar a atenção para os apostos aceitos socialmente.

Ai, Que Saudades da Amélia
Eu nunca vi fazer tanta exigência,
Nem fazer o que você me faz.
Você não sabe o que é consciência,
Nem vê que eu sou um pobre rapaz.
Você só pensa em luxo e riqueza.
Tudo que você vê você quer.

Ai, meu Deus, que saudade da Amélia,
Aquilo sim é que era mulher.

Às vezes passava fome ao meu lado.
E achava bonito não ter o que comer.
E quando me via contrariado,
Dizia, meu filho, o que se há de fazer.

Amélia não tinha a menor vaidade,
Amélia é que era mulher de verdade.

Amélia, a despeito de uma interpretação "politicamente correta", pretensamente feminista, era uma mulher de verdade por duas razões: por ser realmente apaixonada pelo narrador e por ser despojada de vaidade e formalismo. Não por ser submissa ao homem. No fundo, o "de verdade" aqui é por ela ser uma legítima brasileira, uma "mulher cordial". Ao explicar sua letra, o ator, poeta, escritor, compositor, homem de rádio e televisão, Mário Lago, ele próprio um homem cordial[15], chamou a atenção para a homenagem da letra. Mesmo que no plano das motivações ela tenha sido criada a partir de uma mulher extremamente dedicada[16] – uma mulher do povo, como diria o comunista Mário

---

[15] Mário Lago soube, além do talento demonstrado em várias áreas, conciliar três coisas que só um "homem cordial" conseguiria: a vida em família, a boemia intensa e a disciplina na militância partidária. Sobre Astrojildo assim se manifestou, reconhecendo nele implicitamente o que se diz aqui: "era uma doçura. O Astrojildo me deu um livro, primeira informação que eu tive sobre a revolta dos alfaiates. 'Você precisa ler isto. Primeira revolução em que há uma reivindicação de igualdade. Mais importante que a Inconfidência Mineira.' Bom, ele tinha um passado intelectual muito bom. Crítico literário respeitadíssimo no Brasil. Sacrificou tudo pelo Partido. Tudo pelo Partido. Beleza de pessoa". Mônica Velloso, *Mário Lago: boemia e política* (Rio de Janeiro, Fundação Getúlio Vargas, 1997), p. 302.

[16] Ibidem, p. 119. Em 1953, em entrevista à *Radiolândia*, Mário Lago contou a origem de Amélia: ela era uma lavadeira que trabalhava na casa da cantora Aracy de Almeida. "Amélia era ótima pessoa, de uma dedicação sem limites. Era capaz de fazer qualquer sacrifício

Lago –, poeticamente sua força é muito maior do que isso, e sua presença na memória coletiva do país decorre da alegorização da mulher ideal, e não apenas para o poder patriarcal, mesmo que dele tenha originado, e das bases míticas que a sustenta. Quando ela acalma seu parceiro com o "que se há de fazer", ela rompe com a racionalidade abstrata do mundo das explicações (e, por que não, das justificações panglossianas) e irrompe com uma tempestade afetuosa. Por isso, era uma mulher de verdade. De verdade porque é um mito. Mesmo que marcada por uma preocupante passividade, que, aliás, não é característica só dela, do narrador também, o que vem a ser o aspecto problemático do "homem cordial". Mas essa capacidade dos compositores em alcançarem uma dimensão simbólica, a partir de uma dimensão profundamente popular, é que dá a esses versos, além da qualidade da música, a condição do que se chama poesia.

Mas o outro lado da questão, que também envolve o caráter problemático em aceitar o conceito consagrado de "homem cordial" sem dimensão crítica, é o da resignação. Resignação ao destino, à herança colonial, ao patriarcalismo, ao partido. Nesse sentido, uma leitura política dos versos da canção popular poderia denunciar um aspecto pouco estudado na relação entre os indivíduos e suas crenças, mesmo as aparentemente mais racionais, que muitas vezes prejudicam uma compreensão mais radical e uma resposta mais precisa às vicissitudes da vida.

Astrojildo Pereira, que era um militante de verdade, pode ser considerado, como muitos honestos e dedicados militantes, uma "Amélia" do comunismo, em que pese a forte constatação que irá chocar muitas viúvas que ainda acreditam em fantasmas. Há um lado positivo, já vimos: o do amor. Mas há também um lado extremamente problemático: o da resignação incompatível com uma rebeldia original. O que também poderia explicar o fato de que sua obra mais importante tenha ocorrido exatamente no período em que esteve afastado do partido, longe das imposições táticas e estratégicas. E realmente escrevendo e refletindo como intelectual e não como militante.

Em sua trajetória, Astrojildo Pereira foi da cordialidade à revolução, da revolução à cordialidade, da família patriarcal e semirrural do século XIX à tentativa de integrar-se no universo racionalizante e "civilizador" da metrópole em transformação, o que causou um desequilíbrio que o levou ao projeto

---

por sua família ou por qualquer pessoa que a ela recorresse. Tinha bom humor e não se aborrecia com as trapaças e os dissabores da vida." Como se vê, Amélia foi homenageada por ser cordial e não submissa...

revolucionário – antes nos quadros cordiais e generosos do anarquismo, depois na tentativa frustrada de se adaptar às regras abstratas e lógicas da III Internacional, se é que alguém adaptou-se a elas no Brasil –, voltando, por fim, a uma militância que, por ser cultural, permitia mantê-lo nos quadros da cordialidade e das relações interpessoais. Sua política cultural é o melhor exemplo disso. Sérgio Buarque de Holanda dá as bases para esta análise:

> No Brasil, onde imperou, desde tempos remotos, o tipo primitivo da família patriarcal, o desenvolvimento da urbanização – que não resulta unicamente do crescimento das cidades, mas também do crescimento dos meios de comunicação, atraindo vastas áreas rurais para a esfera de influência das cidades – ia acarretar um desequilíbrio social, cujos efeitos permanecem vivos ainda hoje.[17]

Política cultural: um conceito a ser construído

Isto nos coloca diante da questão central deste trabalho: a de que a construção de um conceito como o de política cultural, mesmo sem levar ainda este nome, partiu de bases sociais profundas, o que poderia garantir sua possibilidade histórica ou não. Não se trata apenas de uma concepção generosa ao defender uma democratização da cultura, mas da necessidade intrínseca de um país se transformar em suas bases mais profundas, exatamente as relacionadas ao campo dos afetos. E Machado de Assis, assim como os romancistas da cidade, tocou na questão ao ironizar as tentativas de estabelecer uma racionalidade artificial não compatível com a indisciplina vigente, mantendo literariamente o que chamou de "sentimento íntimo da nacionalidade"; ou, em outras palavras, não apenas uma carnavalização da cultura (no sentido de Bakhtin), mas uma cultura carnavalizada (também no sentido de Bakhtin)[18]. E isto não sendo visto como uma solução a se glorificar, mas como um problema a se questionar.

---

[17] Sérgio Buarque de Holanda, *Raízes do Brasil*, cit., p. 105. O "hoje" aqui, obviamente, é o de 1936, período em que Astrojildo Pereira começa a elaborar sua obra culturalmente mais relevante.

[18] No momento em que termino este estudo, é publicado em *O Estado de S. Paulo*, em 28 de fevereiro de 1999, um belo e intrigante texto do escritor Mario Vargas Llosa: "A ereção permanente". Ele se refere a sua experiência de passar o carnaval no Rio de Janeiro aos 62 anos e que sonhava com isso desde a infância. Lembra Roberto da Matta e Darci Ribeiro, mas principalmente Bakhtin, e mesmo destacando que "enquanto o carnaval existir não haverá nenhuma revolução social no Brasil", termina seu artigo dizendo que, enquanto o carnaval carioca existir, para quem o viver ou recordar ou até mesmo o imaginar, a vida

A política cultural, portanto, deve levar em conta em primeiro lugar a base cultural sobre a qual atua, mas não no sentido de reforçar um "sentimento" em detrimento de uma "razão". E Astrojildo demonstra com seus ensaios de literatura que tem consciência da importância dos afetos na cultura brasileira. Mas também, por isso mesmo, essa política cultural necessita exatamente estabelecer como meta uma instrução que garanta recursos comuns e igualitários nos acessos aos bens simbólicos. O princípio da alfabetização que propõe Astrojildo Pereira tem a mesma base da democracia radical de Sérgio Buarque de Holanda: é revolucionária e leva em conta a cultura popular. Mas não é rigorosamente, e felizmente, uma proposta zdanovista. Nem bolchevique. Talvez, escaldado nas tentativas estatais de controlar o imaginário e racionalizar a seu benefício uma concepção particular, e particularista, de nação ou de classe, prefere chamar à luta um setor da sociedade civil rebelde (ou pelo menos, que deveria sê-lo) às imposições do Estado: os intelectuais.

Cabe aos intelectuais, portanto, participar de um processo social específico às suas áreas, visando uma transformação radical de uma sociedade ágrafa, a partir de sua realidade cultural, no que tem (tanto para se orgulhar como para se livrar) e, principalmente, no que falta (um acesso igualitário ao conhecimento). Partindo de um otimismo da vontade em comunicar-se mais adequadamente com técnicas mais requintadas e conhecimentos múltiplos, exatamente para poder transmitir essa cordialidade da qual se orgulha. Mas consciente da desigualdade de acesso a todos os bens simbólicos, mesmo os transplantados sem base numa necessidade, e compreendendo uma política cultural mais abrangente e não limitada apenas ao campo artístico.

A própria política cultural, mesmo fazendo parte do campo político, é essencialmente, como conceito, peça fundamental, pelas consequências sociais, do campo da comunicação[19]. Campo esse que absorve o campo das artes e o campo das ciências, mas não é rigorosamente nem um nem outro[20].

---

será melhor do que a porcaria que normalmente é, uma vida que, por alguns dias – como jurava o tio Lucho – chega às raias do sonho e se mistura com a magia da ficção".

[19] O conceito de campo é aqui empregado no sentido que lhe dá Pierre Bordieu. Quanto ao campo da comunicação, em termos metodológicos, exige exatamente uma perspectiva interdisciplinar, o que não quer dizer eclético. Nesse sentido, uma ciência das comunicações sofre das mesmas consequências de todas as chamadas ciências humanas, das quais ela faz parte. E os riscos são os mesmos: se o campo não for delimitado e o recorte lógico (objeto da pesquisa) não for bem definido, o auxílio de outras "ciências sociais" será de pouca valia.

[20] O que dificulta tremendamente a pesquisa no campo da comunicação é que, por ser relativamente nova, necessita apoiar-se em seu desenvolvimento a partir de outras ciências sociais,

O mal-entendido da democracia no Brasil, que Sérgio Buarque já apontava nos anos 1930, penetrou na questão cultural, como apontou Astrojildo nos anos 1940. Portanto, a questão conceitual fundamental quando se fala em política cultural em suas origens mais generosas e transformadoras é a da democratização da cultura. Não há política cultural sem política, mas essa política cultural de Astrojildo Pereira tem mais que ver com *Raízes do Brasil*, nos dois sentidos, ideológico e afetivo, do que com o programa da II Internacional ou do PCB de então: a "nossa revolução", de que fala Sérgio Buarque de Holanda, é a que se baseia na "necessidade de despertar a iniciativa das massas, manifestando assim um radicalismo democrático raro naquela altura fora dos pequenos agrupamentos de esquerda"[21]. É, em outras palavras, a mesma democracia econômica como base, política como princípio e cultural por fim, expressos claramente no primeiro parágrafo de "Posição e tarefas da inteligência", de Astrojildo Pereira.

Nas origens de uma política cultural, elaborada de acordo com as necessidades do contexto, o sujeito da ação política específica são os intelectuais, entendidos por Astrojildo por um leque bem amplo; e a ação seria determinada pela política cultural proposta para o contexto específico do término da guerra, no caso a necessidade urgente de eliminar o analfabetismo e ampliar o grau de instrução do povo, em todos os níveis do ensino, do primário ao superior; e, por fim, o resultado dessa ação como a democratização da cultura, o acesso livre e igualitário a todos os bens simbólicos disponíveis, incluindo a crítica a eles. A política cultural, portanto, não sendo vista a partir de um dirigismo para as artes, ciências e comunicação do tipo zdanovista, nem aceitando o mercado como o único regulador desse acesso[22]. E também não vê

---

como a sociologia, a história, a antropologia etc. Mas isso não significa que já não tenha um campo próprio, com metodologias específicas e objetos idem. Ver Maria Immacolata Vassalo de Lopes, *Pesquisa em comunicação: formulação de um modelo metodológico* (3. ed., São Paulo, Loyola, 1997), p. 90.

[21] Antonio Candido, "A visão política de Sergio Buarque de Holanda", em Antonio Candido (org.), *Sérgio Buarque de Holanda e o Brasil* (São Paulo, Fundação Perseu Abramo, 1998), p. 86.

[22] O que poderia ser lembrado aqui, como um estudo de política cultural comparada, é o que alguns países desenvolvidos do mundo capitalista adotaram após o término da guerra em 1945: os alemães, da RFA, trataram de municipalizar a cultura e criar o *Goethe Institut* para melhorar a imagem externa, abalada pelo nazismo; os italianos criaram o Ministério dos Bens Culturais, dando ênfase ao patrimônio artístico e histórico; o que foi, em parte, seguido pelos franceses, que criaram as *Casas de cultura*, como templos da modernidade,

na questão uma política cultural limitada ao *apoio estatal* pelos "produtores culturais" (categoria social de fraca consistência conceitual e propensa a um corporativismo que mais defende privilégios do que favorece a criatividade), mas ampliando-a no que pode efetivamente garantir a independência e liberdade desse mesmo intelectual, pela ampliação do acesso aos bens culturais, na educação e na comunicação. Em suma, investimento organizado pela sociedade e pelo Estado naquilo que em alemão foi chamado de *Bildung*, na formação intelectual, moral e estética de todas as pessoas, em condições iguais e democráticas. Nada a ver com "eventos" nem "patrocínios", e sim com uma política de democratização radical como parte de "nossa revolução". É a origem de um projeto de política cultural de um revolucionário cordial, que leva em conta a memória dos afetos e das dores e aponta para um futuro melhor, apesar de tantas adversidades.

Astrojildo Pereira, o revolucionário cordial, aquele que acreditava nos afetos pessoais, na amizade e no amor, porque concretos, como Antígona, e mais decisivos do que as imposições impessoais e abstratas de regras não compreendidas das razões de Estado, como as de Creonte. Mas também acreditava na capacidade humana de transformar o mundo, mudar a vida, e por ela lutava. Assim como Machado de Assis e Brás Cubas, Astrojildo Pereira também não teve filhos, mas acabou como os outros, mesmo não se propondo explicitamente, ou achando não estar fazendo isso, nos transmitindo, e à posteridade, não apenas o legado de uma miséria, mas também o de uma esperança.

---

na expressão de André Maulraux. Os norte-americanos continuaram em sua tradição de patrocínios, fundamentada numa ética puritana difícil de ser transplantada, principalmente para o Brasil. É famosa a expressão do banqueiro Nelson Rockefeller, que ironiza a frase nazista (ao ouvir a palavra cultura, saca-se o revólver), mudando de armas de acordo com a lógica capitalista: "Quando ouço a palavra cultura, logo vou pegando meu talão de cheques". Sobre esta questão, pode-se ver Sérgio Miceli e Maria Alice Gouveia, *Política cultural comparada* (Rio de Janeiro, Funarte/Idesp, 1985). Aliás, esta seria uma disciplina necessária nas escolas de comunicação: *política cultural comparada*.

Capas de livros de
Astrojildo Pereira.

Bibliografia

1. Obras de Astrojildo Pereira

Por ordem de publicação da primeira edição

O desertor. *A Plebe*, 30 jun. 1917. In: PRADO, Antonio Arnoni; HARDMAN, Francisco Foot. *Contos anarquistas*. São Paulo, Brasiliense, 1985, p. 57.

A Revolução Russa e a imprensa (sob pseudônimo de Alex Pavel, 1918). In: BANDEIRA, Moniz et al. *O ano vermelho*: a Revolução Russa e seus reflexos no Brasil. Rio de Janeiro, Civilização Brasileira, 1967.

Crônica subversiva (tabloide de quatro páginas, publicado aos sábados, durante 16 semanas). Rio de Janeiro, jun-out. 1918.

Construindo o PCB: 1922-1924. São Paulo, Livraria Editora Ciências Humanas, 1985.

URSS Itália Brasil. Rio de Janeiro, Alba, 1935.

Interpretações. Rio de Janeiro, Casa do Estudante do Brasil, 1944.

Tarefas da inteligência brasileira (ensaio, 1944). In: Revista *Temas de Ciências Humanas*. São Paulo, Livraria Editora Ciências Humanas, v. 4, 1978, p. 41-67.

Machado de Assis: ensaios e apontamentos avulsos (1959). Belo Horizonte, Oficina de Livros, 1991.

Formação do PCB: 1922-1928 (1962). Lisboa, Prelo, 1976.

Ensaios históricos e políticos. São Paulo, Alfa-Ômega, 1979.

Crítica impura: autores e problemas. Rio de Janeiro, Civilização Brasileira, 1963.

Edições publicadas pela Boitempo

Crítica impura: autores e problemas. São Paulo/Brasília, Boitempo/Fundação Astrojildo Pereira, 2022.

Formação do PCB: 1922-1928. São Paulo/Brasília, Boitempo/Fundação Astrojildo Pereira, 2022.

Interpretações. São Paulo/Brasília, Boitempo/Fundação Astrojildo Pereira, 2022.

Machado de Assis: ensaios e apontamentos avulsos. São Paulo/Brasília, Boitempo/Fundação Astrojildo Pereira, 2022.

URSS Itália Brasil. São Paulo/Brasília, Boitempo/Fundação Astrojildo Pereira, 2022.

2. Obras a respeito de Astrojildo Pereira

Que tratam total ou parcialmente

ADDOR, Carlos Augusto. *A insurreição anarquista no Rio de Janeiro*. Rio de Janeiro, Dois Pontos, 1986.

ANTELO, Raul. *Literatura em revista*. São Paulo, Ática, 1984.

BACCALINI, Virgílio. *Astrojildo Pereira:* giovane libertario alle origini del movimento operaio brasiliano. Milão, Cens, 1985.

BANDEIRA, Moniz et all. *O ano vermelho*: a Revolução Russa e seus reflexos no Brasil. Rio de Janeiro, Civilização Brasileira, 1967.

BRANDÃO, Gildo Marçal. *A esquerda positiva*: as duas almas do Partido Comunista – 1920--1964. São Paulo, Hucitec, 1997.

BRANDÃO, Octávio. *Combates e batalhas*: memórias. São Paulo, Alfa-Ômega, 1978.

CANDIDO, Antonio. Sérgio em Berlim e depois: introdução. In: BARBOSA, Francisco de Assis (org.). *Raízes de Sérgio Buarque de Holanda*. Rio de Janeiro, Rocco, 1989.

CARONE, Edgard. Uma polêmica nos primórdios do PCB e o incidente Canellas e Astrojildo (1923). In: *Memória & História*: revista do Arquivo Histórico do Movimento Operário Brasileiro. São Paulo, LECH/ASMOB, v. 1, 1981, p. 15-36.

_____. *O PCB:* 1922-1943, v. 1. São Paulo, Difel, 1982.

CARPEAUX, Otto Maria. Três aspectos do candidato Astrojildo Pereira. In: *Memória & História*. São Paulo, LECH/ASMOB, 1981, p. 47-50.

CAVALCANTI, Berenice. *Certezas e ilusões*: os comunistas e a redemocratização da sociedade brasileira. Rio de Janeiro, EDUFF/Tempo Brasileiro, 1986.

CHILCOTE, Ronald H. *Partido Comunista Brasileiro*: conflito e integração. Trad. Celso Mauro Paciornik, Rio de Janeiro, Graal, 1982.

DEL ROIO, Marcos. A revolução socialista na Rússia e a origem do marxismo no Brasil. In: *Crítica Marxista*. São Paulo, Xamã, v. 5, 1997, p. 117-23.

_____. *A classe operária na revolução burguesa*: a política de alianças do PCB (1928-1935). Belo Horizonte, Oficina de Livros, 1990.

DEL ROIO, Marcos; PINHEIRO, Paulo Sérgio (orgs.). *Combates na história*: a trajetória de Heitor Ferreira Lima. Rio de Janeiro, Paz e Terra/Fapesp, 1990.

DULLES, John W. Foster. *Anarquistas e comunistas no Brasil*: 1900-1935. Trad. César Parreiras Horta, Rio de Janeiro, Nova Fronteira, 1977.

_____. *O comunismo no Brasil*: repressão em meio ao cataclismo mundial (1933-1945). Trad. Raul de Sá Barbosa. Rio de Janeiro, Nova Fronteira,1 985.

FEIJÓ, Martin Cezar. *Formação política de Astrojildo Pereira*: 1890-1920. São Paulo/Rio de Janeiro, Novos Rumos/Instituto Astrojildo Pereira, 1985.

KONDER, Leandro. Astrojildo Pereira: o homem, o militante, o crítico. In: *Memória & História*. São Paulo, LECH/ASMOB, v. 1, 1981, p. 51-74.

_____. *A derrota da dialética*. Rio de Janeiro, Campus, 1986.

_____. *Intelectuais brasileiros & marxismo*. Belo Horizonte, Oficina de Livros, 1991.

LAJOLO, Marisa. Astrojildo Pereira nos bastidores da historiografia literária brasileira. In: *Ideias*. Campinas, IFCH/ Editora da Unicamp, ano 2, n. 1, 1995, p. 61-98.

LIMA, Heitor Ferreira. Astrojildo Pereira e uma mudança na orientação do PCB. In: *Memória & História*. São Paulo, LECH/ASMOB, v. 1, 1981, p. 37-46.

_____. Apresentação. In: PEREIRA, Astrojildo. *Ensaios históricos e políticos*. São Paulo, Alfa-Ômega, 1979.

MARIANI, Bethania. *O PCB e a imprensa*: os comunistas no imaginário dos jornais (1922--1989). Rio de Janeiro/Campinas, Revan/Editora da Unicamp, 1998.

MORAES, Dênis de. *O imaginário vigiado*: a imprensa comunista e o realismo socialista no Brasil (1947-1953). Rio de Janeiro, José Olympio, 1994.

NETTO, José Paulo. Astrojildo: política e cultura. In: PEREIRA, Astrojildo. *Machado de Assis*. Belo Horizonte, Oficina de Livros, 1991.

OLIVEIRA, Ilka Maria de. A literatura na revolução: contribuições literárias de Astrojildo Pereira e Alina Paim para uma política cultural do PCB nos anos 50. Dissertação de mestrado, Instituto de Estudos da Linguagem, Unicamp, 1998.

PANDOLFI, Dulce. *Camaradas e companheiros*: história e memória do PCB. Rio de Janeiro, Relume-Dumará/Fundação Roberto Marinho, 1995.

PERALVA, Osvaldo. *O retrato*. Porto Alegre, Globo, 1962.

RUBIM, Antonio Albino Canelas. *Partido comunista, cultura e política cultural*. Tese (doutorado em sociologia), São Paulo, FFLCH-USP, 1986.

_____. Marxismo, cultura e intelectuais no Brasil. In: MORAES, João Quartim (org). *História do marxismo no Brasil*, v. 3: *Teorias e interpretações*. Campinas, Editora da Unicamp, 1998, p. 305-82.

SCMIDT, Afonso. *Bom tempo*. São Paulo, Brasiliense, 1958.

SEGATTO, José Antonio. *Breve história do PCB*. São Paulo, Livraria Editora Ciências Humanas, 1981.

_____. *Reforma e revolução*: as vicissitudes políticas do PCB. Rio de Janeiro, Civilização Brasileira, 1995.

SODRÉ, Nelson Werneck, Astrojildo Pereira, In: *Memória & História*. São Paulo, LECH/ASMOB, v. 1, 1981, p. 75-84.

_____. Meu amigo Astrojildo Pereira. In: FEIJÓ, Martin Cezar. *Formação política de Astrojildo Pereira*: 1890-1920. 2. ed., Belo Horizonte, Oficina de Livros, 1990.

_____. *Em defesa da cultura*. Rio de Janeiro, Bertrand Brasil, 1988.

_____. *A luta pela cultura*. Rio de Janeiro, Bertrand Brasil, 1990.

_____. *A fúria de Calibã*: memórias do golpe de 64. Rio de Janeiro, Bertrand Brasil, 1994.

3. Fundamentos teóricos e históricos

AARÃO REIS FILHO, Daniel. *Uma revolução perdida*: a história do socialismo soviético. São Paulo, Fundação Perseu Abramo, 1997.

ARENDT, Hannah. *Entre o passado e o futuro*. Trad. Mauro Barbosa de Almeida, São Paulo, Perspectiva, 1988.

_____. *Da revolução*. São Paulo, Ática/UNB, 1988.

_____. *Origens do totalitarismo*. Trad. Roberto Raposo, São Paulo, Companhia das Letras, 1989.

_____. *O que é política?* Trad. Reinaldo Guarany, Rio de Janeiro, Bertrand Brasil, 1998.

ARISTÓTELES. *Retórica*. Trad. Quintín Racionero, Madrid, Gredos, 1994.

_____. *The art of rhetoric*. Trad. H. C. Lawson-Tancred, Londres, Penguin, 1991.

_____. *Poética*. Trad. Eudoro de Souza, São Paulo, Ars Poetica, 1993.

_____. *Política*. Trad. Roberto Leal Ferreira, São Paulo, Martins Fontes, 1998.

AUROX, Sylvain. *A filosofia da linguagem*. Trad. José Horta Nunes, Campinas, Editora da Unicamp, 1998.

BACCEGA, Maria Aparecida. *Comunicação e linguagem*: discursos e ciência. São Paulo, Moderna, 1998.

BAKHTIN, Mikhail. *Marxismo e filosofia da linguagem*. Trad. Michel Lahud e Yara Frateschi Vieira; São Paulo, Hucitec, 1992.

_____. *Questões de literatura e de estética*: a teoria do romance. Trad. Aurora Fornoni Bernardini et al., São Paulo, UNFSP/Hucitec, 1988.

_____. *Estética da criação verbal*. Trad. Maria Ermantina Galvão Gomes, São Paulo, Martins Fontes, 1992.

_____. *Problemas da poética de Dostoiévski*. Trad. Paulo Bezerra, Rio de Janeiro, Forense Universitária, 1981.

BARRACLOUGH, Geoffrey. *An introduction to contemporary history*. Londres, Penguin, 1990.

BENJAMIN, Walter. *Illuminations*. Hannah Arendt (org.), trad. Harry Zohn, Londres, Fontana Press, 1992.

_____. *Avanguardia e rivoluzione*: sagisulla letteratura. Trad. Anna Marietti, Turim, Einaudi, 1973.

BERLIN, Isaiah. *Limites da utopia*: capítulos da história das ideias. Trad. Valter Lellis Siqueira, São Paulo, Companhia das Letras, 1991.

_____. *The sense of reality*: studies in ideas and their history. Londres, Random House, 1997.

BERGSON, Henri. *Matéria e memória*: ensaio sobre a relação do corpo com o espírito. Trad. Paulo Neves da Silva, São Paulo, Martins Fontes, 1990.

BOURDIEU, Pierre. *A economia das trocas simbólicas*. 5. ed., trad. Sérgio Miceli et. al., São Paulo, Perspectiva, 1998.

_____. *O poder simbólico*. Trad. Fernando Tomaz, Lisboa/Rio de Janeiro, Difel/Bertrand Brasil, 1989.

_____. *Razões práticas* : sobre a teoria da ação. Trad. Mariza Corrêa, Campinas, Papirus, 1996.

BRAIT, Beth (org.). *Bakhtin, dialogismo e construção do sentido*. Campinas, Editora da Unicamp, 1997.

BRONNER, Stephen Eric. *Da teoria crítica e seus teóricos*. Trad. Tomás R. Bueno e Cristina Meneguelo, Campinas, Papirus, 1997.

BUCK-MOORS, Susan. *The dialedics of seeing* : Walter Benjamin and the arcades project. Cambridge, MIT Press, 1997.

CANDIDO, Antonio et al. *A crônica*: o gênero, sua fixação e suas transformações no Brasil. Campinas/Rio de Janeiro, Editora da Unicamp/Fundação Casa de Rui Barbosa, 1992.

CITELLl, Adilson. *Linguagem e persuasão*. São Paulo, Ática, 1991.

CLARK, Katerina; HOLQUIST, Michael. *Mikhail Bakhtin*. Trad. J. Guinsburg, São Paulo, Perspectiva, 1998.

COGGIOLA, Oswaldo (org.). *A revolução de outubro sob o olhar da história*. São Paulo, Scritta, 1997.

DENTITH, Simon. *Bakhtinian thought*: an introductory reader. Nova York, Routledge, 1996.

DOWLING, William C. *Jameson, Althusser, Marx*: an introdution to the Political Unconscious. Ithaca, Cornell University Press, 1984.

DUFRENNE, Mikel. *Art et politique*. Paris, Union Générale d'Editions, 1974.

EAGLETON, Terry. *A ideologia da estética*. Trad. Mauro Sá Rego Costa, Rio de Janeiro, Jorge Zahar, 1993.

_____. *Teoria da Literatura*: uma introdução. Trad. Waltensir Dutra, São Paulo, Martins Fontes, 1997.

_____. *Walter Benjamin*: or towards a revolutionary criticism. Londres/Nova York, Verso, 1992.

_____. *Marxismo e crítica literária*. Trad. Antonio Souza Ribeiro, Porto, Afrontamento, 1978.

_____. *Ideologia*. Trad. Luís Carlos Borges e Silvana Vieira, 2. ed., São Paulo, Unesp/Boitempo, 2019.

EKSTEINS, Modris. *A sagração da primavera*: a grande guerra e o nascimento da era moderna. Trad. Rosaura Eichenberg, Rio de Janeiro, Rocco, 1991.

FEIJÓ, Martin Cezar. *O que é herói*. São Paulo, Brasiliense, 1984.

_____. Utopia, distopia e pós-utopia: possibilidades estéticas do colapso da modernização. In: *Comunicação & Política Latina*. São Paulo, Centro Brasileiro de Estudos Latino-Americanos, ano 13, n. 22-25, 1993, p. 194-200.

_____. O pesadelo da história. In: *Revista Novos Rumos*. São Paulo, Instituto Astrojildo Pereira, ano 10, n. 24, 1996, p. 21-30.

FERRO, Marc. *O ocidente diante da Revolução Soviética*: a história e seus mitos. Trad. Carlos Nelson Coutinho, São Paulo, Brasiliense, 1984.

FREDERICO, Celso. *Lukács*: um clássico do século XX. São Paulo, Moderna, 1997.

_____. *O jovem Marx*. São Paulo, Cortez, 1997.

FREUD, Sigmund. *O mal-estar na civilização*. Trad. José Octávio de Aguiar Abreu, Rio de Janeiro, Imago, 1997.

FRYE, Northrop. *Anatomy of criticism*. Londres, Penguin Books, 1990.

_____. *O caminho crítico*: um ensaio sobre o contexto social da crítica literária. Trad. Antonio Amoni Prado, São Paulo, Perspectiva, 1973.

FURET, François. *Le passé d'une ilusion*: essai sur l'idée communiste au XXe siècle. Paris, Robert Laffont, 1995.

HALBWACS, Maurice. *A memória coletiva*. Trad. Laurent León Shaffter, São Paulo, Vértice, s.d.p.

HIRSCHMAN, Albert O. *A retórica da intransigência*: perversidade, futilidade, ameaça. Trad. Tomás Rosa Bueno, São Paulo, Companhia das Letras, 1992.

HOBSBAWM, Eric J. *A era dos impérios*: 1875-1914. Trad. Sieni Maria Campos e Yolanda Steidel de Toledo, Rio de Janeiro, Paz e Terra, 1988.

_____. *Era dos extremos:* o breve século XX (1914-1991). Trad. Marcos Santarrita, São Paulo, Companhia das Letras, 1995.

_____. *Sobre história*: ensaios. Trad. Cid Knipel Moreira, São Paulo, Companhia das Letras, 1998.

_____. *Revolucionários*. Trad. de João Carlos Vitor Garcia e Adelangela Saggioro Garcia, Rio de Janeiro, Paz e Terra, 1982.

JAMESON, Fredric. *Marxismo e forma*: teorias dialéticas da literatura no século XX. Trad. Iumma Maria Simon et al., São Paulo, Hucitec, 1985.

_____. *O inconsciente político*: a narrativa como ato socialmente simbólico. Trad. Valter Lellis Siqueira, São Paulo, Ática, 1992.

_____. *Pós-modernismo*: a *lógica c*ultural do capitalismo tardio. Trad. Maria Elisa Cevasco, São Paulo, Ática, 1996.

_____. *O marxismo tardio*: Adorno ou a persistência da dialética. Trad. Luís Paulo Rouanet, São Paulo, Unesp/Boitempo, 1997.

_____. *As sementes do tempo*. Trad. Maria Elisa Cevasco, São Paulo, 1997.

KOSIK, Karel. *Dialética do concreto*. Trad. Célia Neves e Alderico Toríbio, Rio de Janeiro, Paz e Terra, 1976.

LOUREIRO, Isabel Maria; MUSSE, Ricardo (orgs.). *Capítulos do marxismo ocidental*. São Paulo, Unesp/Fapesp, 1998.

LÖWY, Michel. *Para uma sociologia dos intelectuais revolucionários*: a evolução política de Lukács (1909-1929). São Paulo, Livraria Editora Ciências Humanas, 1979.

_____. *Redenção e utopia*: o judaísmo libertário na Europa central (um estudo de afinidade eletiva). Trad. Paulo Neves, São Paulo, Companhia das Letras, 1989.

_____. *Romantismo e messianismo*: ensaios sobre Lukács e Walter Benjamin. São Paulo, Perspectiva/Edusp, 1990.

_____. *A evolução política de Lukács*: 1909-1929. São Paulo, Cortez, 1998.

_____. *As aventuras de Karl Marx contra o Barão de Münchhausen*: marxismo e positivismo na sociologia do conhecimento. 5. ed. revista, São Paulo, Cortez, 1994.

_____. *Método dialético e teoria política*. Trad. de Reginaldo de Piero, Rio de Janeiro, Paz e Terra, 1975.

_____. *Ideologias e ciências sociais*: elementos para uma análise marxista. 11. ed. São Paulo, Cortez, 1996.

_____. O messianismo judeu e as ideologias políticas modernas. In: SLAVUTZKY, Abrão (org.), *A paixão de ser*: depoimentos e ensaios sobre a identidade judaica. Porto Alegre, Artes e Ofícios, 1998, p. 151-68.

_____; SAYRE, Robert. *Romantismo e política*. Trad. Eloísa de Araújo Oliveira, Rio de Janeiro, Paz e Terra, 1995.

_____. *Revolta e melancolia*: o romantismo na contramão da modernidade. Trad. de Guilherme João de Freitas Teixeira; Petrópolis, Vozes, 1995.

LUNN, Eugene. *Marxismo y modernismo*: un estudio histórico de Lukács, Benjamin y Adorno. Trad. Eduardo L. Suárez, México, Fondo de Cultura Económica, 1986.

MORAES, João Quartim de (org.). *História do marxismo no Brasil*, v. 1: *O impacto das revoluções*. Rio de Janeiro, Paz e Terra, 1991.

_____ (org.). *História do marxismo no Brasil*, v. 2: *Os influxos teóricos*. Campinas, Editora da Unicamp, 1995.

_____ (org.). *História do marxismo no Brasil*, v. 3: *Teorias e interpretações*. Campinas, Editora da Unicamp, 1998.

MUMFORD, Lewis. *A cidade na história*. Trad. Neil R. da Silva, São Paulo, Martins Fontes, 1998.

NETTO, José Paulo. *Capitalismo e reificação*. São Paulo, Livraria Editora Ciências Humanas, 1981.

_____. *Democracia e transição socialista*: estritos de teoria e política. Belo Horizonte, Oficina de Livros, 1990.

PAZ, Octavio. *Signos em rotação*. Trad. Sebastião Uchoa Leite, São Paulo, Perspectiva, 1976.

_____. *La casa de la presencia*: poesia e história. México, Fondo de Cultura Económica, 1993.

PÊCHEUX, Michel. *Semântica e discurso*: uma crítica à afirmação do óbvio. Trad. Eni Pulcinelli Orlandi et al., Campinas, Editora da Unicamp, 1995.

PERELMAN, Chaïm. *Retóricas*. Trad. Maria Ermentina Galvão Pereira, São Paulo, Martins Fontes, 1997.

PLEBE, Armando; EMANUELE, Pietro. *Manual de retórica*. São Paulo, Martins Fontes, 1992.

PIPES, Richard. *História concisa da revolução russa*. Trad. T. Reis, Rio de Janeiro/São Paulo, Record, 1997.

REBOUL, Olivier. *Introdução à retórica*. Trad. Ivone Castilho Benedeth, São Paulo, Martins Fontes, 1998.

RICOUER, Paul. *Teoria da interpretação*: o discurso e o excesso de significação. Trad. Artur Morão, Lisboa, Edições 70, 1996.

_____. *Ideologia e utopia*. Trad. Teresa Louro Perez, Lisboa, Edições 70, 1991.

RIVERA, Jorge B. *El periodismo cultural*. Buenos Aires, Paidós, 1995.

SÁBATO, Ernesto. *Três aproximações à literatura de nosso tempo: Sartre. Borges. Robbe-Grillet*. Trad. Janer Cristaldo, São Paulo, Ática, 1994.

SARTRE, Jean-Paul. *Que é a literatura?* Trad. Carlos Felipe Moisés, São Paulo, Ática, 1989.

_____. *Situações IV.* Trad. Maria Eduarda Reis Colares e Eduardo Prado Coelho, Lisboa, Europa-América, s.d.

_____. *As palavras*. Trad. J. Guinsburg, 6. ed., Rio de Janeiro, Nova Fronteira, 1990.

_____. *Sartre no Brasil*: a conferência de Araraquara. Trad. de Luís Roberto Salinas Fortes, Rio de Janeiro, Paz e Terra/Unesp, 1986.

SCHNAIDERMAN, Boris. *Os escombros e o mito*: a cultura e o fim da União Soviética. São Paulo, Companhia das Letras, 1997.

SELIGER, Martin. *The marxist conception of ideology*: a critical essay. Londres/Nova York/Melbourne, Cambridge University Press, 1979.

STAM, Robert. Bakhtin. *Da teoria literária à cultura de massa*. Trad. Heloísa Jahn, São Paulo, Ática, 1992.

STEINER, George. *Linguagem e silêncio*: ensaios sobre a crise da palavra. Trad. Gilda Stuart e Felipe Rajabally, São Paulo, Companhia das Letras, 1988.

_____. *On difficulty*: and other essays. Oxford, Oxford University Press, 1980.

THOMPSON, John B. *Ideologia e cultura moderna*: teoria social crítica na era dos meios de comunicação de massa. Trad. Carmen Grisci et al., Petrópolis, Vozes, 1995.

_____. *The media and modernity*: a social theory of the media. California, Stanford University Press, 1995.

WITTGENSTEIN, Ludwig. *Tractatus Logico-Philosophicus*. Trad. Luiz Henrique Lopes dos Santos, São Paulo, Edusp, 1993.

_____. *Investigações filosóficas*. Trad. Marcos G. Montagnoli, Petrópolis, Vozes, 1994.

_____. *Culture and value*. Trad. Peter Winch, Chicago, The University of Chicago Press, 1996.

4. Intelectuais, marxismo e políticas culturais

ADORNO, Theodor et al. *A esthetics and politics*: the key texts of the classic debate within german marxism. Londres/Nova York, Verso, 1980.

AMARAL, Aracy A. *Arte para quê?* A preocupação social na arte brasileira (1930-1970). São Paulo, Nobel, 1984,

ANTUNES, Ricardo; RÊGO, Walquiria Leão (orgs.). *Lukács*: um galileu no século XX. São Paulo, Boitempo, 1996.

ARENDT, Hannah. *Homens em tempos sombrios*. Trad. Denise Bottmann, São Paulo, Companhia das Letras, 1987.

BENE, Guy et al. *Lenine*: a filosofia e a cultura. Lisboa, Prelo, 1974.

BERLIN, Isaiah. *Pensadores russos*. Trad. Carlos Eugênio Marcondes de Moura, São Paulo, Companhia das Letras, 1988.

BLANCHT, Maurice. *Les intellectuels en question*. Paris, Fourbis, 1996.

BOBBIO, Norberto. *Os intelectuais e o poder*. Trad. Marco Aurélio Nogueira, São Paulo, UESP, 1997,

BOWLT, John (org). *Russian art of the avant garde*: theory and criticism. Nova York, Thames and Hudson, 1991.

BRECHT, Bertolt. *Teatro dialético*. Trad. Luís Carlos Maciel, Rio de Janeiro, Civilização Brasileira, 1967.

BREDIN, Jean-Denis. *O caso Dreyfus*. Trad. Maria Alice Araripe de Sampaio Dória e Renata Maria Parreira Cordeiro, São Paulo, Scritta, 1995.

BÜRGER, Peter. *Teoría de la vanguardia*. Trad. Jorge García, Barcelona, Peninsula, 1987.

CAHN, Eric. *L'Affaire Dreyfus*. Paris, Le Livre de Poche, 1994.

CANDIDO, Antonio. Sérgio em Berlim e depois. In: *Vários escritos*. Rio de Janeiro, Ouro sobre azul, 2013.

CAREY, John. *Os intelectuais e as massas*. Trad. Ronald Kyrmse, São Paulo, Ars Poetica, 1993.

CARPI, Umberto. *Bolscevico immaginista*: comunismo e avanguardie artistiche nell'Italia degli anni venti. Nápoles, Liguori, 1981.

CHENTALINSKI, Vitali. *De los archivos literarios del KGB*. Trad. Vicente Cazcarra e Helena Kriúkova, Madrid, Anaya & Mario Muchnik, 1994.

BEBRAY, Régis. *Le pouvoir intellectuel en France*. Paris, Ramsay, 1979.

ESSLIN, Martin. *Brecht*: dos males, o menor. Trad. Barbara Heliodora, Rio de Janeiro, Zahar, 1979.

FEIJÓ, Martin Cezar. *O que é política cultural*. São Paulo, Brasiliense, 1983.

_____. Crônica da uma feira anunciada. In: *FACOM*, revista da Faculdade de Comunicação da FAAP. São Paulo, ano 2, n. 2, 1995, p. 49-52.

_____. *Anabasis Glauber*. São Paulo, Anabasis, 1996.

FREDERICO, Celso. A presença de Lukács na política cultural do PCB e na universidade. In: MORAES, João Quartim de (org.). *História do marxismo no Brasil*, v. 2: *Os influxos teóricos*. Campinas, Editora da Unicamp, 1995, p. 183-222.

_____. A política cultural dos comunistas. In: MORAES, João Quartim de (org.). *História do marxismo no Brasil*, v. 3: *Teorias e interpretações,* Campinas, Editora da Unicamp, 1998, p. 275-304.

FUNDAMENTOS DA ESTÉTICA MARXISTA-LENINISTA. Moscou, Progresso Publishers, 1982.

GORZKA, Gabriele (org.). *Kiltur im Stalinismus*. Bremen, Temmen, 1994.

GONZALEZ, Horácio. *O que são intelectuais*. São Paulo, Brasiliense, 1981.

GRAMSCI, Antonio. *Os intelectuais e a organização da cultura*. Trad. Carlos Nelson Coutinho, Rio de Janeiro, Civilização Brasileira, 1978.

HARDING, Neil. *Leninism*. Durham, Duke University Press, 1996.

HADDAD, Fernando (org.). *Desorganizando o consenso*: nove entrevistas com intelectuais à esquerda. Petrópolis, Vozes, 1998.

IANNI, Octavio. *Ensaios de sociologia da cultura*. Rio de Janeiro, Civilização Brasileira, 1991.

_____. *A ideia de Brasil moderno*. São Paulo, Brasiliense, 1992.

JACOBY, Russel. *Os últimos intelectuais*. Trad. Magda Lopes, São Paulo, Trajetória Cultural, 1990.

JOHNSON, Paul. *Os intelectuais*. Trad. André Luiz Barros da Silva, Rio de Janeiro, Imago, 1990.

KONDER, Leandro. História dos Intelectuais nos anos 50. In: FREITAS, Marcos Cezar de (org.). *Historiografia brasileira em perspectiva*. São Paulo, Contexto, 1998.

_____. *Os marxistas e a arte*: breve estudo histórico-crítico de algumas tendências da estética marxista. Rio de Janeiro, Civilização Brasileira, 1967.

_____. *Intelectuais brasileiros & marxismo*. Belo Horizonte, Oficina de Livros, 1991.

KERSHAW, Ian; LEWIN, Moshe (orgs.). *Stalinism and Nazism*: dictatorship in comparison. Cambridge, University Press, 1997.

KONDER, Leandro. *Os marxistas e a arte*: breve estudo histórico-crítico de algumas tendências da estética marxista. Rio de Janeiro, Civilização Brasileira, 1967.

KURZ, Robert. *Os últimos combates*. Petrópolis, Vozes, 1997.

LE GOFF, Jacques. *Os intelectuais na Idade Média*. Trad. Luísa Quintela, Lisboa, Estudios Cor, 1973.

LÊNIN, Vladímir Ilitch. *La literatura y el arte*. Moscou, Progresso, 1979.

LEPAPE, Pierre. *Voltaire*: nascimento dos intelectuais no século das luzes. Trad. Mário Pontes, Rio de Janeiro, Jorge Zahar, 1995,

LÉVY, Bernard-Henri. *Elogio dos intelectuais*. Trad. Celina Luz. Rio de Janeiro, Rocco, 1988.

LUNACHARSKY, Anatoly. *On literature an dart*. Moscou, Progress Publischers, 1965.

LUKÁCS, György. *Introdução a uma estética marxista*. Trad. Carlos Nelson Coutinho e Leandro Konder, Rio de Janeiro, Civilização Brasileira, 1970.

_____. *Existencialismo ou marxismo?* Trad. José Carlos Bruni, São Paulo, Livraria Editora Ciências Humanas, 1979.

MACHADO, Carlos Eduardo Jordão. *Um capítulo da história da modernidade estética*: debate sobre o expressionismo, Ernst Bloch, Hanns Eisler, György Lukács e Bertolt Brecht. São Paulo, Unesp, 1998.

MARCONDES FILHO, Ciro (org.). *A linguagem da sedução*. São Paulo, Perspectiva, 1988.

MICELI, Sergio; GOUVEIA, Maria Alice. *Política cultural comparada*. Rio de Janeiro, Funarte/ Idesp/Finep, 1985.

NETTO, José Paulo. *Lukács*: o guerreiro sem repouso. São Paulo, Brasiliense, 1983.

_____. Lukács e a problemática cultural da era stalinista. In: *Temas de Ciências Humanas*. São Paulo, Livraria Editora Ciências Humanas, v. 6, 1979.

PALMIER, Jean Michel. *Lênin*: a arte e a revolução (ensaio sobre a estética marxista). Trad. José Saramago, Lisboa, Moraes, 1976.

PEREIRA, Victor Hugo Adler. *A musa carrancuda*: teatro e poder no Estado Novo. Rio de Janeiro, Editora Fundação Getúlio Vargas, 1998.

POSADA, Francisco. *Lukács, Brecht e a situação atual do realismo socialista*. Trad. A. Veiga Filho, Rio de Janeiro, Civilização Brasileira, 1970.

SAID, Edward W. *Representations of the intellectual*. Nova York, Vintage, 1996.

SCHNVARTZMAN, Simon; BOMENY, Helena Maria Bousquet; COSTA, Vanda Maria Ribeiro. *Tempos de Capanema*. Rio de Janeiro/São Paulo, Paz e Terra/ Edusp, 1984.

SIMONE, Antonio de. *Lukács e Simmel*: il disincanto della modernitá e le antinomie della ragione dialettica. Lecce, Milella, 1985.

TOGLIATTI, Palmito. *La politica culturale*. Roma, Riuniti, 1974.

WHITE, Stephen. *Political culture and soviet politics*. Londres, Macmillan Press, 1979.

WILLET, John. *L'avanguardia europea*: anni venti a Mosca e a Weimar. Trad. Livia Bargili Moscone, Roma, Riuniti, 1983.

WINOCK, Michel. *Le siècle des intellectuels*. Paris, Seuil, 1997.

ZOLA, Émile. *L'Affaire Dreyfus*: La verité marche. Paris, Flammarion, s.d.

5. Ficção e história/Literatura e revolução

ANTELO, Raul. *João do Rio*: o dândi e a especulação. Rio de Janeiro, Taurus-Timbre, 1989.

ARANTES, Otília Beatriz; ARANTES, Paulo Eduardo. *Sentido da formação*. Três estudos sobre *Antonio Candido, Gilda de Mello e Souza e Lúcio Costa*. Rio de Janeiro, Paz e Terra, 1997.

ASSIS, Machado de. *Obras completas*. Rio de Janeiro, José Olympio, 1990,

_____. *A semana*: crônicas (1892-1893). São Paulo, Hucitec, 1996.

BARBOSA, Francisco de Assis. *A vida de Lima Barreto*. Rio de Janeiro, José Olympio, 1981.

BOSI, Alfredo. *Dialética da colonização*. São Paulo, Companhia das Letras, 1992.

BOSI, Alfredo et al. *Machado de Assis*. São Paulo, Ática, 1982.

BRANDÃO, Octávio. Literatura sem ideologia? In: *Revista Brasiliense*, v. 28, mar-abr. 1960, p. 79-107.

CASTELLO, José Aderaldo. *Realidade e ilusão em Machado de Assis*. São Paulo, Companhia Editora Nacional, 1969.

CUNHA, Euclides da. *Obras completas*, 2 v. Rio de Janeiro, Nova Aguilar, 1995.

FAORO, Raymundo. *Machado de Assis*: a pirâmide e o trapézio. São Paulo, Companhia Editora Nacional, 1974.

FEIJÓ, Martin Cezar. *Literatura e revolução*: relações entre vanguardas estéticas e vanguardas políticas. In: *Revista Novos Rumos*. São Paulo, ano 1, n. 4, out-dez. 1986, p. 95-116.

_____. O carnaval na tragédia: Shakespeare e a cultura popular. In: *FACOM*. São Paulo, n. 4, 1997, p. 18-27.

GLEDSON, John. *Machado de Assis*: ficção e história. Trad. Sônia Coutinho, Rio de Janeiro, Paz e Terra, 1986.

_____. *Machado de Assis*: impostura e realismo, uma reinterpretação de Dom Casmurro. Trad. Fernando Py, São Paulo, Companhia das Letras, 1991.

GOLDMANN, Lucien. *A sociologia do romance*. 3. ed., trad. Álvaro Cabral, Rio de Janeiro, Paz e Terra, 1976.

HEGEL, G. W. F. *Cursos de estética*, v. 1. Trad. Marco Aurélio Werle, São Paulo, Edusp, 1999.

KOTHE, Flávio R. *O cânone colonial*. Brasília, UNB, 1997.

KOESTLER, Arthur. *O zero e o infinito*. Trad. Juvenal Jacinto, Rio de Janeiro, Globo, 1987.

LUKÁCS, György. *Teoria do romance*. Trad. Alfredo Margarido, Lisboa, Presença, s.d.

_____. *Ensaios sobre literatura*. Rio de Janeiro, Civilização Brasileira, 1968.

MAGALHÃES JR., Raimundo. *Vida e obra de Machado de Assis*, 4 v. Rio de Janeiro/Brasília, Civilização Brasileira/INL, 1981.

MALLARD, Letícia et al. *História da literatura*: ensaios. Campinas, Editora da Unicamp, 1995.

MALRAUX, André. *A condição humana*. Trad. Ivo Barroso, Rio de Janeiro, Record, 1998.

MEYER, Marlise. *As mil faces de um herói canalha*. Rio de Janeiro, EDUERJ, 1998.

MONELO, Josué. *Os inimigos de Machado de Assis*. Rio de Janeiro, Nova Fronteira, 1998.

MURICY, Kátia. *A razão cética*: Machado de Assis e as questões de seu tempo. São Paulo, Companhia das Letras, 1988.

NIZAN, Paul. *A conspiração*. Trad. Vera Mourão. Rio de Janeiro, Rocco, 1988.

ORTIZ, Renato. *Cultura brasileira & identidade nacional*. São Paulo, Brasiliense, 1985.

_____. *A moderna tradição brasileira*: cultura brasileira e indústria cultural. São Paulo, Brasiliense, 1988.

PASSOS, Gilberto Pinheiro. *As sugestões do Conselheiro*: a França em Machado de Assis, Esaú e Jacó e Memorial de Aires. São Paulo, Ática, 1996.

PEREIRA, Lúcia Miguel. *Machado de Assis*. São Paulo, Companhia Editora Nacional, 1936.

PERRONE-MOISÉS, Leyla. *Altas literaturas*. São Paulo, Companhia das Letras, 1998.

REGO, Enylton de Sá. *O calundu e a panaceia*: Machado de Assis, a sátira menipeia e a tradição luciânica. Rio de Janeiro, Forense Universitária, 1989.

RIEDEL, Dirce Côrtes (org.). *Narrativa*: ficção e história. Rio de Janeiro, Imago, 1988.

RIO, João do. *A alma encantadora das ruas*. São Paulo, Companhia das Letras, 1997.

RONERO, Sílvio. *Machado de Assis*: estudo comparativo de literatura brasileira. Campinas, Editora da Unicamp, 1992.

SANDRONI, Cícero; SANDRONI, Laura Constância A. de A. *Austregésilo de Athayde*: o século de um liberal. Rio de Janeiro, Agir, 1998.

SCHNAIDERMAN, Boris. *Turbilhão e semente*: ensaios sobre Dostoiévski e Bakhtin. São Paulo, Duas Cidades, 1983.

SCHWARZ, Roberto. *Um mestre na periferia do capitalismo*: Machado de Assis. São Paulo, Duas Cidades, 1990.

_____. *Ao vencedor as batatas*. São Paulo, Duas Cidades, 1977.

_____. *Duas meninas*. São Paulo, Companhia das Letras, 1997.

TEIXEIRA, Ivan. *Apresentação de Machado de Assis*. São Paulo, Martins Fontes, 1987.

VELOSO, Matiza; MADEIRA, Angélica. *Leituras brasileiras*: itinerários no pensamento social e na literatura. São Paulo, Paz e Terra, 1999.

WERNECK, Maria Helena. *O homem encadernado*: Machado de Assis na escrita das biografias. Rio de Janeiro, EDUERJ, 1996.

WILLIAMS, Raymond. *Marxismo e literatura*. Trad. Waltensir Dutra. Rio de Janeiro, Zahar Editores, 1979.

6. Modernidade, cidade e cultura

ALMEIDA, Claudio Aguiar. *Cultura e sociedade no Brasil*: 1940-1968. São Paulo, Atual, 1996.

AUGUSTO, Sérgio. *Este mundo é um pandeiro*: a chanchada de Getúlio a JK. São Paulo, Companhia das Letras, 1989.

BELLUZZO, Ana Maria de Moraes (org.). *Modernidade*: vanguardas artísticas na América Latina. Paulo, Unesp, 1990.

BERMAN, Marshall. *Tudo que é sólido desmancha no ar*: a aventura da modernidade. Trad. Carlos Felipe Moisés e Ana Maria L. Ioriatti, São Paulo, Companhia das Letras, 1996.

BLOOM, Harold. *O cânone ocidental*: os livros e a escola do tempo. Trad. Marcos Santarrita, Rio de Janeiro, Objetiva, 1995.

BOLLE, Willi. *Fisionomia da metrópole moderna*: representação da história em Walter Benjamin. São Paulo, Edusp, 1994.

CANCLINI, Néstor Garcia. *Imaginarios urbanos*. Buenos Aires, Eudeba, 1997.

COUTINHO, Carlos Nelson. *Cultura e sociedade no Brasil*: ensaios sobre ideias e formas. Belo Horizonhe, Oficina de Livros, 1990.

CURY, Maria Zilda Ferreira. *Horizontes modernistas*: o jovem Drummond e seu grupo em papel jornal. Belo Horizonte, Autêntica, 1998.

FABRIS, Annateresa. *Futurismo*: uma poética da modernidade. São Paulo, Perspectiva/Edusp, 1987.

GALVÃO, Walnice Nogueira. *Desconversa*: ensaios críticos. Rio de Janeiro, EDUERJ, 1998.

GOLDMANN, Lucien. *Crítica e dogmatismo na cultura moderna*. Trad. Reginaldo Di Piero e Célia E. A. Di Piero, Rio de Janeiro, Paz e Tetra, 1973.

GOMES, Renato Cordeiro. *Todas as cidades, a cidade*. Rio de Janeiro, Rocco, 1994.

KONDER, Leandro. *O marxismo na batalha das ideias*. Rio de Janeiro, Nova Fronteira, 1984.

LOUREIRO, La Salette. *A cidade em autores do primeiro modernismo*: Perna, Almada e Sá-Carneiro. Lisboa, Estampa, 1996.

MARCUSE, Herbert. *Cultura e sociedade*, 2. v. Trad. Wofgang Leo Maar et. al., Rio de Janeiro, Paz e Terra, 1997-1998.

MOTA, Carlos Guilherme. *A ideologia da cultura brasileira*: 1933-1974. São Paulo, Ática, 1977.

NEEDELL, Jeffrey D. *Belle époque tropical*: sociedade e cultura de elite no Rio de Janeiro na virada do século. Trad. Celso Nogueira. São Paulo, Companhia das Letras, 1993.

PECHMAN, Robert Moses (org.). *Olhares sobre a cidade*. Rio de Janeiro, UFRJ, 1994.

REVISTA BRASILEIRA DE HISTÓRIA. *Cultura & cidades*. Rio de Janeiro/São Paulo, Marco Zero/ANPUH, v. 5, n. 8-9, 1984-1985.

REVISTA TEMPO BRASILEIRO. Cidades, ficções. Rio de Janeiro, Tempo Brasileiro, v. 85, abr-jun. 1986.

SEVCENKO, Nicolau. *Literatura como missão*: tensões sociais e chapo cultural na primeira república. São Paulo, Brasiliense, 1983.

_____. *Revolta da vacina*. São Paulo, Brasiliense, 1983.

_____. *Orfeu extático na metrópole*: São Paulo, sociedade e cultura nos frementes anos 20. São Paulo, Companhia das Letras, 1992.

_____ (org.). *História da vida privada*, v. 3: *República*: da belle époque à era do rádio. São Paulo, Companhia das Letras, 1998.

SÜSSEKIND, Flora. *Cinematógrafo de letras*: literatura, técnica e modernização do Brasil. São Paulo, Companhia das Letras, 1987.

WILLIAMS, Raymond. *Cultura e sociedade*. Trad. Leônidas Hegbenberg et. al., São Paulo, Editora Nacional, 1969.

_____. *Cultura*. Trad. Lólio Lourenço de Oliveira, Rio de Janeiro, Paz e Terra, 1992.

_____. *La política del modernismo*: contra los nuevos conformistas. Trad. Horácio Pons, Buenos Aires, Manantial, 1997.

7. Obras de referência

BOBBIO, Norberto; MATIEUCCI, Nicola; PASQUINO, Gianfranco. *Dicionário de política*, v. 2. Coord. da trad. João Ferreira, Brasília, UNB, 1995.

BOSI, Alfredo. *História concisa da literatura brasileira*. 35. ed., São Paulo, Cultrix, 1994.

BOTTOMORE, Tom (org.). *Dicionário do pensamento marxista*. Trad. Waltensir Dutra, Rio de Janeiro, Zahar, 1988.

BRUNEL, Pierre (org.). *Dicionário de mitos literários*. Trad. Carlos Sussekind et. al., Rio de Janeiro, José Olympio/UNB, 1997.

COELHO, Teixeira. *Dicionário crítico de política cultural Cultura e imaginário*. São Paulo, Iluminuras, 1997.

DUCROT, Oswald; TODOROV, Tzetan. *Dicionário enciclopédico das ciências da linguagem*. Trad. Alice Kyoko et. al., São Paulo, Perspectiva, 1988.

GLOCK, Hans-Johann. *Dicionário Wittgenstein*. Trad. Helena Martins, Rio de Janeiro, Zahar, 1998.

FORFST, Philippe. *50 mots clés de la culture générale contemporaine*: explications et commentaires. Bélgica, Marabout, 1991.

FRAGONARD, Michel. *La Culture du 20 Siècle*: dictionnaire d'histoire culturelle. Paris, Bordas, 1995.

HOBSBAWM, Eric J. (org.). *História do marxismo*, 12 v. Rio de Janeiro, Paz e Terra, s.d.

MARTINS, Wilson. *História da inteligência brasileira*, 7 v. 2. ed., São Paulo, T. A. Queirós, 1996.

NOVO DICIONÁRIO DA LÍNGUA PORTUGUESA. Aurélio Buarque de Holanda Ferreira (org.). Rio de Janeiro, Nova Fronteira, 1975.

SODRÉ, Nelson Werneck. *História da literatura brasileira*. 9. ed., Rio de Janeiro, Bertrand Brasil, 1995.

OUTHWAITE, William; BOTOMORE, Tom (orgs.). *Dicionário do pensamento social do século XX*. Trad. Eduardo Francisco Alves, Rio de Janeiro, Zahar, 1996.

8. Arquivos e bibliotecas pesquisados

Academia Brasileira de Letras (ABL), Rio de Janeiro.
Arquivo do Estado de São Paulo/DOPS (AE/SP), São Paulo.
Arquivo Astrojildo Pereira (ASMOB), Cedem/Unesp.
Arquivo Público do Estado do Rio de Janeiro/DOPS (AP/RJ), Rio de Janeiro.
Biblioteca da Escola de Comunicações e Artes da Universidade de São Paulo (ECA-USP), São Paulo.
Biblioteca da Fundação Armando Álvares Penteado (FAAP), São Paulo.
Biblioteca Nacional, Rio de Janeiro.
Instituto de Estudos Brasileiros da Universidade de São Paulo (IEB-USP), São Paulo.

Sobre o autor

Martin Cezar Feijó é historiador formado pela FFLCH-USP, doutor em Comunicação pela ECA-USP e atualmente professor no Centro Universitário Armando Álvares Penteado. Autor de dez livros, entre eles *O que é política cultural* (1983), *Formação política de Astrojildo Pereira* (1985) e *1932: a guerra civil paulista* (1998), este em parceria com Noé Gertel.

COLEÇÃO ASTROJILDO PEREIRA

Conselho editorial
Fernando Garcia de Faria, Ivana Jinkings,
Luccas Eduardo Maldonado e Martin Cezar Feijó

URSS Itália Brasil
Prefácio: Marly Vianna
Orelha: Dainis Karepovs

Interpretações
Prefácio: Flávio Aguiar
Orelha: Pedro Meira Monteiro
Anexos: Nelson Werneck Sodré e
Florestan Fernandes

Machado de Assis
Prefácio: José Paulo Netto
Orelha: Luccas Eduardo Maldonado
Anexos: Euclides da Cunha, Rui Facó,
Astrojildo Pereira e Otto Maria Carpeaux

Formação do PCB
Prefácio: José Antonio Segatto
Orelha: Fernando Garcia
Anexos: Alex Pavel (Astrojildo Pereira)

Crítica Impura
Prefácio: Joselia Aguiar
Orelha: Paulo Roberto Pires
Anexos: Leandro Konder

Capa da primeira edição de *O revolucionário cordial*, lançada pela Boitempo em 2001.

Publicada em março de 2022, cem anos após a fundação do Partido Comunista do Brasil (PCB), esta segunda edição de *O revolucionário cordial* foi composta em Adobe Garamond Pro, corpo 11/13,2, e impressa pela gráfica Rettec, para a Boitempo e a Fundação Astrojildo Pereira, com tiragem de 2 mil exemplares.